Heidi Howcroft

Gartenreiseführer Südwestengland

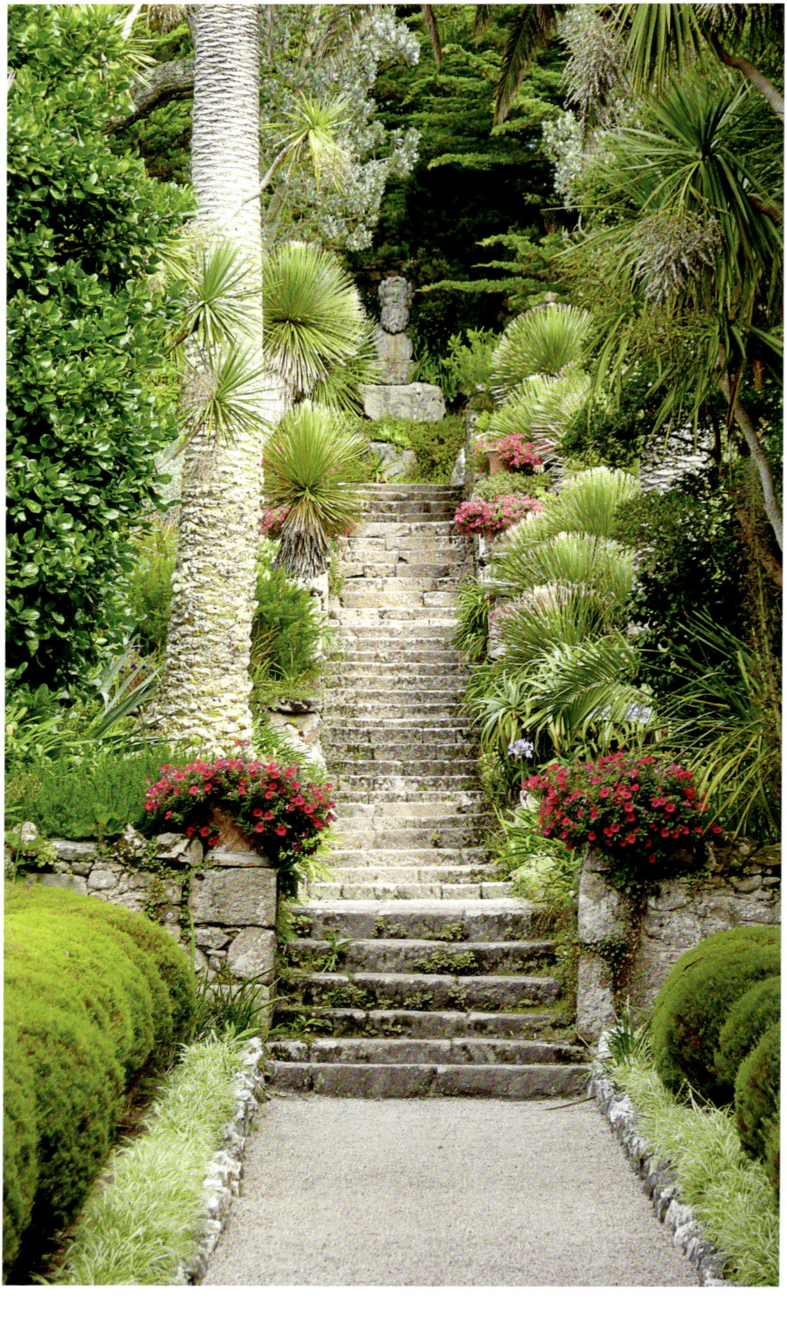

Heidi Howcroft
Gartenreiseführer

SÜDWESTENGLAND

Mit allen Infos und Tipps zu den schönsten Gärten
und ihrer Umgebung

Deutsche Verlags-Anstalt

Einführung

Dorset

Somerset

Devon

Cornwall

Einführung

Gartenreisen und mehr

Ein Englandurlaub ohne Gartenbesuch ist wie Brot ohne Butter. Einheimische wissen bereits seit Langem, dass ein Gartenbesuch weit mehr ist als Pflanzenanschauen. Er ist ein unterhaltsamer Ausflug mit Teetrinken, Kuchenkosten, Pflanzenerwerben und Ideensammeln. Für manchen bietet er gar die Möglichkeit, sich, wenn auch nur für wenige Stunden, in eine andere Welt zu versetzen.

Denkt man an englische Gärten, hat man sofort ein Bild von Rosen, Stauden und kurz geschnittenem englischem Rasen vor Augen. Eine Vorstellung, die sich vornehmlich durch Veröffentlichungen, Filme und Fernsehreportagen über die Jahre hinweg verfestigt hat. In Südwestengland ist die Realität wesentlich vielseitiger: subtropisches Paradies und naturhafter Landschaftsgarten, botanische Sammlung, Nutzgarten, formaler architektonischer Garten, Parkanlage und verwunschener Cottage-Garten – das Spektrum ist enorm. Aber aufgepasst, wer Cornwall auf der Suche nach Rosengärten bereist, wird enttäuscht sein; dafür dürfen sich die Rhododendren- oder Kamelien-Liebhaber freuen. Jede Grafschaft hat ihre Garten- und Landschafts-»Spezialitäten«, die wesentlich zum Charakter eines Landstrichs beitragen – man muss nur wissen welche.

Wie sucht man die besten Gärten aus?

Wenn es um Gärten geht, hat jeder andere Vorlieben. Gärten zu besuchen, gehört zu meinen Lieblingsbeschäftigungen, und so verfüge ich inzwischen über einen großen Fundus an Informationen, den ich nun gerne mit einem breiten Publikum teilen möchte. So sind neben bekannten Gärten und Parks der Region wie Stourhead, Tintinhull und Trelissick andere aufgeführt, die mehr Aufmerksamkeit als bisher verdienen, so Knoll Gardens und Cranborne, beide in Dorset, Dartington Hall und Holbrook Garden in Devon, Cothay Manor in Somerset und Lamorran in Cornwall.

Als Entscheidungshilfe und um Prioritäten für Ihre Gartenreise zu setzen, habe ich mir erlaubt, die vorgestellten Gärten zu bewerten. Ist ein Garten hier im Buch genannt, ist er einen Besuch wert; ist er mit einem Stern* versehen, lohnt sich sogar ein Umweg; sind zwei Sterne** angefügt, ist der Garten ein Muss. Alle hier genannten Gärten haben regelmäßige Öffnungszeiten und sind, mit unterschiedlicher Ausstat-

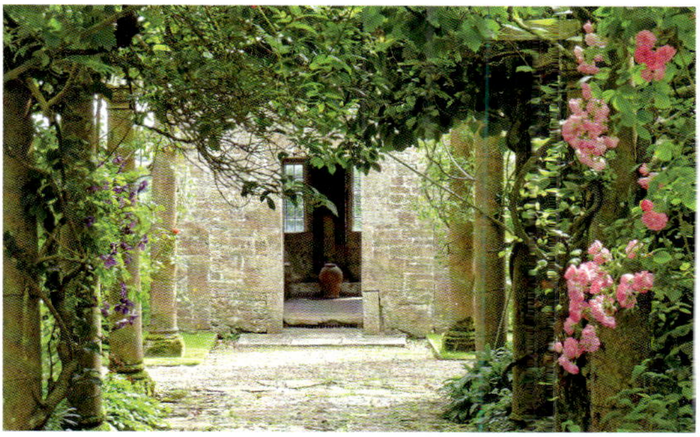

Mapperton Gardens

tung, auf Besucher eingerichtet. Während manche Gärten sich mit ihrem Angebot professionell präsentieren, sind die kleineren bescheiden, aber persönlich. Es gibt eine Fülle sehenswerter Gärten, die nur von Zeit zu Zeit geöffnet haben; sie sind nicht verzeichnet. Informationen hierzu finden Sie auf den Webseiten der National Gardens Schemes unter www.ngs.org.uk, im jährlich erscheinenden Gelben Buch der NGS und unterwegs auf Plakaten.

Land und Leute

Gärten bieten wunderbare Möglichkeiten, Land und Leute kennenzulernen und die Verbindung zwischen Landschaft, Klima und Kultur zu verstehen. Um wichtige Hintergrundinformationen zu liefern und um einen Garten in seinen Kontext zu setzen, sind die Merkmale der umgebenden Landschaft kurz umrissen. Ausschlaggebend für die Entwicklung und das Aussehen von Gärten sind auch Mode und Wirtschaftslage. Gärten sind wesentlich mehr als eine Sammlung von Pflanzen oder etwas Schönes zum Anschauen, sie sind ein Spiegel der Zeit. Wenn ich mit Gruppen unterwegs bin, legen wir den Begriff Garten sehr breit aus. Parkanlagen, Kulturlandschaft und Naturschönheiten gehören ebenso dazu wie ortstypische Spezialitäten. In manch einem Gärtner steckt ein Gourmet, und Rezepte werden ebenso ausgetauscht und gesammelt wie Pflanzen. So findet man im Buch auch den einen oder anderen Hinweis, der keinen direkten Bezug zum Garten hat, sondern einfach Teil des Reiseerlebnisses ist.

Eine Gartenreise ist eine Entdeckungsreise.

Es liegt in der Natur der Sache, dass Gärten und auch die schönsten Landschaften sich an abgelegenen und versteckten Orten befinden, was natürlich für den autolosen, oder, wie er in England bezeichnet wird, »grünen« Touristen mit Schwierigkeiten verbunden ist. Großbritannien ist mit einem guten Netz an Bahnlinien und regionalen Bussen versehen, und es wird zunehmend mehr Wert auf diese »grünen« Verkehrsmittel gelegt. Hinweise zur Erreichbarkeit der Gärten werden gegeben, allerdings müssen die letzten Kilometer oft zu Fuß zurückgelegt werden. Es empfiehlt sich, die Öffnungszeiten und Verbindungen vorab im Internet noch einmal zu prüfen.

Eine Linie zu finden, an der der Südwesten anfängt, war schwierig. Für viele Besucher beginnt er bereits am Anfang der Bundesstraße A 303 und umfasst Teile von Hampshire und Wiltshire wie auch von Gloucestershire. Doch soll der Führer handlich sein und als Reisebegleiter für unterwegs dienen. Deshalb habe ich mich auf das Herz des »West Country« beschränkt, auf Cornwall, Devon, Dorset und Somerset mit Stourhead Garden als »Grenzgänger«, und stelle insgesamt 59 Gärten ausführlicher vor.

Zur aktualisierten Ausgabe

Gärten unterliegen dem Wandel der Zeit. Anwesen werden verkauft, Privatgärten werden aus Altersgründen oder wegen des großen Arbeitsaufwands aufgegeben oder sie wachsen den Besitzern buchstäblich über den Kopf. Auch kommen stets neue Gärten hinzu. Dies ist besonders erfreulich, da zwei dieser Gärten, Hauser & Wirth und Yeo Valley Organic Garden, beide in Somerset, von mir mit zwei Sternen ausgezeichnet wurden. Insgesamt wurden acht Anlagen neu in die Liste der sehenswerten Gärten in Cornwall aufgenommen. Sie wurden in meinem Buch *Die geheimen Gärten von Cornwall* vorgestellt und verdienen größere Bekanntheit.

Auch die Ziele des National Trust haben sich gewandelt; so ist ein deutliches Bemühen zu erkennen, in stärkerem Maße als zuvor Familien und Stadtbewohner anzusprechen. Zudem ist es dem Trust ein Anliegen, die Mitgliederzahl zu erhöhen, das Schwergewicht auf Freizeit und Vergnügen zu setzen und die Geschichte der Gärten zugänglicher zu machen. Ein gewisses zielgerichtetes Geschäftsdenken und eine Steuerung der Aktivitäten durch die Zentrale sind zu spüren. So hat sich das Angebot der den Gärten angegliederten Läden in den vergangenen Jahren mehr und mehr angeglichen, während es früher wesentlich individueller war. Auch in der Bepflanzung der Blumenbeete und der Nutzgärten ist eine gewisse Vereinheitlichung »nach Art des Trusts« zu spüren. Nur in einzelnen Anlagen, wie beispielsweise Coleton Fishacre, setzt sich die Individualität des Gartens durch. Die Rolle des National Trust als Bewahrer und schützende Instanz von Anwesen und Landschaft ist jedoch unumstritten.

Wir haben alle Angaben sorgfältig geprüft; Fehler und kurzfristige Änderungen sind jedoch nicht auszuschließen. Bitte machen Sie uns auf solche aufmerksam! Ratschläge und Anregungen werden gern entgegengenommen, ebenso auch Ihre Kommentar zu den Gärten. Reisen erweitert den Horizont, und Gärten öffnen Türen zu neuen spannenden Welten. In diesem Sinne wünsche ich Ihnen eine gute, anregende und hoffentlich auch erholsame (Garten-)Reise!

Heidi Howcroft, Somerset

Tipps zur Zusammenstellung einer Gartenreise

Einige Grundregeln haben sich in den langen Jahren meiner Gartenreisen für die Planung und den Aufenthalt als hilfreich und sinnvoll erwiesen:

- **Irgendwann wird selbst der leidenschaftlichste Besucher »gartenmüde«.** Maximal drei Tage mit Gartenbesuchen vorsehen, dann mindestens einen halben, besser noch einen ganzen Tag Pause einlegen – Autofahren zählt nicht –, um alles Revue passieren zu lassen, vielleicht andere Sehenswürdigkeiten vor Ort zu besuchen oder etwas ganz anderes zu unternehmen. Mehr als vierzehn Tage Gartenreise, inklusive An- und Abreise, werden zur Strapaze und gleichen einem Marathon.
- **Weniger ist mehr:** je nach Gartengröße (und Inhalt) nicht mehr als drei Gärten pro Tag anschauen. Ist ein Garten groß, etwa The Eden Projekt, reicht es, nur ihn allein zu besichtigen.
- **Bei größeren Gärten sich unbedingt vorab Zeit nehmen**, den Gartenplan zu studieren und sich zu orientieren. Setzen Sie Prioritäten, nehmen Sie, wenn angeboten, Transportmöglichkeiten innerhalb des Gartens in Anspruch, um einen Überblick zu erhalten, bevor Sie sich in Details verlieren.
- **Die Autofahrt als Teil der Gartenreise betrachten.** Bei der Zeitkalkulation unbedingt bedenken, dass eine Landmeile länger ist als eine Meile in der Stadt. Mit Kurven, Hindernissen und Ablenkungen ist zu rechnen, daher die Reisezeit nie zu knapp kalkulieren und die Fahrt genießen.
- **Immer alles sorgfältig im Vorhinein planen.** Trotz GPS sind Landkarten unentbehrlich, da sie neben Angaben zum Standort auch viele Informationen über die Topografie und andere Sehenswürdigkeiten bieten. Die Ordnance-Survey-Karten sind für Reisen im United Kingdom besonders zu empfehlen. Erhältlich in verschiedenen Maßstäben sind folgende Blätter gut als Übersichtskarten geeignet:
  – Tour Travel Map 1: Cornwall
  – Tour Travel Map 5: Devon & Somerset West
  – Tour Travel Map 9: Dorset, Somerset East, Bath & Bristol
  Detaillierte Angaben bietet die Landranger-Serie, Maßstab 1:50 000, www.leisure.ordnancesurvey.co.uk.
- **Vor Ort übernachten.** Gärten und Landschaft lassen sich intensiv erleben, wenn man direkt vor Ort oder in der Nähe wohnt. Viele Anwesen bieten Übernachtungsmöglichkeiten an, entweder als Ferienwohnung oder Zimmer. Dank Airbnb hat sich das Angebot an Übernachtungsmöglichkeiten erhöht; www.airbnb.com. Profitieren Sie davon, den Garten außerhalb der normalen Öffnungszeiten besuchen zu können. Entsprechende Hinweise sind im Folgenden bei den betreffenden Gärten aufgeführt.
- **Lassen Sie sich nicht vom Regen abhalten.** Das Wetter ist nie schlecht, lediglich die Kleidung ist unpassend; also: entsprechend anziehen.
- **Vorbuchen.** Die Zeiten, in denen man auch spontan noch eine gute Unterkunft finden konnte, sind vorbei. Die Engländer machen vermehrt Urlaub im eigenen Land,

und Südwestengland ist ein beliebtes Ziel. Immer eine gute Lösung in der Not bietet die Hotelkette Premier Inn. Auch wenn sich die Hotels durch keine besondere Stimmung auszeichnen, bieten sie gute und saubere Zimmer zu einem guten Preis-Leistungsverhältnis. www.premierinn.com/gb/en/home.html

Schauen Sie vor Reisebeginn im Internet unter www.ngs.org.uk nach, ob Privatgärten in Ihrer Reisegegend einen »Garden Open Day« haben. Eine Alternative zu dem großen, umfangreichen Führer bieten die preisgünstigen »Miniguides«, herausgegeben pro Grafschaft, die man in Fremdenverkehrsämtern oder größeren Gärten erhält.

Die beste Reisezeit lässt man sich am sinnvollsten vom Schwerpunkt der Gärten wie auch der Blütezeit der Pflanzen vorgeben. Mit ihren vielen Rhododendren, Magnolien und Kamelien sind die Gärten von Cornwall etwas für den Frühling ab Mitte März, in manchen Jahren sogar ab Anfang März, bis Ende April. Die Gärten in Somerset und Dorset sollte man im Sommer besuchen, der Zeit der Staudenrabatten und der Rosenblüte, in der Regel ab der letzten Maiwoche bis Juli. In Devon gehören die Gärten je nach Typus und Lage zu beiden Kategorien. Zunehmend mehr Gärten wie Knoll Garden & Nursery und Hauser & Wirth in Somerset richten sich auf den Spätsommer und Herbst aus – ein Trend, der sich sicherlich fortsetzen wird.

Tourenvorschläge

Ein langes Wochenende in Somerset und Dorset

Freitag: Frühmaschine nach London Heathrow, Mietauto, erster Halt Stourhead**(1), Mittagessen im Spread Eagle Inn, dann Lytes Cary Manor* (15), wenn die Zeit es erlaubt. Übernachten in Sherborne (traditionell englisch: The Eastbury, www.theeastburyhotel.co.uk), in Bruton (At the Chapel, www.atthechapel.co.uk) oder in Corton Denham (rustikal: The Queens Arms, www.thequeensarms.com).
Es empfiehlt sich, die Unterkunft im Voraus zu buchen.

Samstag: Sherborne Shoppingtour, Besichtigung der Abtei, anschließend via Dorcester nach Abbotsbury Subtropical Gardens* (2), Chesil Beach, via Dorcester nach Athelhampton Gardens* (3) und über Cernes Abbas zurück zur Unterkunft.

Sonntag: Hauser & Wirth Somerset** (13) auf dem Rückweg zum Flughafen London Heathrow, eventueller Zwischenstop West Green Gardens (www.westgreenhouse.co.uk), wenn die Zeit es erlaubt.

Alternativ bei Anreise über Bristol Flughafen:

Frühmaschine, Mietauto, Yeo Valley Organic Garden** (23), dann Besuch von Stourhead** (1).
Unterkunft: The Pig near Bath, www.thepighotel.com/near-bath

Am Sonntag: Hauser & Wirth Somerset** (13) und Kilver Court Gardens & Nursery (14), wenn die Zeit es erlaubt.

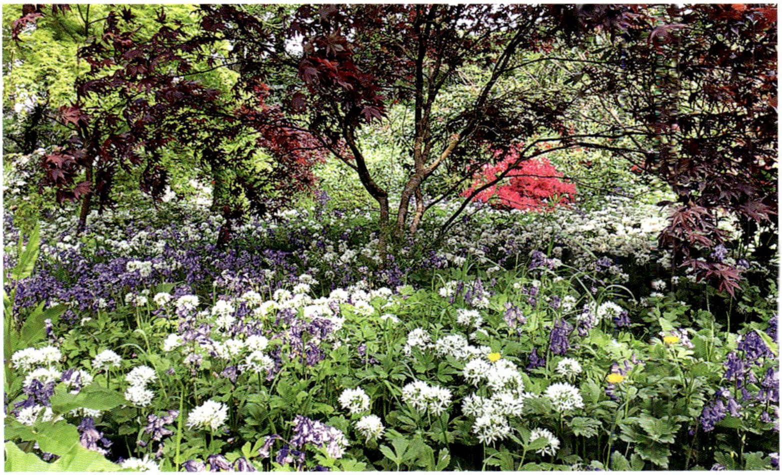

Bonython Manor Gardens

4 Tage Cornwall kompakt

Freitag: Frühmaschine nach Heathrow, Mietauto abholen. M25, M3, A303 an Stonehenge vorbei. Erster Halt Montacute House (16), Beine strecken, Kaffee trinken.
Zweiter Halt Lanhydrock* (42) im Frühjahr, Pinsla Garden & Nursery (47) im Sommer und dann weiter Richtung Penzance.
Übernachten: Tinner's Arms, Zennor, www.tinnersarms.com; Gurnard's Head, www.gurnardshead.co.uk, Hotel Penzance, www.hotelpenzance.com oder in der preiswerter Herberge The Chapel Inn, www.zennorchapelguesthouse.com.
Samstag: St Ives mit Barbara Hepworth Sculpture Garden** (34), ideal ist der Parkplatz beim Tate St Ives, unbedingt früh da sein, da er sich sehr schnell füllt. Spaziergang durch St Ives, Weiterfahrt nach Trengwainton Garden**(56), eventuell Mittagessen hier, anschließend Richtung Land's End. Im Frühjahr bei Trewidden (58) halten sonst weiter zum Minack Theatre Garden (43). Nächster Halt Sennen Cove; von hier bis Land's End zu Fuß auf dem Küstenweg (oder nur die Felsriffe bewundern), anschließend The Beach Café oder Spaziergang an der Whitesands Bay. Zurück zur Unterkunft.
Sonntag: Die Lizard Halbinsel: nach Helston fahren, Bonython Manor Gardens* (35) besuchen, anschließend nach Coverack oder nach Roskilly's (Eiscreme). Weiterfahrt in Richtung Falmouth nach Glendurgan Garden* (39) und Trebah Garden* (53); wer es etwas abenteuerlich mag, besucht Penjerrick (45). Zurück zur Unterkunft.
Montag: Abfahrt in der Früh Richtung M5, erster Halt Knightshayes Court* (30), Weiterfahrt über die M4 nach Heathrow. Achten Sie auf den Berufsverkehr auf der M25!
Tipp: Wenn Sie Bristol Flughafen anfliegen, ist die Anfahrt kürzer.

Kürzere Anreise Prüfen Sie die **Flugverbindungen** nach Bristol, Exeter und Southampton. Zunehmend mehr Flüge werden nach Newquay in Cornwall, primär von London aus, angeboten. Sollten Sie London anfliegen, wählen Sie Heathrow. Von Gatwick und Stansted ist die Anfahrt nicht nur von den Kilometern her länger, sondern nimmt auch mehr Zeit in Anspruch, da sie über »Europas größten Parkplatz«, die Autobahn M25, verläuft.

Mit der Bahn Für Reisende aus dem Rheinland kommt der Eurostar über Köln und Brüssel nach London, St Pancras, in Frage. Anschlusszüge in Richtung Südwesten fahren von London Paddington nach Penzance und auch nach Bath sowie von London Waterloo nach Exeter und Weymouth. Beide Bahnhöfe sind mit der U-Bahn oder dem Bus von St Pancras zu erreichen. Auskunft bietet die Internetseite der Deutschen Bahn, www.bahn.de. Tickets können auch über Virgin trains gebucht und am Automaten ausgedruckt werden, www.virgintrains.co.uk.

Mietauto und Carsharing Viele der großen Anbieter haben Filialen in den mittelgroßen Städten. Carsharing wird zunehmend mehr angeboten; BMW und Sixt Drive now sind in London beheimatet; jedoch kommen auch immer neue Anbieter auf den Markt.

Hinweise für den Gartenbesucher

Keine Spuren hinterlassen

- Gärten sind keine Selbstbedienungsläden. Es ist absolut unhöflich und auch untersagt, Ableger oder dergleichen mitzunehmen. Wenn Sie gern Ableger oder Samen haben möchten, fragen Sie bitte; der Eigentümer oder Gärtner kann Quellen nennen und wird Ihnen gegebenenfalls auch Samen oder sogar ein kleines Pflänzchen samt Pflegeanleitung mitgeben.
- Beete nicht betreten, etwa um eines besseren Fotos willen.
- Öffnungszeiten respektieren, nicht zehn Minuten vor Gartenschließung erscheinen und noch Einlass erwarten.

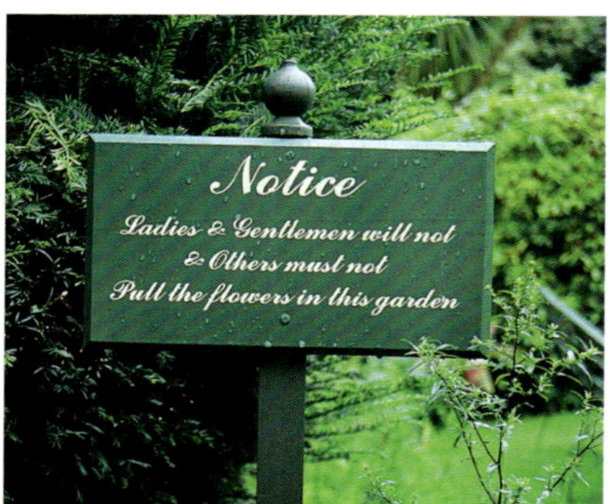

- Nicht zu penibel sein, was Unkraut und sonstige Pflege betrifft.
- Immer den Eintritt bezahlen, wenn eine »Honesty Box« (»Ehrlichkeitskassette«) vorhanden ist.
- Latein verbindet: Stets die lateinischen Namen der Pflanzen erfragen und aufschreiben, da lokale, mündlich überlieferte Namen verwirrend sein können.

Gut zu wissen

Gut zu wissen

- Zahlungsmittel: Englisches Pfund. Wegen der zunehmenden Nutzung von Online Banking verschwinden in den Kleinstädten die Banken samt Bankautomaten. Letztere sind aber häufig noch in Supermärkten zu finden.
- Stromnetz: Dreipunktstecker, daher Adapter nicht vergessen.
- Mobilnetzwerk je nach Anbieter nicht immer flächendeckend.
- Vorwahl Großbritannien: 0044
- Maße sind offiziell metrisch, Entfernungen werden aber oft in *miles*, Flächen und Längen, vor allem in der Gartenwelt, oft in *acres, feet* oder *inches* angegeben: 1 mile = 1,61 km; 1 acre = 0,40 ha; 1 foot = 30,4 cm; 1 inch = 25,4 mm

Verpflegung

»Frühstück für den ganzen Tag«: Ist der Hunger groß und die Zeit knapp, machen Sie vom *All day breakfast*-Angebot der Supermarktketten wie Tesco, Morrisons und Waitrose Gebrauch. An den Stadträndern gelegen, sind sie zwar nicht michelinsternwürdig, aber preisgünstig. Die Kette »Little Chefs« an vielen »A«-Straßen bietet ebenfalls ein umfangreiches Frühstücksangebot.

Picknicken Sie wie die Einheimischen: Kaufen Sie Snacks und Salate in den Filialen von Marks and Spencer (M&S), die in den meisten mittelgroßen Städten vertreten sind, und unter der Marke »Simply Food« auch in manchen Autobahnraststätten verkauft werden. Werden Tee und Kuchen im Garten angeboten, sollten sie diese unbedingt probieren, denn der Kuchen ist meist hausgemacht und köstlich.

Reiseführer

Den Profis und denen, die gut Englisch können und mehr über das Land erfahren möchten, sei empfohlen, die »Blue Guides« der jeweiligen Gegend zu kaufen. Auch das Dumont-Taschenbuch »Cornwall & Südwestengland« sowie der Baedeker sind gute Reiseführer. Informationen im Internet sind hilfreich, aber wenn sie nicht von offiziellen Stellen oder der offiziellen Webseite des Orts stammen mit Vorsicht zu genießen.

Denkmalschutz in England liegt in der Obhut von English Heritage, www.english-heritage.org.uk. Rund 1450 Anlagen sind im »Register of Parks and Gardens of Special Historic Interest in England« aufgeführt, eingeteilt nach Schutzklassen. Die meisten Anwesen unterliegen der Schutzklasse (Grade) II; etwa dreißig Prozent mit besonderer historischer Bedeutung sind als Grade II* klassifiziert und weitere zehn Prozent finden sich in der höchsten Kategorie Grade I. Ist ein Anwesen in der Liste als erhaltenswert aufgeführt, ist der Besitzer verpflichtet, die Anlage zu pflegen; Änderungen sind genehmigungspflichtig.

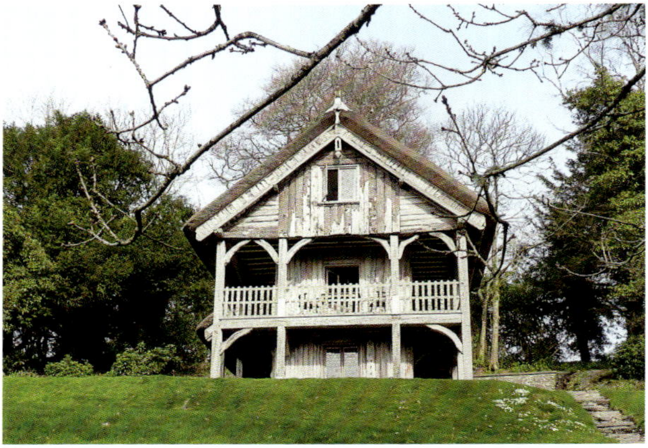

Swiss Cottage, Endsleigh, Devon, ein Ferienhaus des Landmark Trust

National Trust

Der National Trust ist eine einzigartige Organisation, die Land und Bauten in England, Wales und Nordirland für die Nation quasi als anvertrautes Gut unterhält, betreut und pflegt. Seine heutige Rolle im Denkmal- und Landschaftsschutz ist von enormer Bedeutung. Gegründet 1895 von Octavia Hill, Sir Robert Hunter und Canon Hardwicke Rawnsley, drei vorausschauenden Viktorianern mit philanthropischen Zielen, war sein Ziel zunächst weniger die Sicherung von historischem Kulturgut als die Schaffung von Erholungsflächen in unmittelbarer Nähe der Metropolen für die Arbeiter der Großstadt. Dies änderte sich jedoch über die Zeit und besonders in den Jahren nach dem Ersten Weltkrieg, die von sozialem Umbruch gezeichnet waren und den Untergang vieler großer Herrenhäuser auf dem Land erlebte, deren Besitzer weder das Kapital noch das Personal hatten, um ihre Anwesen in der bisherigen Art weiter zu unterhalten. Als erster größerer Landsitz wurde Barrington Court bereits 1907 dank Canon Rawnsleys Kontakten zu den entsprechenden Kreisen dem National Trust angeboten.

Heute sind über 250 000 Hektar Land und über 1100 Kilometer Küsten in seiner Obhut. Sein Portfolio umfasst mehr als 350 Bauten aus der Zeit vom Mittelalter bis zur klassischen Moderne, Denkmäler, Gärten, Parks und sogar Pubs. Einmal an den National Trust überschrieben, kann ein Objekt nur durch Parlamentsgesetz verkauft werden. Mit über 3,8 Millionen Mitgliedern, viele davon aktiv als freiwillige Helfer in der Pflege und Unterstützung tätig, hat der National Trust eine Sonderstellung in der Welt der Denkmalpflege und des Landschaftsschutzes. Er ist unabhängig von politischem Einfluss.

Mitglied bei National Trust werden Der Vorteil liegt nicht nur im freien Eintritt, auch in die Gärten des National Trust von Schottland; man erhält darüber hinaus einen informativen Führer, das National-Trust-Handbuch, in dem alle Häuser und Gärten aufgeführt sind, sowie eine vierteljährliche Zeitschrift mit interessanten Artikeln (www.nationaltrust.org.uk). Für Besucher aus dem Ausland bietet der National Trust 7- oder 14-Tage-Pässe an, die im Voraus über das Internet zu erwerben sind:

www.nationaltrust.org.uk/main/w-vh/w-visits/w-visits-overseas_visitors/w-visits-overseas_visitors-touring_pass.htm.

Aber aufgepasst, es gibt Ausnahmen: Die wenigen Anwesen, die vom Pauschalangebot ausgeschlossen sind, sind auf der Rückseite des Passes genannt.

Die Ferienhäuser des National Trust sind zu empfehlen. Jedes von ihnen ist einzigartig, oft abseits in wunderschöner Landschaft gelegen, entsprechend seinem Baustil eingerichtet, mit gut ausgestatteter Küche und eher einfachen Bädern. Lesen Sie die Beschreibungen genau durch; sollten Sie Fragen haben, stehen die englischsprechenden Mitarbeiter zur Verfügung. Eine kleine Warnung: Handyempfang ist nicht überall gesichert; ist der Fernsehempfang schlecht, muss man in der Regel auch mit Schwierigkeiten in anderen Netzwerken rechnen.
www.nationaltrustcottages.co.uk

Gift Aid Wenn Sie Ihre Eintrittskarte kaufen oder im Internet nach den Eintrittspreisen schauen, werden sie öfter auf den Begriff »Gift Aid« stoßen. Gift Aid betrifft nur UK-Steuerzahler und ist ein Steuervorteil, von dem die Wohltätigkeitsorganisationen mit Einverständnis des Steuerzahlers Gebrauch machen können. Dabei wird ein gewisser Prozentsatz, bezogen auf den Eintrittspreis, der bereits verauslagten Einkommensteuer des Steuerzahlers vom zuständigen Finanzamt an die Wohltätigkeitsorganisationen gleichsam als Spende weitergeleitet.

Landmark Trust

Gegründet 1965, hat der Landmark Trust etwa 200 Bauten im Portfolio. Alle Gebäude sind einzigartige Baudenkmale, von Leuchttürmen bis zu Burgen und Bauernhäusern. Oft in verheerendem Zustand, wurden die denkmalgeschützten Bauten vom Trust originalgetreu renoviert und ausgestattet. Im Einklang mit dem historischen Ambiente gibt es weder Fernsehen noch WLAN-Anschluss, stattdessen Radio und eigens für das Anwesen ausgesuchte Literatur. Ein Anwesen zu mieten ist nicht billig; oft liegen die Anlagen abseits der großen Routen, aber dafür in den landschaftlich schönsten Gegenden. Einnahmen und Gewinne gehen in die Renovierung und den Erwerb weiterer Anwesen.
www.landmarktrust.org.uk

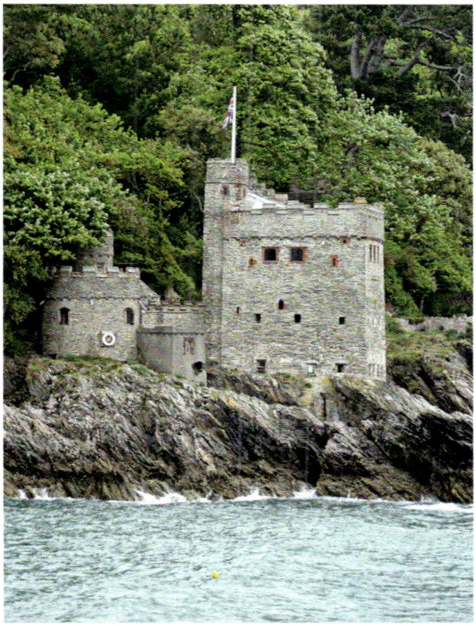

Kingswear Castle, bei Dartmouth, Devon, Landmark Trust

1 Stourhead Garden**

Der Grenzgänger

Das Anwesen grenzt an Somerset und Dorset. Für den aus London kommenden Autofahrer ist es der Auftakt zum Südwesten und ein geeigneter Zwischenstopp auf der langen Fahrt nach Cornwall.

Stourton, Wiltshire BA12 6QD
Telefon +44 (0) 1747 841 152
www.nationaltrust.org.uk
stourhead@nationaltrust.org.uk

Eigentümer National Trust, seit 1927
Der Garten in Stichworten Historischer Landschaftsgarten, Wald- und Schattengarten, Frühlingsblüher, seltene Gehölze, Grotte, Tempel, See, Nutzgarten
Entstehungszeit 1740–1780
Gestalter Henry Hoare II
Größe 40 ha, 1072 ha Wald und Kulturlandschaft

Stourhead ist, gleich zu welcher Jahres- oder Tageszeit, ein Muss für jeden Garten- oder Englandfan. Er ist der erste von insgesamt vier Gärten des National Trust, die, nahe beieinander, nur wenige Kilometer abseits der A 303, der Hauptverkehrsader in den Südwesten, liegen. Mit einem beeindruckenden klassizistischen Herrenhaus, weitläufig bewirtschafteten Parks und Wäldern, der malerischen Siedlung von Stourton samt Bilderbuch-Kirche und dem Angebot des National Trust an Geschäften und Verpflegung bietet es Interessantes für einen ganzen Tag. Stourhead ist auch ein guter Anlaufpunkt, um sich über die Arbeit des National Trust sowie seine Kultur- und Freizeitangebote im Südwesten zu informieren. Für mich ist Stourhead besonders im Winter ein beliebtes Ziel, wenn die Struktur des Gartens und des Umlands bloßgelegt und die ganze Anlage von besinnlicher Ruhe geprägt ist.

Der Garten liegt in einer Mulde außerhalb des Blickfelds des erhöht liegenden Hauses. Ein 800 Meter langer Spazierweg umkreist den zentralen, lang gestreckten See, geleitet den Besucher abwechselnd unter Bäumen und über Lichtungen, wobei sich immer neue Blicke öffnen, mal auf eine Baumgruppe, mal auf einen Tempel oder einfach auf die Wasserfläche selbst: Dem Besucher bietet sich eine Serie wunderschöner Bilder, die man am liebsten alleine genießen würde wie der Schöpfer des Gartens, der Bankier Henry Hoare II, und die man nicht, wie es in der Hauptsaison der Fall ist, mit hundert, ja sogar mit tausend anderen Besuchern teilen möchte.

Stourhead wurde ab 1740 angelegt und über vierzig Jahre ergänzt; Hoare konnte nicht ahnen, welche Wirkung seine Anlage dereinst auf die Massen haben würde, und noch weniger, wie oft sie als Filmkulisse dienen würde.

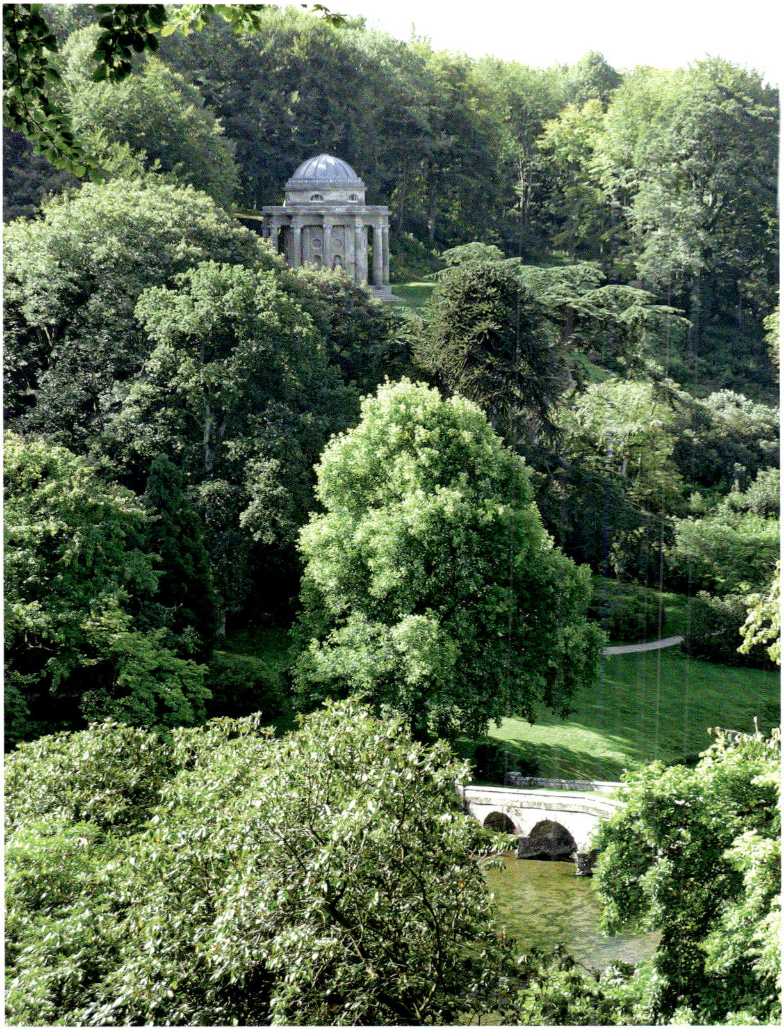

Im Herrenhaus hängt eine Kopie von Claude Lorrains »Vedute vor Delphi mit einer Opferprozession« (Original in der Galleria Doria-Pamphili, Rom), eine idyllische Szenerie mit klassischen Bauten und Natur in Harmonie. Diese Vedute war Inspirationsquelle für die Gestaltung der Anlage, doch ihr Inhalt, die Versinnbildlichung der menschlichen Reise durch die Welt, zurückgehend auf Vergils *Aeneis*, bleibt den meisten Tagesausflüglern verborgen. Die Schönheit des Gartens aber, der Kontrast von Licht und Schatten, die beeindruckenden Bäume und der Spiegeleffekt des Sees, vermittelt sich allen Besuchern.

Empfohlene Jahreszeit Ganzjährig
Mindestzeit für einen Besuch 1 ½ Stunden. Der Parkplatz ist gut 10 Gehminuten vom Garten entfernt; 20 Minuten, wenn Sie den Garteneingang beim Haus und über den Nutzgarten nehmen. Wer wenig Zeit hat, sollte hinter dem Besucherzentrum den Weg den Hang hinab (nicht über die Brücke), über den Innenhof vor dem Pub, dann die Straße geradeaus und rechts gegenüber der Kirche in den Garten nehmen.
Anfahrt *Öffentliche Verkehrsmittel:* Southwest Coaches Bus 80 von Gillingham nach Stourton, dann zirka 10 Minuten zu Fuß, www.travelinesw.com
Pkw: Von der A 303, Ausfahrt Mere, dann der Beschilderung folgen
Öffnungszeiten Ganzjährig, täglich 09.00–18.00 Uhr (im Winter evtl. früher)
Eintrittspreise (2017) Garten Erwachsene £ 16, Kinder £ 8, NT-Mitglieder frei

Gartenführer und Baumliste; P *£ 4, gesonderter Behindertenparkplatz; NT-Ferienhäuser, 89 Church Lawn (7), auch Spread Eagle Inn, www.spreadeagleinn.com, mit 5 Zimmern;*

In der Nähe

Barrington Court* (10), Lytes Cary Manor* (15), Hauser & Wirth** (13), Montacute House (16), Tintinhull Garden* (17)

Wanderungen über Stourhead Estate Wenn Sie Zeit haben, holen Sie sich im Besucherzentrum die Broschüre mit den Wanderungen über Stourhead Estate. Ich wähle oft einen Rundweg über Park, Ländereien, Wald und Garten. Nehmen Sie hinter dem Zentrum den Weg hinab zur Straße, geradeaus durch den alten Torbogen zur Hauptzufahrt, zum Haus an der Esskastanienallee, an der Vorderfront von Stourhead House vorbei, dann durch das Metallgitter nach links auf die Wirtschaftsstraße zwischen den Feldern. Auf der Höhe des Obelisken querfeldein über die Weide zum Obelisken (Blick von hier zurück zum Haus). Dem breiteren Trampelpfad unterhalb des Obelisken folgen, durch das Feldtor, dann durch den Wald geradeaus bis zum Tal. Hier entspringt die Quelle, die die Seen speist. Von hier gelangt man über den Überstieg und sich weiter links haltend in den Garten und kann den Rundweg um den See auf halber Höhe fortsetzen.

Für eine etwa einstündige Tour geradeaus durch das Tal bis zum Denkmal St Peter's Well, links über den Überstieg in den Wald hinauf bis zur Gabelung, hier den linken Weg nehmen. Quasi parallel zum Tal dem geraden Weg bis zum Überstieg durch eine alte Ringsiedlung folgen, dann wiederum über einen Überstieg und weiter geradeaus durch den Wald. Der Weg biegt nach rechts ab und führt den Hang hinunter, fast am Fuß des Hangs den Weg nach links nehmen. Sie erreichen den Rundweg um den See kurz vor der Brücke und können gegen den Uhrzeigersinn den inneren Teil des Gartens besichtigen oder über die Brücke am See entlang rechts den Hügel hinauf zum Herkulestempel gehen.

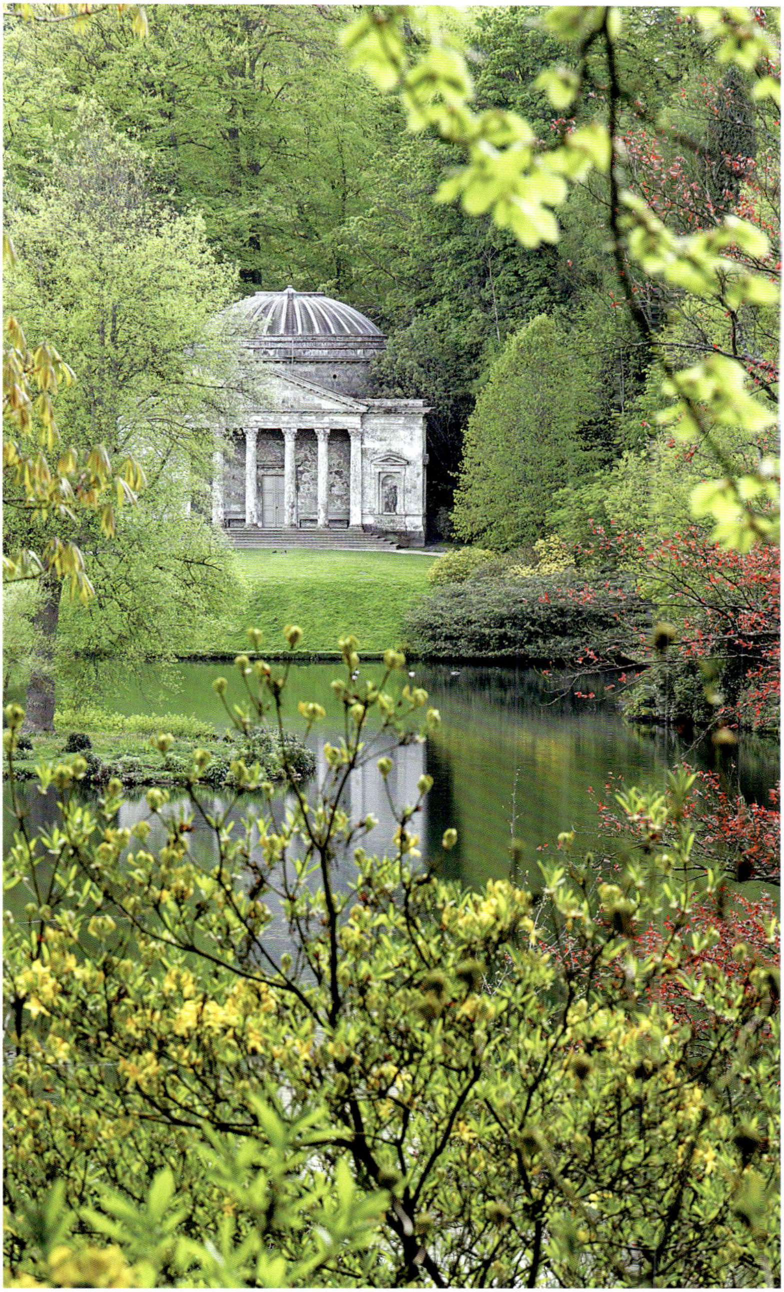

Dorset

Von der Küste geprägt

Jedes englische Schulkind erfährt im Erdkundeunterricht von den Küstenformationen Dorsets, von Lulworth Cove, Durdle Door, Chesil Beach, Fossil Forest, Old Harry, und natürlich von Fossilien. Kein Lehrbuch aber kann auf die Realität vorbereiten, den ersten Blick auf die kreisrunde Bucht von Lulworth Cove oder die lang gestreckte goldene Zunge von Chesil Beach. Seit 2002 gehört dieser beeindruckende Küstenabschnitt unter dem Namen Jurassik-Küste zum UNESCO-Welterbe. Über 150 Kilometer lang, von Poole Harbour bis Exmouth, mit Buchten und Stränden, Klippen und Säulen, zeugt diese Küste von 185 Millionen Jahren Geschichte. www.jurassiccoast.com

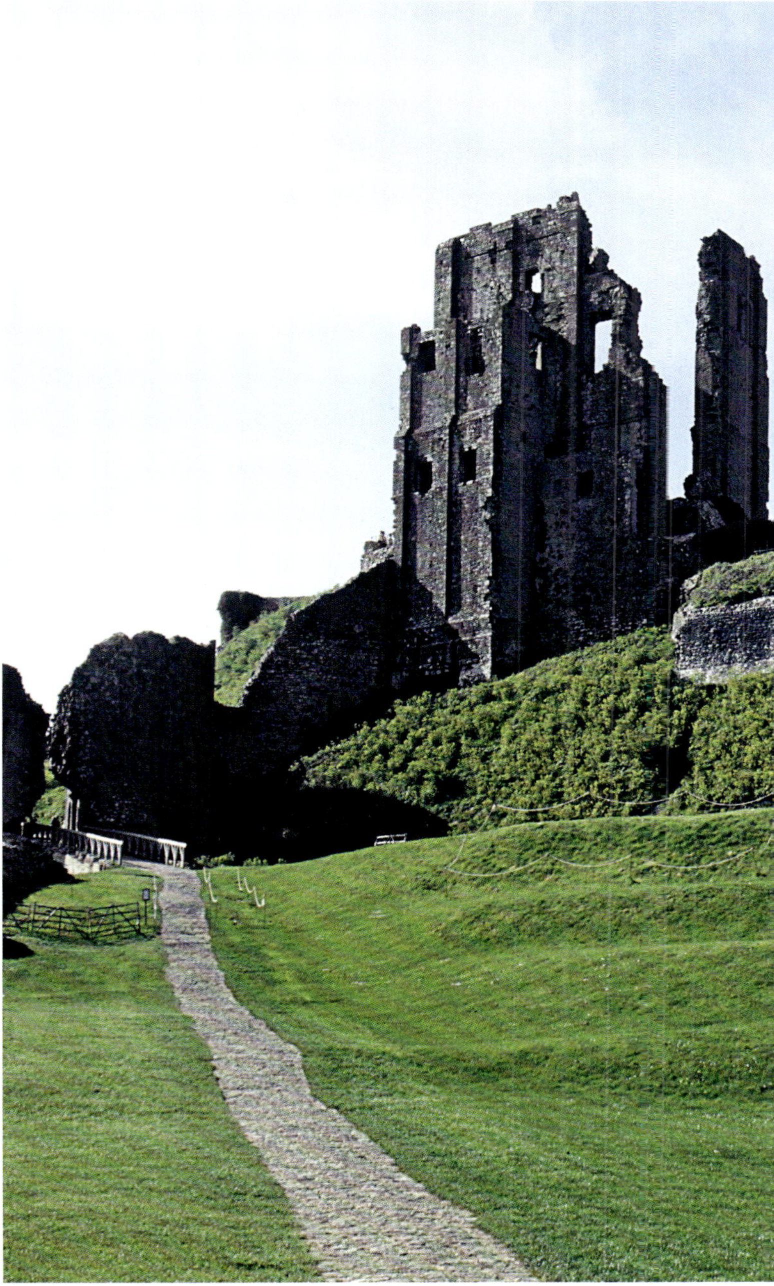

Landschaftliche Höhepunkte

Lulworth Range Truppenübungsgelände, meistens am Wochenende zugänglich – Fahne und Aushang in West Lulworth beachten, bei Rot ist das Gelände gesperrt. Bester Zugangspunkt Lulworth Cove (kostenpflichtiger Parkplatz mit Informationszentrum und Ausstellung) oder Kimmeridge. Unbedingt den gut erkennbaren Wegen folgen und sie nicht verlassen; mit Steigungen ist zu rechnen. Der Wanderer wird mit herrlichen Ausblicken und einsamen Stränden belohnt. Gerade weil dieser Abschnitt der Küste nur bedingt zugänglich ist, sind Flora und Fauna gut erhalten; im Gegensatz zu dem unter dem Massenbetrieb leidenden Weg zum Durdle Door vom West Lulworth Parkplatz aus ist dieser Abschnitt nie überlaufen.

Chesil Beach Ein riesiger, 28 Kilometer langer, von Wasserkraft geschaffener Haufen Kies. Am besten zu bewundern vom Aussichtspunkt beim Portland Heights Hotel (Natursteinmauer mit eingebauten Ammoniten) oberhalb von Fortuneswell und von der B3157 zwischen Bridport und Weymouth. Die First CoastLin Busse X53 und X54 verkehren zwischen Poole und Exeter entlang dieser Straße.

Portland und Portland-Bill-Leuchtturm Die Steingrube von London; von hier stammt der Naturstein für die St.-Pauls-Kathedrale und weitere wichtige Bauten der Stadt. Die Halbinsel, nur durch Chesil Beach mit dem Festland verbunden, ist karg und windig; sie beherbergt neben den vielen Steinbrüchen seit jeher ein Gefängnis. Der Portland-Bill-Leuchtturm (immer noch in Betrieb, mit Besucherzentrum) an der Südspitze der Insel ist einen Besuch wert, und sei es auch nur, um die raue Natur und die Kraft des Meeres zu spüren.

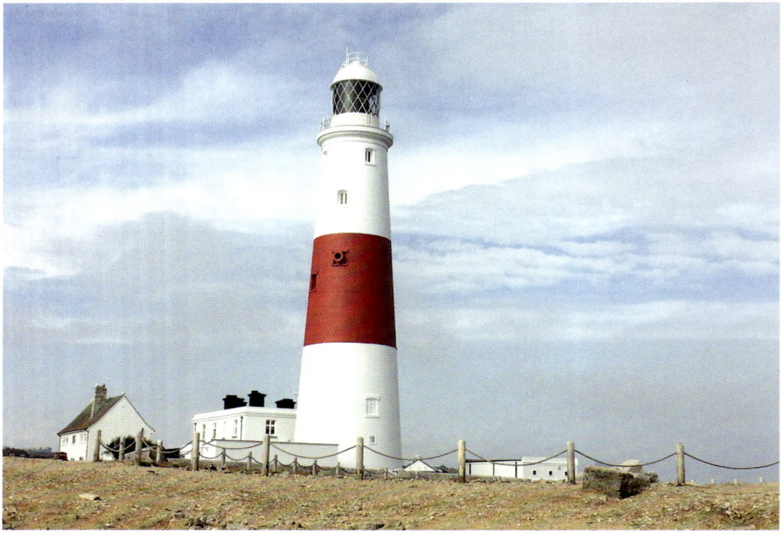

DORSET

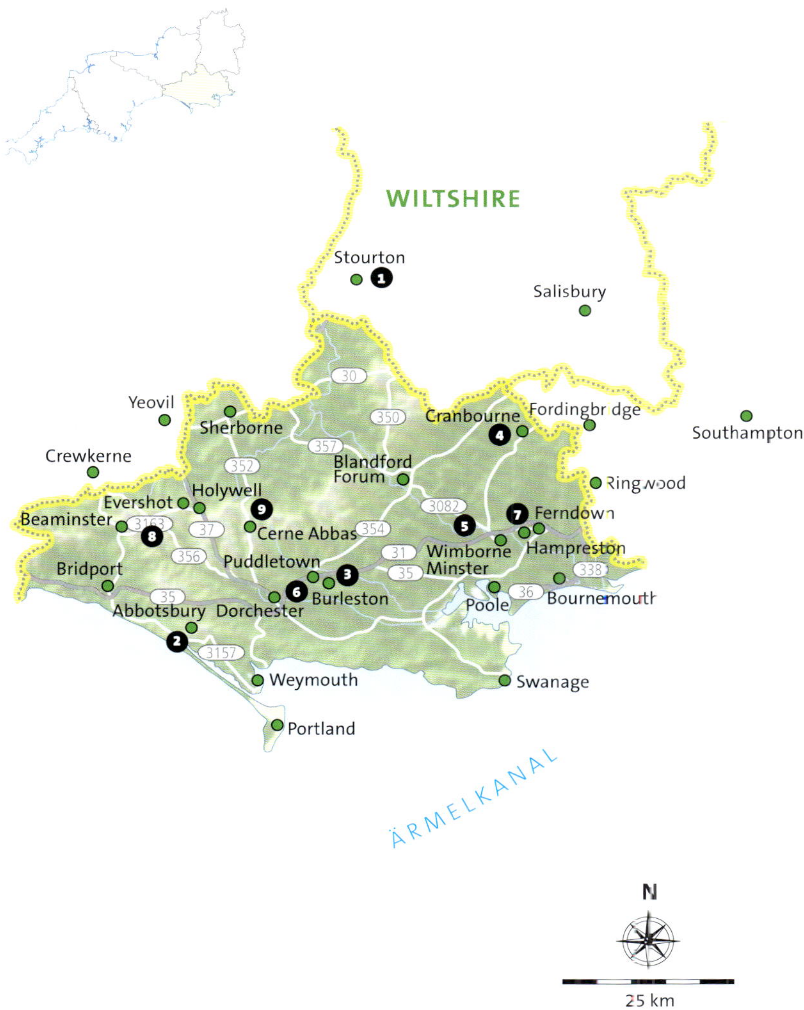
WILTSHIRE
Stourton
Salisbury
Yeovil
Sherborne
Crewkerne
Fordingbridge
Cranbourne
Southampton
Blandford
Forum
Ringwood
Holywell
Evershot
Beaminster
Ferndown
Cerne Abbas
Hampreston
Wimborne
Minster
Puddletown
Bridport
Burleston
Bournemouth
Abbotsbury
Dorchester
Poole
Weymouth
Swanage
Portland
ÄRMELKANAL
N
25 km
30
350
357
352
3082
354
3163
37
356
31
35
338
36
3157
1
2
3
4
5
6
7
8
9

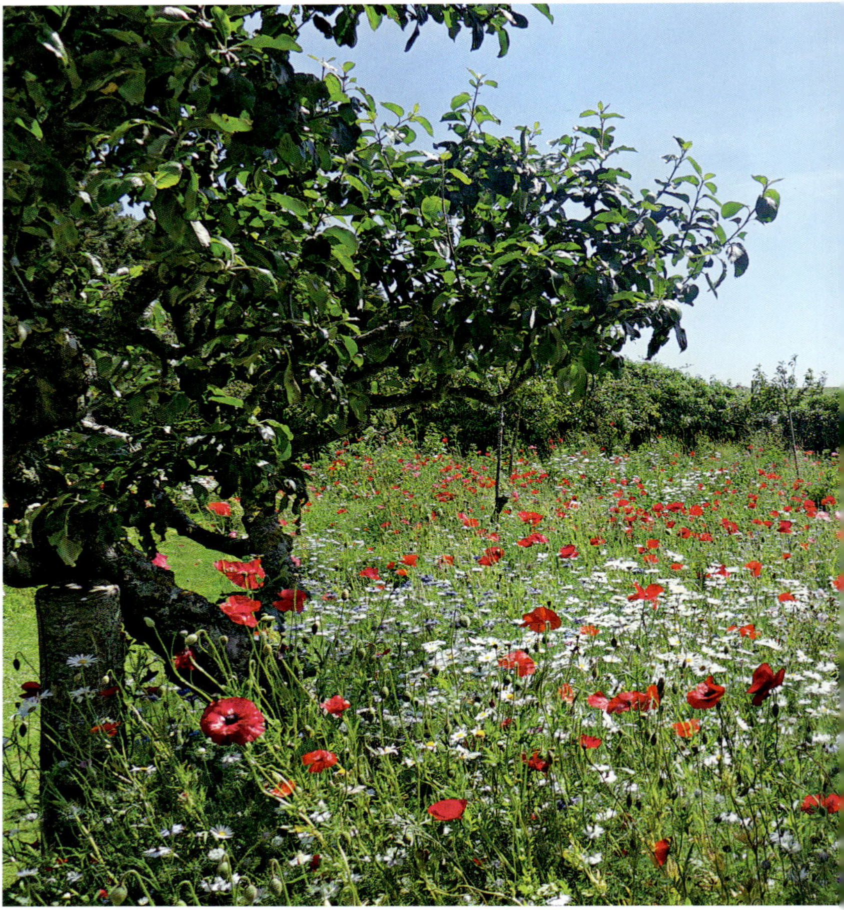

Die Gärten von Dorset

Die Grafschaft Dorset ist ein Geheimtipp, weit weg von großen Städten und der Metropole begegnet man hier Olde England. Als uralte Kulturlandschaft, in der Spuren früherer Besiedlungen noch sichtbar sind, mit einer aufregenden Küste und kleinen Städten, in denen die Uhren scheinbar stehen geblieben sind, hat diese Grafschaft etwas Liebliches. Für viele Gartenliebhaber ist sie ein unbekannter Fleck, dabei bietet sie unzählige schöne Gärten. Wenige von ihnen haben regelmäßige Öffnungszeiten – acht sind hier aufgeführt –, viele sind nur gelegentlich zu Wohltätigkeitszwecken geöffnet; die Mehrzahl aber ist absolut privat. Es empfiehlt sich, besonders im Sommer, Ausschau nach den gelben Schildern des NGS (National Garden Schemes) zu halten und den einen oder anderen Spontanbesuch einzulegen.

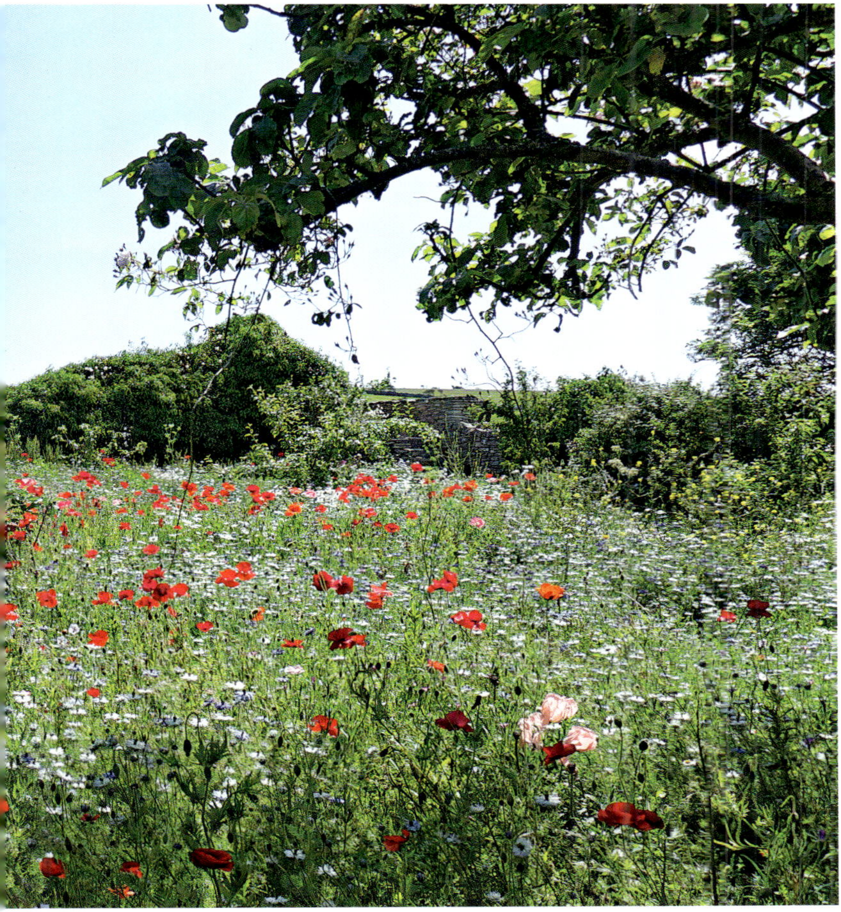

Viele Quadratkilometer von Dorset gehören zum Großgrundbesitz der Illchester Estates um Abbotsbury und der Duchy of Cornwall, Prince Charles' Ländereien, um Dorchester. Die Besitzer dieser Anwesen haben nicht nur großen Einfluss auf die Kulturlandschaft, sondern auch auf die Architektur. Prince Charles ist bekannt für seine kritische Einstellung zur modernen Architektur, seinen Hang zur Tradition und seine Unterstützung des Handwerks. In Poundbury am westlichen Rand von Dorsets Hauptstadt Dorchester hat er seine Vorstellungen von urbanem Leben in einer Siedlung mit unterschiedlichen Baustilen für Arbeit und Leben verwirklicht.

Privatgarten an der Küste

2 Abbotsbury Subtropical Gardens*

Bullers Way, Abbotsbury, Weymouth DT3 4LA
Telefon +44 (0) 1305 871 387
www. abbotsbury-tourism.co.uk
info@abbotsbury-tourism.co.uk

Besitzer Illchester Estates
Der Garten in Stichworten Subtropischer Waldgarten, Wald- und Schattenpflanzen, Liebhabergarten, Sumpfgarten, Ziergräser-Rabatten, Mittelmeergarten, Seerosenbecken, Frühlingsblüher, Nationale Sammlung von Hoheria
Entstehungszeit 1765 als Küchengarten
Größe 12 ha
Denkmalgeschützt Grade I

Abbotsbury Garten ist ein geologischer Sonderling in einer sonst von Kalkstein dominierten Landschaft, geprägt von dünnen alkalischen Böden. Ein Streifen Sandstein, gerade so breit wie der Garten, läuft fast in Nord-Süd-Richtung das Tal entlang bis zum Meer hin. Durch die umliegende Hügellandschaft und die mächtige Aufschüttung von Chesil Beach von allen Seiten windgeschützt und vom Meer erwärmt, herrscht hier ein besonders mildes, gleichmäßiges Kleinklima; ideale Voraussetzung für frostempfindliche immergrüne Pflanzen wie Kamelien, Rhododendren und Skimmia, auch Palmen *(Trachycarpus fortunei)*. 1765 als Nutzgarten für die Countess of Illchester begonnen, entwickelte sich der Garten über die Jahrhunderte zu einem Schaugarten für exotische Pflanzen, die von den Nachfahren der Countess gesammelt wurden. Im »Bothy«, der Gartenhütte neben dem alten ummauerten Garten, hängen Kopien von Fotos aus dem Jahr 1899. Sie vermitteln einen Eindruck, wie der Garten in seinen jüngeren Jahren aussah. Die jetzt über 30 Meter hohen Palmen waren zu jener Zeit nur etwa 1,20 Meter hoch. Ein Mittelmeer- wie auch ein Neuseelandgarten ergänzen die umfangreiche Sammlung. Als Kontrast zu den lieblichen, üppigen Gärten und als Erinnerung an den Standort lohnt sich der Aufstieg zum Aussichtspunkt (steil und bei Nässe rutschig). Von dort wird man mit einem herrlichen Panoramablick auf die Jurassik-Küste bis Portland im Osten und Lyme Regis im Westen belohnt.

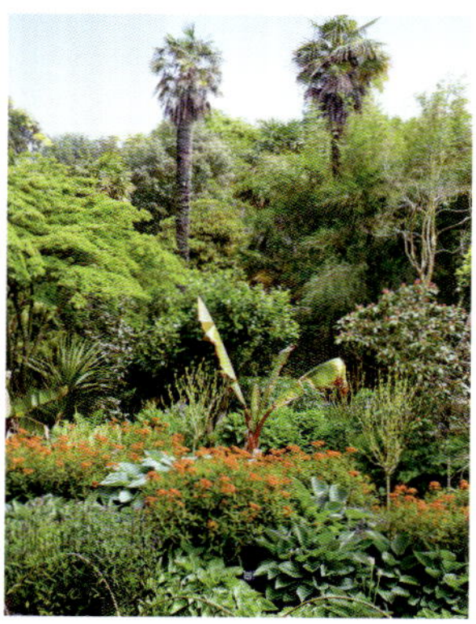

Die stolzen Eintrittspreise sind nicht nur mit dem Inhalt und Pflegebedarf des Gartens zu erklären, sondern auch mit Abbotsburys Rolle als touristischem Ausflugsziel. Der Garten aber ist es wert. Er ist intim und weitläufig, voll interessanter Pflanzen. Er ist sehr gut gepflegt und vermittelt in Teilen den

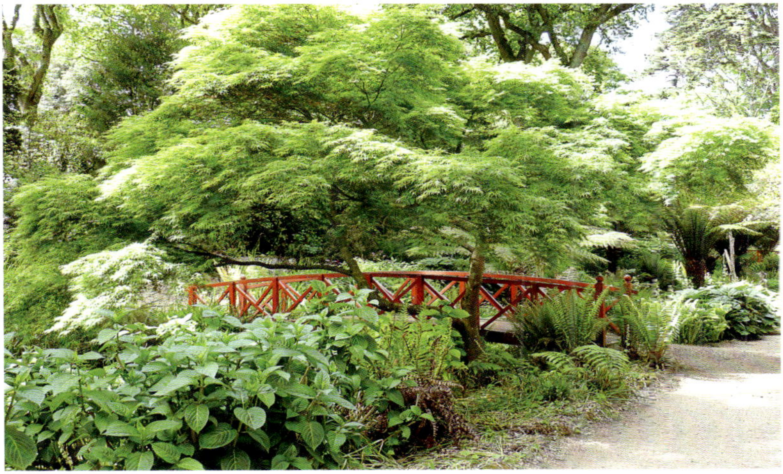

Eindruck eines gezähmten Dschungels. Verlässt man den Hauptrundweg, entdeckt man Partien wie das Seerosenbecken und die warmen Hänge des Mittelmeergartens. Das Angebot an gut verteilten Sitzbänken, teilweise abseits vom Rundweg in Nischen, von denen aus man die gekonnte Staffelung der Vegetationsschichten bewundern kann, ist erstaunlich. Wenn man die Stoßzeiten zwischen 11.30 und 15.30 Uhr vermeidet und in dieser Zeit eher einen Spaziergang ins romantische Dorf und zum Chesil Beach macht (Parkplatz ist gebührenpflichtig), erhält man einen besseren Eindruck von der Gegend und dem Stellenwert des Gartens.

Empfohlene Jahreszeit Ganzjährig, doch ist der August wegen des Besucherandrangs zu meiden.
Mindestzeit für einen Besuch 1 Stunde
Anfahrt *Öffentliche Verkehrsmittel:* First Coast Küstenbus X53 von Weymouth nach Exeter
Pkw: Am Ortsrand von Abbotsbury, gut beschildert; die Fahrt nach Abbotsbury führt über eine der schönsten Straßen Englands, die B 3157 von Bridport nach Weymouth.
Öffnungszeiten Ganzjährig, außer 20. Dezember bis 3. Januar, 10.00–17.00 Uhr, letzter Einlass 1 Stunde vor Schluss
Eintrittspreise (2017) Erwachsene £ 12,50, Rentner £ 5,50, Kinder £ 9,50, RHS-Mitglieder in der Nebensaison frei,

WC *Chesil Beach* *Oktober Abendbeleuchtung;* *teilweise;* P

In der Nähe Chesil Beach, Abbotsbury Swannery (Mai), Mapperton Gardens** (8), Kingston Maurward Park and Gardens (6)

3 Athelhampton House and Gardens*

Athelhampton, Dorchester, Dorset DT2 7LG
Telefon +44 (0) 1305 848 363
www.athelhampton.co.uk

Besitzer Patrick Coole
Der Garten in Stichworten Historischer Garten mit modernen Ergänzungen, Gartenräume, Rosengarten, Staudenrabatten, weißer Garten, Parterre, Formschnitt, Fluss, Wasseranlagen, Taubenschlag
Angelegt und gestaltet von Alfred Cart de Lafontaine, Francis Inigo Thomas und Robert Victor Cooke
Entstehungszeit 1891–1899, ergänzt 1969–1971
Größe 6 ha
Denkmalgeschützt Grade I

Der Garten, seit 1891 in Etappen angelegt, ist eine beispielhafte Mischung aus Tradition und Moderne, aus architektonischem Stil und Countrystil. Jeder Gartenraum steht für sich, bildet aber zusammen mit allen anderen ein einmaliges Gartenerlebnis. Obwohl Alfred Cart de Lafontaine einige Teilbereiche gestaltet hat, tragen die italienisch angehauchten Gartenräume die Handschrift von Francis Inigo Thomas. Im Maßstab wie auch im Detail sind diese Bereiche, ausgeführt zwischen 1891 und 1899, beispielhaft.

Was aber vor allem besticht, sind die Gartenteile, die Sir Robert Cooke, Vater des jetzigen Besitzers, zwischen 1969 und 1971 angelegt hat. Er war ein bekannter Chirurg

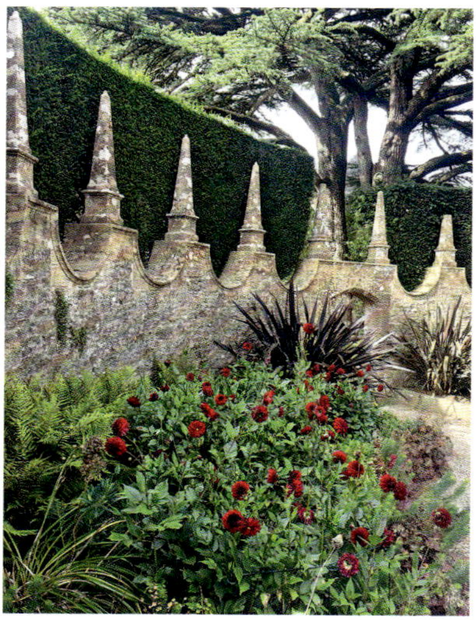

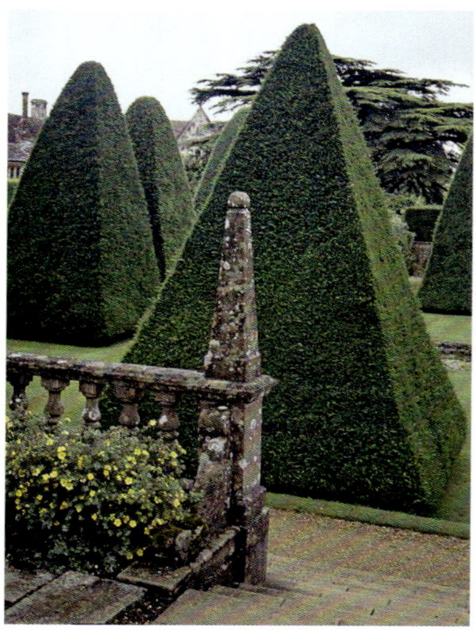

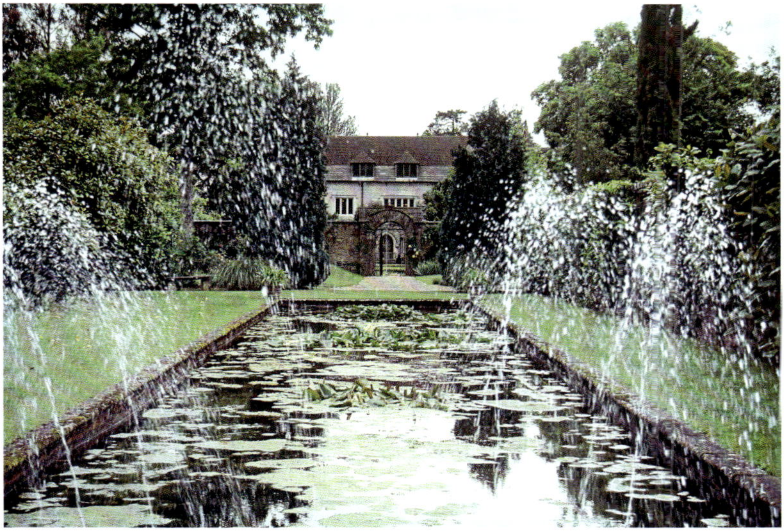

mit Talent für Gartengestaltung; der Klostergarten und der daran angrenzende Kanal stammen von ihm. Sie zeigen eine gewisse Verwandtschaft mit Sutton Place, was nicht erstaunlich ist, wenn man bedenkt, dass Cooke mit Jean-Paul Getty befreundet war. Weitere neue Hinzufügungen sind der Rosengarten und Staudenbeete.

Empfohlene Jahreszeit Wegen der Gartenarchitektur April bis Oktober
Mindestzeit für einen Besuch 1 Stunde
Anfahrt *Öffentliche Verkehrsmittel:* Keine direkte Verbindung; von Dorchester mit Bus Nr. 347 oder 387 in Richtung Poole, auch bis Puddletown, dann zu Fuß www.dorsetforyou.com/media/pdf/k/o/South_Dorset_Bus_Timetables08.pdf
Pkw: A 35 zwischen Dorchester und Bere Regis, Abfahrt Toolpuddle oder Puddletown
Öffnungszeiten Garten Ende Februar/März – Ende Oktober, Sonntag – Donnerstag 11.00 – 16.30 Uhr (letzter Einlass)
Eintrittspreise (2017) Kombikarte Haus und Garten £ 6,25, Kinder £ 4,50, Rentner £ 5,50
Haus- und Gartenführer; WC *Konzert/Theater: siehe Webseite;* P

In der Nähe Jurassik-Küste, Cranborne Manor Garden** (4), Kingston Maurward Park and Gardens (6), Hardy's Cottage, Knoll Gardens and Nursery* (7)

4 Cranborne Manor Garden**

Cranborne, Wimborne, Dorset BH21 5PS
Telefon +44 (0) 1725 517 289
www.cranborne.co.uk

Besitzer Cranborne Estate
Der Garten in Stichworten Historisch, Landschaftsgarten, Gartenräume mit modernen Ergänzungen, Rosengarten, Nutzgarten, Formschnitt, Staudenrabatten, Wald- und Schattengarten, Frühlingsblüher, Wiesen, Kunst (z.B. Skulptur von Elizabeth Frick), Gartencenter
Entstehungszeit 17. und 20. Jahrhundert
Gestalter John Tradescant, Dowager Viscountess of Salisbury
Größe 8 ha
Denkmalgeschützt Grade II*

Cranborne Manor Garden, nur mittwochs geöffnet, besitzt noch das Ambiente eines Privatgartens, in den Besuchern von Zeit zu Zeit Einlass gewährt wird. Die Anlage geht auf das 17. Jahrhundert zurück und auf einen der berühmtesten Gärtner Englands, John Tradescant, der hier einen Renaissancegarten anlegte, von dem heute noch einzelne Elemente vorhanden sind. In Cranborne geht das Historische nahtlos in das Zeitgenössische über. Der Garten ist in vier Bereiche aufgeteilt. Drei umgeben das Haus, der vierte liegt beim alten Nutzgarten, und alle sind durch Wiesen miteinander verbunden. Vom Eingangshof wird man automatisch in den ältesten Teil des Gartens geführt, in dem Grundzüge des Parterres und der Ausguckhügel noch erkennbar sind. Durch den parkartigen, schattigen Landschaftsgarten, der von einer Wasserrinne und einer Hecke mit kleinen Clair-voyées (fensterartigen Öffnungen in der Hecke) begrenzt ist, geht es zu einem kleinen, lieblichen Garten an der Flanke des Hauses, der sehr an die Vorliebe für Gartenräume in den dreißiger Jahren des 20. Jahrhunderts erinnert.

Der Rundgang führt weiter über den Wirtschaftshof, wo sogar die schmalen Pflanzstreifen an den Bauten mit Sorgfalt angelegt wurden, zu einem der ummauerten Gärten. Hier verbinden sich Pflanzen und Gestaltung auf beispielhafte Art und Weise mit der Neigung der Engländer zu *understatement*: der mit *Allium* 'Christophii' unterpflanzte Apfelgang, die mit roten Tulpen bestreute Wiese, die langen Rabatten, in denen Laubschmuckpflanzen in der Überzahl sind und

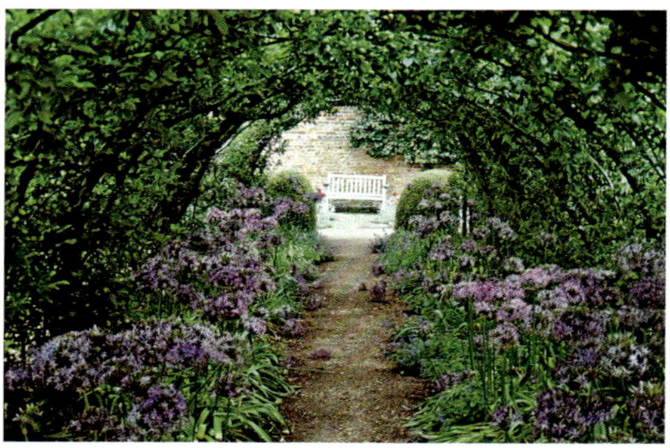

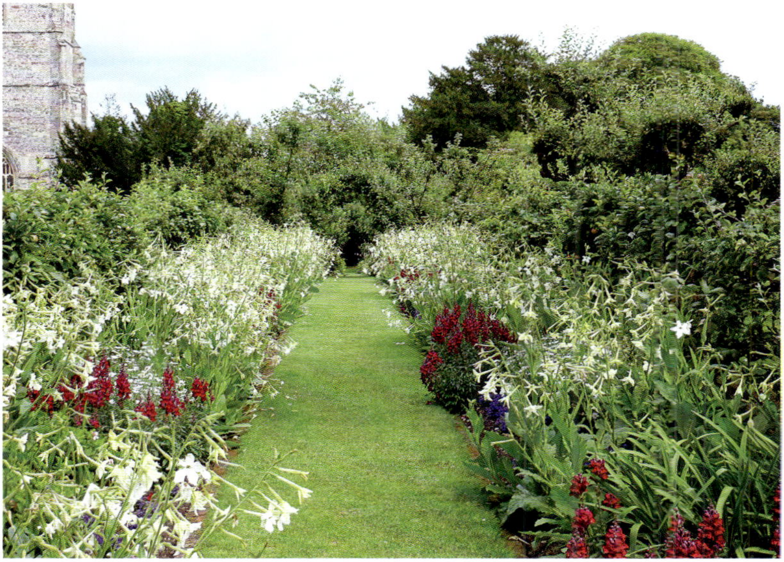

kontrolliertes Chaos herrscht. In diesen Bereich fügt sich auch der neue Rosengarten ganz selbstverständlich ein.

Auch wenn man meint, diese Fülle sei mehr als ausreichend, ist Cranborne immer für Überraschungen gut, sei es ein Kunstwerk, gekonnt in die Wiesen »gestreut«, oder die Zusammensetzung der Wiesen selbst. Cranborne hat viel zu bieten; nicht alles ist perfekt, aber gerade das macht den Charme eines Gartens aus.

Empfohlene Jahreszeit März bis September, mit Höhepunkten zur Rosenblüte Mai bis Juni
Mindestzeit für einen Besuch 2 Stunden
Anfahrt *Mit öffentlichen Verkehrsmitteln:* schwierig zu erreichen
Pkw: A 338 zwischen Salisbury und Ringwood, bei Fordingbridge auf die B3078 nach Cranborne
Öffnungszeiten 1. März – 30. September, Mittwoch 09.00 – 17.00 Uhr, letzter Einlass 16.00 Uhr
Eintrittspreise (2017) Erwachsene £ 6, Kinder £ 1, Rentner £ 5, RHS-Mitglieder frei

WC P

In der Nähe Knoll Gardens and Nursery* (7), Kingston Lacy (5)

5 Kingston Lacy

Bei Wimborne Minster, Dorset BH21 4EA
Telefon +44 (0) 1202 883 401
www.nationaltrust.org.uk
kingstonlacy@nationaltrust.org.uk

Besitzer National Trust, seit 1982
Der Garten in Stichworten Historischer Garten im Landschaftspark, Waldgarten, Rosengarten, Farngarten, Senkgarten, japanischer Garten, Wechselpflanzung, Frühlingsblüher
Entstehungszeit 19. Jahrhundert
Gestalter C. E. Ponting und andere
Größe Garten 17,30 ha, Park 120 ha
Denkmalgeschützt Grade II

Manche Gärten sind, für sich allein betrachtet, weder einzigartig noch eindrucksvoll. Aber zusammen mit der Landschaft, dem Haus und der Umgebung sind sie oft Teil eines Gesamtkunstwerks. So ist es bei Kingston Lacy: der Besuch bietet eine Abfolge von Erlebnissen, beginnend mit, von Blandford Forum kommend, der Fahrt auf der von einer Buchenallee gesäumten B 3082 und der Zufahrt zum Anwesen selbst durch die natürlich wirkende, aber absolut durchgestaltete 18.-Jahrhundert-Parklandlandschaft mit Blick auf das Haus. Dem Idealbild eines Puppenhauses ähnelnd, zieht das wohlproportionierte Gebäude, 1835 von dem berühmten Architekten Sir Charles Barry umgestaltet, die Blicke auf sich. Großzügige, kurzgeschorene Rasenflächen mit einzelnen Solitärbäumen und Obelisken spiegeln die Eleganz des Bauwerks wider.

Am Rand, so geschickt platziert, dass man sie fast übersehen könnte, liegen kleine Themengärten wie der Farngarten aus dem Jahr 1900, versehen mit Hochbeeten, die wie ein Labyrinth wirken, und der Senkgarten, einfach gehalten und mit Statuen der vier Jahreszeiten bestückt. Versteckt wie ein Juwel liegt im hinteren Bereich der Anlage der japanische Garten, der in den letzten Jahren mühevoll restauriert wurde. Es sind aber vor allem die Bäume, die Kingston Lacy auszeichnen, etwa die Zedern, gepflanzt vom Duke of Wellington und Kaiser Wilhelm II. während ihres Besuchs vor Ort, und die Lindenallee, die im Mai mit einem Teppich englischer Bluebells bedeckt ist.

Kunstliebhaber sollten das Haus besuchen, in dem Werke von Van Dyck, Brueghel und Tizian hängen, eine Sammlung, die durchaus mit manchen städtischen Galerien konkurrieren kann.

Empfohlene Jahreszeit Ostern bis Juli; während der englischen Schulferien und an Wochenenden im Sommer kann der Garten ziemlich voll sein.
Mindestzeit für einen Besuch 1 Stunde
Anfahrt *Öffentliche Verkehrsmittel:* Keine direkte Verbindung von Poole, Bus 3 nach

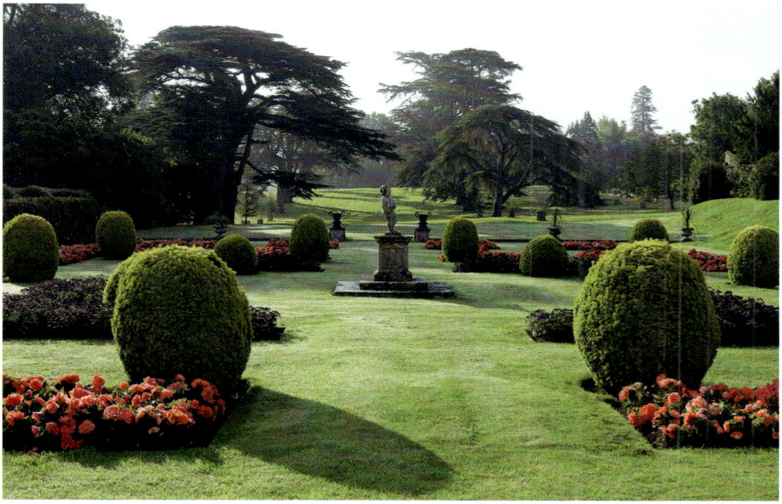

Wimborne, Nordcat Bus 88 nur bis Queen Elizabeth School, dann ca. 30 Minuten zu Fuß
Pkw: Von Blandford Forum B 3082 Richtung Wimborne Minster, gut beschildert; von A 31 Southampton Richtung Dorchester kommend bei Wimborne Minster Schildern Richtung Stadtmitte folgen, dann B 3082 Richtung Blandford
Öffnungszeiten Garten 5. Februar–7. März, Freitag, Samstag, Sonntag 10.30–16.00 Uhr, 13. März–31. Oktober täglich 10.30–18.00 Uhr, 1. November–23. Dezember täglich 10.30–16.00 Uhr
Eintrittspreise (2017) Park und Garten Erwachsene £ 12,70, Kinder £ 6,30, NT-Mitglieder frei

Ferienhaus des NT: 524 Pamphill Green Cottage (4);

In der Nähe Babury Rings, neolithische Anlage, Cranborne Manor Garden (4), Knoll Gardens and Nursery* (7)

Badbury Rings – Spuren in der Landschaft Ursprünglich ein eisenzeitliches Fort aus der Zeit um 800 v. Chr., wurde die Anlage etwa bis zur römischen Invasion Englands um 43 n. Chr. genutzt. Auch heute noch macht die Hügel-Befestigung einen imposanten Eindruck: Erdwälle und Gräben türmen sich zu einem Plateau auf, von dem aus man einen herrlichen Blick über Dorset hat. Ein Teil des Hangs gehört zum Kingston-Lacy-Anwesen.

6 Kingston Maurward Park and Gardens

Kingston Maurward College
Dorchester, Dorset DT2 8PY
Telefon +44 (0) 1305 215 003
www.kmc.ac.uk/attractions/gardens

Besitzer Kingston Maurward College
Der Garten in Stichworten Historisch, Landschaftsgarten, Gartenräume, Rosengarten, Staudenrabatten, Formschnitt, Wasserbecken und See, japanischer Garten, Wald- und Schattengarten, Frühlingsblüher, Wiesen, Lehrgarten
Entstehungszeit 18. und Anfang 20. Jahrhundert, restauriert 1991
Gestalter Verschiedene, darunter Sir Cecil und Lady Hanbury
Größe 14 ha
Denkmalgeschützt Grade II*

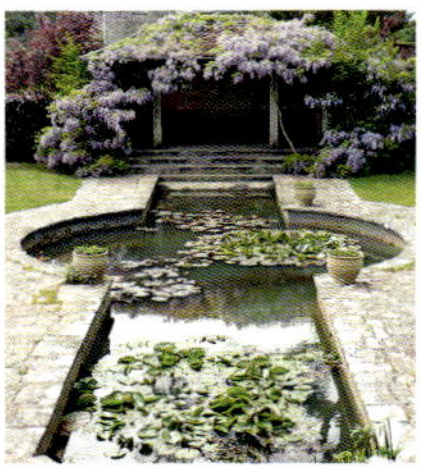

Der Wintersitz der Familie Hanbury, La Mortola an der italienischen Riviera, angelegt von Thomas Hanbury Ende des 19. Jahrhunderts, ist europaweit bekannt; das Anwesen seines Sohnes Cecil bei Dorchester ist dagegen fast in Vergessenheit geraten. Es wird heute als landwirtschaftliche Ausbildungsstätte genutzt. Lässt man sich davon jedoch nicht abschrecken, trifft man keine 50 Meter hinter dem Eingang und den Streichelgehegen auf mannshohe Eibenhecken und den Anfang einer Serie von Gartenräumen, die sich seitlich des Herrenhauses ausbreiten. Dieser Teil des Gartens, der »formale Garten«, geht auf die Blütezeit des Anwesens zurück. Als der Geschäftsmann Cecil, später Sir Cecil Hanbury 1914 die Ländereien und das Herrenhaus erwarb, war die Grundstruktur eines englischen Landschaftsgartens mit See, Baumgruppen, Wäldern, Wiesen und Fernblick bereits vorhanden.

Wer die Gärten von Edwin Lutyens und Gertrude Jekyll kennt, wird hier Ähnlichkeiten erkennen: die Treppenfluchten, die halbrunden Stufen zur Sitzbank am Croquet Lawn, die Aufteilung in Gartenräume und die etwa 45 Meter langen Doppelstaudenrabatten. Sir und Lady Hanbury haben sicherlich den Geist der Zeit aufgegriffen und ihn für Kingston Maurward interpretiert: der rote Garten mit Seerosenbecken, bewacht vom Tempel der vier Winde auf einer Anhöhe; der Terrassengarten mit symmetrischen Blumenbeeten; der kleine, intime, parterreartige Ziegelgarten. Von hier führt eine Achse von den nur in Grundzügen erhaltenen Mittelmeerrabatten zum roten Garten, während in der entgegengesetzten Richtung der Blick zu den Doppelstaudenrabatten gelenkt wird. Ein schmaler Weg auf halber Höhe der Staudenrabatte bringt den Besucher zu einem Wildgarten und weiter zum »Kronengarten«, dem Herzstück der Gartenräume. Die Clair-voyées in der Hecke sind gleichsam Gucklöcher in die anderen Teile des Gartens.

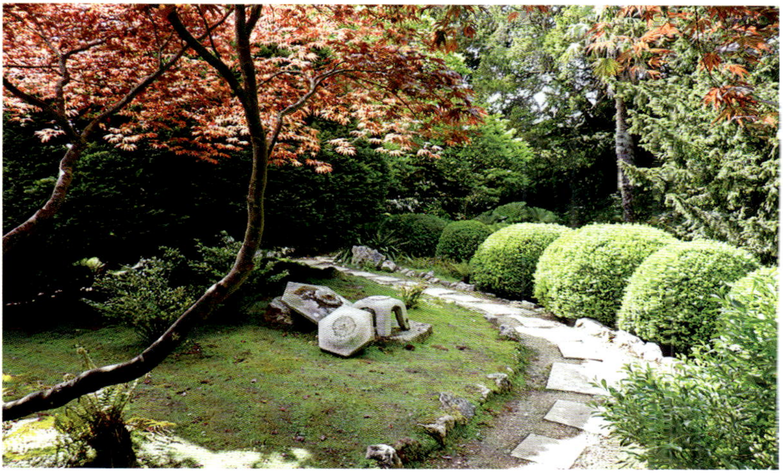

Nach den abwechslungsreichen Gartenräumen wirken die naturhaften Dimensionen des Landschaftsgartens erfrischend und beruhigend. Aber auch hier gibt es etwas zu entdecken: links vom Haus liegt wie eine grüne bewaldete Insel der japanische Garten. Obwohl er heute nur mehr in reduzierter Form besteht, ist die meditative Stimmung spürbar. Ein Rundweg um den See durch den Frühlingsgarten und die naturnahen Bereiche lässt den Besucher den Landschaftsgarten auf eine schöne Art erleben. Bei Interesse kann der Lehrgarten im alten ummauerten Teil außerhalb des Kernbereichs des Gartens besichtigt werden.

Empfohlene Jahreszeit März bis Oktober, mit Höhepunkten zur Staudenblüte Juni bis September
Mindestzeit für einen Besuch 1 ½ Stunden
Anfahrt *Öffentliche Verkehrsmittel:* Ab Dorchester Wilts & Dorset Bus Nr. 183 Richtung Blandford Forum oder Damory Coaches Bus Nr. 387 bis Stinsford, dann 20 Minuten zu Fuß
Pkw: 4,8 km östlich von Dorchester von der A 35 erster Verkehrskreisel; von Poole kommend, beschildert nach Kingston Maurward College, zweite Straße links durch das Einfahrtstor, dann der Beschilderung zum Parkplatz folgen
Öffnungszeiten 4. Januar bis 21. Dezember, Mittwoch 10.00–17.30 Uhr
Eintrittspreise (2017) Erwachsene £ 6,60, Kinder £ 4,50, Rentner £ 5, RHS-Mitglieder frei

WC *nur Automaten und Eis;* *Streichelgehege;* *bedingt;* P

In der Nähe Minterne Gardens (9), Mapperton Gardens** (8), Abbotsbury Subtropical Gardens* (2), Dorchester

7 Knoll Gardens and Nursery*

Stapehill Road, Hampreston bei Wimborne, Dorset BH21 7ND
Telefon +44 (0) 1202 873 931
www.knollgardens.co.uk
enquiries@knollgardens.co.uk

Besitzer Neil Lucas
Der Garten in Stichworten Zeitgenössisch, Schwerpunkt Ziergräser, Staudenrabatten, Wald- und Schattengarten, Wasserbecken und Teich
Entstehungszeit 1994
Gestalter Neil Lucas
Gartengröße 1,6 ha

Der Sammlergarten Knoll wurde in den siebziger Jahren aus dem Nichts begonnen und hat sich bis heute zu einem der interessantesten Gärten des Südwestens entwickelt. Seit Neil Lucas mit Janet und John Flude 1994 die Gärtnerei und den angrenzenden Garten übernommen hat, hat Knoll an Bekanntheit und Renommee gewonnen. Hier werden Pflanzen gezüchtet und neue Kombinationen ausprobiert, die sonst kaum in England zu finden sind. Der Schwerpunkt liegt auf Ziergräsern und passenden Begleitpflanzen wie Wiesenknopf *(Sanguisorba)*, Ehrenpreis *(Veronicastrum)*, Astern und Rudbeckien. Neil Lucas ist Experte auf diesem Gebiet und sucht nach Spezies, die im feuchten maritimen Klima Englands gedeihen und von lang anhaltender Wirkung sind.

Der Zugang zum Schaugarten durch ein bescheidenes Tor bereitet den Besucher nicht auf die Fülle von Pflanzen und einen Garten vor, in dem man sich gern verläuft. Wege führen von einem Bereich zum anderen an Rabatten vorbei, aus denen die Pflanzen sprießen. Ziergräser sind überall präsent; sie sind gekonnt eingeflochten und abgesetzt durch Stauden. Wer den Stand von Knoll Gardens auf der Chelsea Flower Show oder in Hampton Court gesehen hat, mehr Mustergarten als Verkaufsfläche, kann sich vorstellen, wie der Schaugarten aussieht. Hier stehen die Pflanzen im Rampenlicht, im Mittelmeergarten ebenso wie in den Decennium-Rabatten. Der Garten ist auch Experimentierfeld der Gärtnerei und bleibt daher immer dynamisch und frisch.

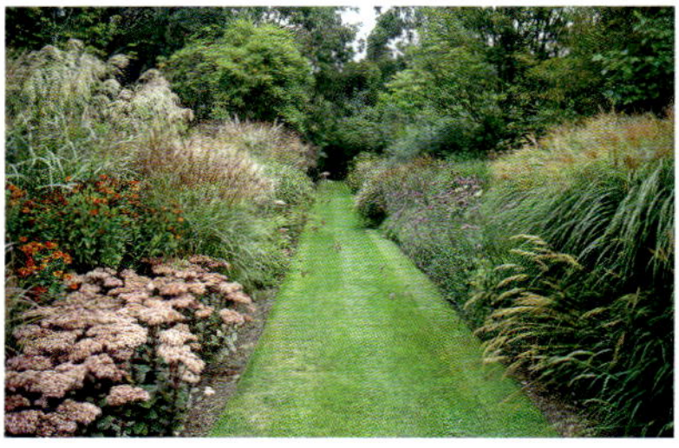

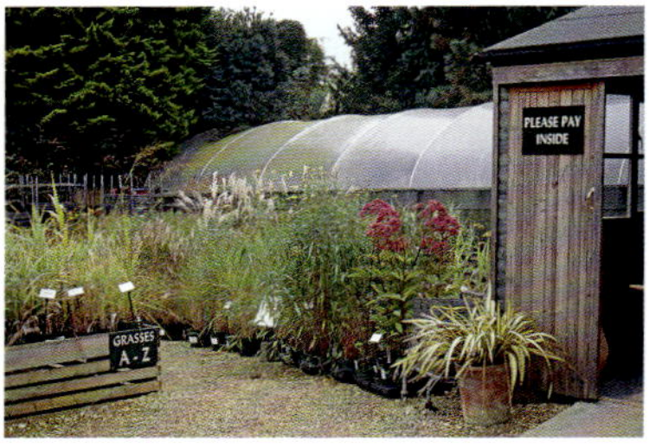

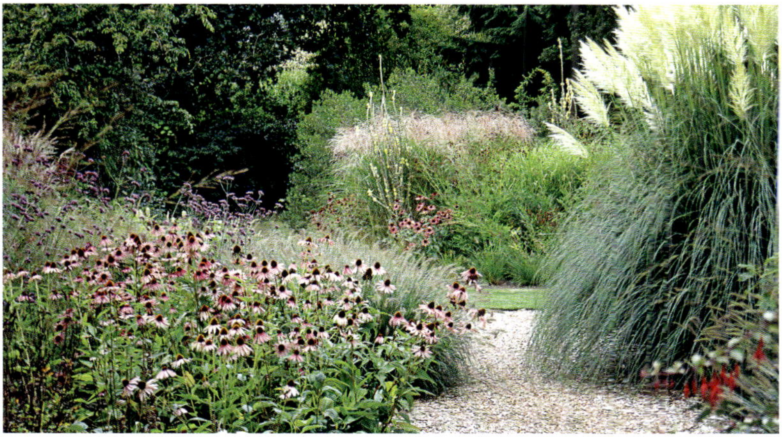

Empfohlene Jahreszeit Spätsommer, Herbst
Mindestzeit für einen Besuch 45 Minuten
Anfahrt *Mit öffentlichen Verkehrsmitteln:* schwierig zu erreichen
Pkw: Unbedingt GPS einstellen. Umgehungsstraße Wimborne Minster A 31 von Dorchester kommend beim dritten Kreisel bzw. aus Richtung Ferndown beim ersten Kreisel verlassen; erste Ausfahrt B 3073 Richtung Hampreston/Christchurch, auf Schild Knoll Gardens achten, nach ca. 1,5 km erste Straße links; die Zufahrt zur Gärtnerei liegt in einer Kurve und führt an zwei Häusern vorbei.
Öffnungszeiten Mai–Oktober Dienstag bis Sonntag 10.00–17.00 Uhr November–April Mittwoch bis Samstag 10.00–16.00 Uhr
Eintrittspreise (2017) Gärtnerei frei, Schaugarten Erwachsene £ 6,25, Rentner £ 5,50, Kinder (5–15 Jahre) £ 4,50, RHS-Mitglieder frei

WC *Seminare und Kurse;* P *Nationale Sammlung von Kap-Fuchsien*

In der Nähe Athelhampton House and Gardens* (3), Cranborne Manor Garden** (4), Kingston Lacy (5)

The Squash Court Store & Café, Deans Court, Wimborne Montag bis Samstag 10.00–17.00 Uhr, Café nur bis 16.00 Uhr. Trödel, Antiquitäten und Gartenprodukte.
www.thesquashcourt.org/our-cafe/
Das Ladengeschäft grenzt an Deans Court, ein Anwesen, das nur gelegentlich für das Publikum geöffnet wird. Vermietet werden aber drei Ferienhäuser: Apple (6) und Plum (4) Cottage sowie The Gatehouse (14)
www.deanscourt.org/website/Accommodation

8 Mapperton Gardens**

Mapperton Gardens, Beaminster, Dorset, DT8 3NR
Telefon +44 (0) 1308 862 645
www.mapperton.com
office@mapperton.com

Besitzer 11th Earl of Sandwich
Der Garten in Stichworten Italienischer Garten mit Arboretum, Terrasse, Grotten, Formschnitt, Staudenbeet, Schattenpartie, Wasserbecken, kleiner Sumpfgarten, Orangerie, Blumenwiesen
Entstehungszeit 1920er-Jahre, Arboretum seit den 1950er-Jahren
Angelegt und gestaltet von Ethel Labouchere, Charles William Pike und Victor Montagu
Größe 5,6 ha
Denkmalgeschützt Grade II*

Für mich gibt es kein besseres Beispiel für die Wechselwirkung zwischen Landschaft und Garten als Mapperton Gardens. Der Garten liegt einfach richtig, bezieht die Umgebung ein und scheint grenzenlos zu sein. Beim ersten Blick auf das eher bescheidene Herrenhaus aus dem 17. Jahrhundert wirkt alles sehr konventionell: ein kleiner Vorgarten, der seitlich liegende englische Rasen, das schmale umlaufende Beet und ein Teehäuschen. Erst wenn man am Teehaus steht und die schmale, in den Hang geschnittene Treppe hinunterschaut, bemerkt man das Besondere. Plötzlich erscheint ein Stück Italien mitten in Dorset.

Von der Orangerie ausgehend, entfaltet sich der Garten als eine Reihe von Terrassen, die dem abfallenden Talhang folgen. Eiben, in Form geschnitten, begleiten die oberen Stufenanlagen und gehen über in eine von Rosen und Glyzinien berankte Pergola, die den Blick in die Landschaft rahmt. Der Garten scheint hier zu Ende zu sein, doch unterhalb der hohen Stützmauer verlängern zwei Wasserbecken die Anlage ins Tal, bis sie sich schließlich in Wald und Felder auflöst. Ganz im Stil der zwanziger Jahre wurde das Schwimmbecken als formale Wasserfläche gestaltet. Blumenbeete entlang der oberen schmalen Wege bringen Farbe und eine englische Note in den Garten.

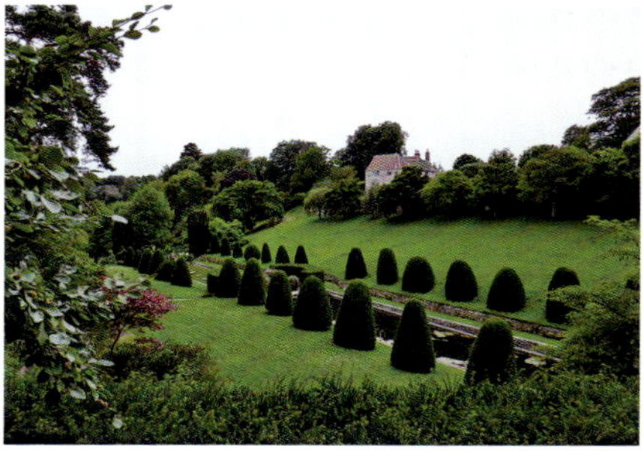

In der im Tal gelegenen Waldpartie hat Victor Montagu in den 1950er-Jahren die jüngste Ergänzung des Anwesens, das Arboretum mit seltenen Bäumen und Sträuchern, angelegt. Für Pflanzenliebhaber ein absolutes Muss!

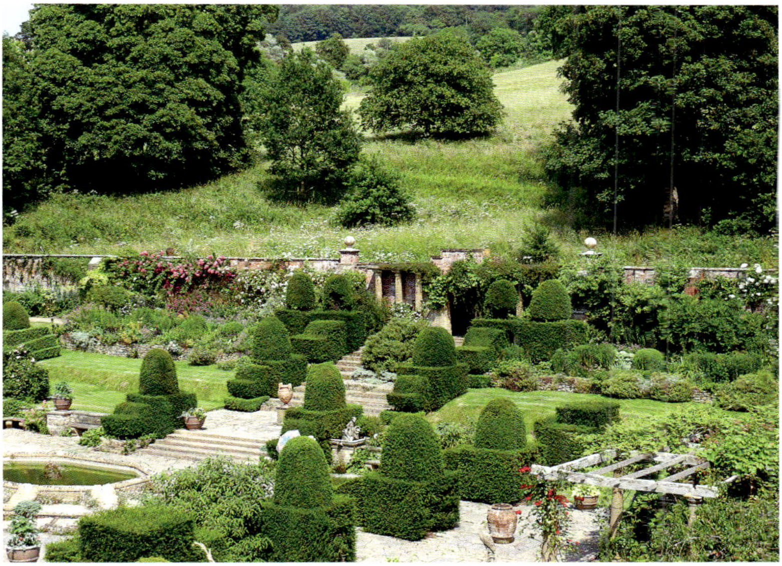

Empfohlene Jahreszeit Wegen des Blicks und der Lage April bis Oktober
Mindestzeit für einen Besuch 45 Minuten ohne Arboretum, 75 Minuten mit
Rundgang: beim Teehäuschen beginnend zur Orangerie, an der Terrasse entlang zur Stützmauer, Stufen rechts zum Seerosenbecken, dann links über den kleinen Schattengarten und den Weg oberhalb der Terrasse zurück
Anfahrt *Öffentliche Verkehrsmittel:* Schwierig, nächster Bahnhof Dorchester oder Crewkerne, Bus Nr. 213 Dorchester–Beaminster, anschließend zu Fuß eine beachtliche Strecke
Pkw: Von Beaminster (ausgesprochen Bminster) B 3163 Richtung Evershot, linkerhand Beschilderung nach Mapperton; von Dorchester A 37 Richtung Yeovil, bei Holywell links Landstraße über Evershot; über die A 356 zur B 3163 nach Beaminster, kleiner Umweg, aber schöne Hochstraße mit guter Aussicht nach Norden und Süden.
Öffnungszeiten Garten Anfang März–Ende Oktober, täglich außer Samstag, 11.00–17.00 Uhr
Eintrittspreise (2017) Garten Erwachsene £ 9, unter 16 Jahren frei, RHS-Mitglieder frei

Sawmill Cafe mit lokalen Spezialitäten (u. a. Dorset Blue Vinney Käse); nur bedingt, obere Terrasse gut zugänglich, sonst viele Stufen und einzelne Rampen;*

In der Nähe Abbotsbury Subtropical Gardens* (2), Forde Abbey Gardens (12), Minterne Gardens (9), Chideok Manor und Farrs (Privatgärten National Gardens Scheme)

9 Minterne Gardens

Minterne Magna, Dorchester DT2 7AU
Telefon +44 (0) 1300 341 370
www. minterne.co.uk
enquiries@minterne.co.uk

Besitzer 12th Lord Digby
Der Garten in Stichworten Waldgarten im Landschaftspark, Liebhabergarten, Frühlingsblüher
Entstehungszeit Ab Mitte des 18. Jahrhunderts
Größe 8 ha
Denkmalgeschützt Grade II

Auch ein begeisterter Gartenfan kann einen Garten vergessen und jahrelang daran vorbeifahren, ohne sich viel dabei zu denken. So ging es mir mit Minterne Gardens zwischen Sherborne und Dorchester. In einer Gegend, bekannt für typisch englische Cottage-Gärten, bestückt mit Stauden und Rosen, ist Minterne Gardens ein Sonderling. Von der Straße aus gibt es keine Anzeichen für sein Vorhandensein. Sobald man aber die imposanten Gartentore durchschritten hat, ist das Außergewöhnliche klar erkennbar. Man wird von prachtvollen Rhododendren begrüßt, und verdutzt fragt man sich, ob hier wohl ein gigantischer Bodenaustausch vorgenommen wurde: Ganz untypisch für diese von Kalkstein geprägte Gegend findet sich hier eine linsenförmige Ablagerung Grünsand. Dies und der seitliche dichte Baumschutz sind die Erklärung für das Gedeihen der sauren Boden liebenden Pflanzen.

Aber was sich in diesem Garten verbirgt, wird nicht sofort deutlich. Ein versenkter Weg, der die lang gezogene Rasenfläche an der Gartenseite des Herrenhauses zerschneidet, wirkt wie ein Ha-Ha und führt zum Beginn des 2,4 Kilometer langen Rundwegs. Betritt man den Waldweg, ist die Veränderung von Stimmung und Maßstab überraschend; plötzlich fühlt man sich in eine andere Welt versetzt. Gehölze wachsen in- und nebeneinander, mächtige Rhododendren stehen im Schatten von Magnolien, ein Taschentuchbaum, *Davidia involucrata*, durchstreut von vielen Gewächsen, und dazwischen vereinzelt Palmen, *Trachycarpus fortunei* – die Vielfalt ist verblüffend. Lichtungen mit vielerlei japanischen Schlitzahornen, darunter *Acer palmatum* 'Osakuzuki', wachsen im Mai aus einem Teppich aus Bluebells, *Hyacinthoides non-scripta*.

Nur die grasenden Schafe, die durch die Blätter zu sehen sind, erinnern daran, wo man sich befindet. Nicht etwa in den Vorgebirgen des Himalajas, sondern in Südengland. Vorbei an den Zierkirschen, gepflanzt in den dreißiger Jahren des 20. Jahrhunderts, erreicht man den äußersten Zipfel des Gartens. Hier hört man das Wasser, bevor man es sieht, einen Bach, der durch geschickte Verteilung von Staudämmen und Kaskaden fast wie ein Fluss wirkt. Die gesamte angrenzende Parkanlage ist nach der Art von Capability Brown angelegt worden; die Wasseranlagen allerdings gehen auf

Admiral Robert Digby zurück, der in den ruhigen Jahren nach dem Nordamerikanischen Unabhängigkeitskrieg arbeitslose Matrosen als Landarbeiter im Garten beschäftigte. Er fand auch eine praktische Verwendung für den Ballast der Schiffe seiner Flotte und nutzte die Steine als Baumaterial für den Garten. So erhielt das Wasser mit etwa elf kleinen Staustufen und Kaskaden eine gewisse Dynamik. Mehr Wildbach als friedliches Dorset-Gewässer ist der Bach eine ideale Ergänzung zur Staffelung von Rhododendren, Kamelien und Lavendelheide, *Pieris*. Hier gedeihen auch Sumpf- und Uferpflanzen wie Etagenprimel und ergeben eine weitere Dimension.

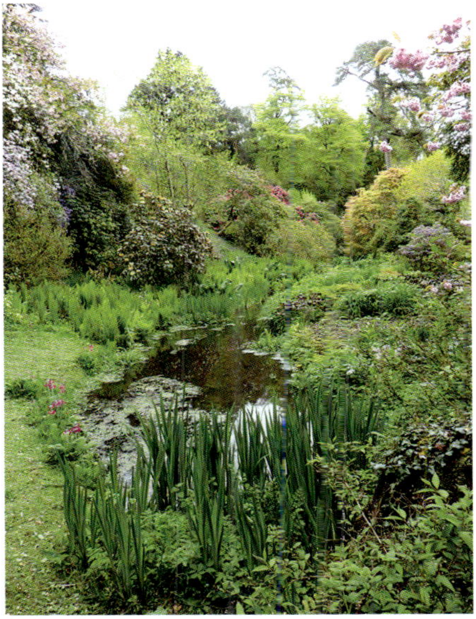

Empfohlene Jahreszeit März bis Mai, August bis Oktober, Highlights und »Was blüht« werden auf der Webseite angegeben.
Mindestzeit für einen Besuch 45 Minuten
Anfahrt *Öffentliche Verkehrsmittel:* Bus D 12 von Dorchester nach Sherborne über Cerne Valley, www.dorsetforyou.com
Pkw: Nördlich von Dorchester A 352 nach Sherborne, 3,2 km nach Cerne Abbas
Öffnungszeiten 1. März – 9. November, täglich 10.00–18.00 Uhr
Eintrittspreise (2017) Erwachsene £ 5, Kinder unter 12 Jahren frei, RHS-Mitglieder frei

beim Parkplatz; *teilweise;*

In der Nähe Chesil Beach, Abbotsbury Subtropical Gardens* (2), Mapperton Gardens** (8), Cerne Abbas mit Tea Rooms und Pub

Nebenbei bemerkt Für Jane Digby (1807–1881), einst Herrin des Hauses, war der bayerische König Ludwig I. einer ihrer »liebsten und besten Freunde«; er ließ ihr Porträt in die Schönheitengalerie, heute in Schloss Nymphenburg in München, aufnehmen. Janes abenteuerliches Leben ist beschrieben in *A Scandalous Life* von Mary S. Lovell. Es erscheint daher mehr als passend, dass der Rosamunde-Pilcher-Film *Und plötzlich war es Liebe* in Minterne gedreht wurde.

Typisch Dorset

The Hardy Way

So wie deutsche Jugendliche mit den Werken Goethes und Schillers vertraut gemacht werden, so dürfen sich englische Schulkinder mit William Shakespeare und Thomas Hardy auseinandersetzen. Hardys Werk (z. B. *Tess of the Durbervilles, Far from the Madding Crowd*) mit seinen Alltagsdramen ist sehr eng mit der Landschaft und dem Lebensstil Dorsets im 19. Jahrhundert verbunden. Der Hardy-Weg führt von seinem Geburtsort Higher Brockhampton bei Dorchester (Casterbridge in seinen Büchern) nach Stinsford Church, wo sein Herz beerdigt ist. Auf dem über 340 Kilometer langen Weg liegen viele Schauplätze seiner Romane. www.thehardyway.co.uk\home.html

Milton Abbas – das erste »Garten-Dorf«?

Wie dramatisch und nachhaltig die Auswirkung eines neuen Gartenstils sein kann, sieht man am kleinen, ruhigen, abgelegenen Dorf Milton Abbas im Herzen von Dorset. Bis zum Jahr 1752, als Lord Milton die Abtei samt Ländereien kaufte, war Milton Abbas eine florierende Kleinstadt mit einem Gymnasium, Wirtshäusern, einem Markt und über hundert Häusern. Lord Milton hatte, ganz im Einklang mit der Zeit, weitreichende Pläne und beauftragte Capability Brown 1763 mit der Gestaltung des Parks. Gleichzeitig begann er, Grundstücke in Milton Abbas aufzukaufen, mit der Absicht, das Tal zu fluten und einen See anzulegen. Da das Wasser nicht ausreichte, wurde das Projekt aufgegeben, aber der Bau eines neuen, »modernen« Dorfs außer Sichtweite des Herrenhauses, der früheren Abtei, wurde trotzdem fortgesetzt, und die Stadtbevölkerung wurde nach und nach dorthin umgesiedelt. Das Ganze zog sich über zwanzig Jahre hin, begleitet von zahlreichen Prozessen und hinterhältigen Manövern seitens des Lords – alles nur wegen des Ausblicks und der Ruhe. Mit den geordneten Doppelhäusern, zurückgesetzt von der breiten Dorfstraße, der Schule und dem Dorfspital an einem, dem alten Pfarrhaus am anderen Ende wirkt Milton Abbas fast wie aus einem Hollywoodfilm.

Der Autor des kleinen Führers über Milton Abbas, C. H. R. Fookes, schreibt, Lord Milton habe sein Leben lang für das Landschaftsbild und die Ruhe gekämpft – und konnte beides doch selbst nie als vollendetes Werk genießen. Seit 1954 ist in der Abtei ein Internat für junge Männer untergebracht.

Milton Abbas, beschildert ab Winterborne Whitechurch an der A 354 zwischen Blandford Forum und Puddletown.

Austern an der Küste

Seit den Zeiten der Römer werden in England Austern geerntet. Was jedoch früher ein preisgünstiges Nahrungsmittel war, ist heute Luxus. In den Buchten und Flussmündungen, etwa Poole Harbour, der Fleet bei Portland und Exmouth, entlang der Jurassik-Küste von Dorset und Devon liegen Austernbänke, an denen hauptsächlich die Rock- oder pazifische Auster, aber auch die seltene und daher teure einheimische

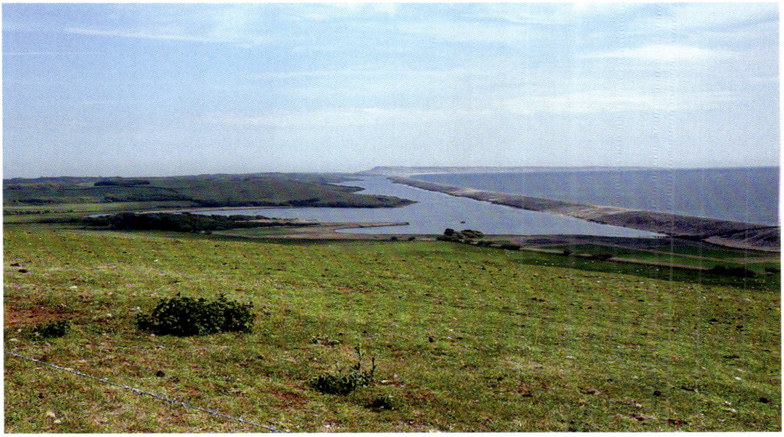

Flat-Auster gezüchtet werden. In den letzten fünf Jahren haben sich einige gute Restaurants und Cafés mit Schwerpunkt auf einheimischen Fischen und Meeresfrüchten angesiedelt, die passend zur Urlaubs- und Küstenstimmung in zwanglosem Ambiente exzellente Küche und dazu passende Weine anbieten. Das Crab House Café gehört dazu, es ist einen Umweg wert; die Austernbänke liegen direkt vor dem Tisch, frischer geht es nicht: www.crabhousecafe.co.uk
Ferrymans Way Portland Road Wyke Regis, Dorset DT4 9YU. Tel. 01305 788867
Mittwoch bis einschließlich Sonntagmittag, im Winter von etwa 20. Dezember bis 2. Woche Februar geschlossen.

Café am Strand The Hive, Burton Bradstock, wie ein Stück Australien in Dorset, Sommer wie Winter geöffnet. www.hivebeachcafe.co.uk
Gebührenpflichtiger NT-Parkplatz. Vorsicht: Baden im Meer ist wegen Strömungen und unberechenbarer Wellen gefährlich – stattdessen Kricket am Strand spielen.

Pub Square and Compass, Worth Maltravers bei Corfe auf der Halbinsel Purbeck am östlichen Ende der Küste: inzwischen bekannt und an Wochenenden und Feiertagen überfüllt, trotzdem ein Pub wie aus alten Zeiten, urig und ursprünglich, mit einem bescheidenen Angebot an Gerichten, in der Welt von Gastropubs etwas Seltenes.

Versteinerungen Wer Interesse an Steinen und Fossilien hat, sollte The Etches Collection in Kimmeridge aufsuchen. Das Museum zeigt die Privatsammlung des leidenschaftlichen Hobbypaläontologen Steve Etches. www.theetchescollection.org/home

Der nackte Mann von Cerne Abbas

Seit Jahrhunderten rätseln Historiker und Einheimische über die Herkunft und Bedeutung der fast 55 Meter hohen Gestalt mit einer 36 Meter langen Keule in der Hand. Die Humusschicht in dieser Gegend ist so dünn, dass, ist sie einmal, wie hier, weggekratzt, der weiße Kreideboden für immer sichtbar bleibt. Ob der Riese ein Fruchtbarkeitssymbol aus der Eisenzeit oder eine Protestaktion aus dem 17. Jahrhundert gegen die puritanische Regierung von Oliver Cromwell ist, bleibt ein Rätsel. Heute benutzt als Werbefläche für Jeans oder auch Kondome, kann man ihn vom Parkplatz an der A 352 nördlich von Cerne Abbas bei Dorchester aus sehen.

Der Riese von Cerne Abbas

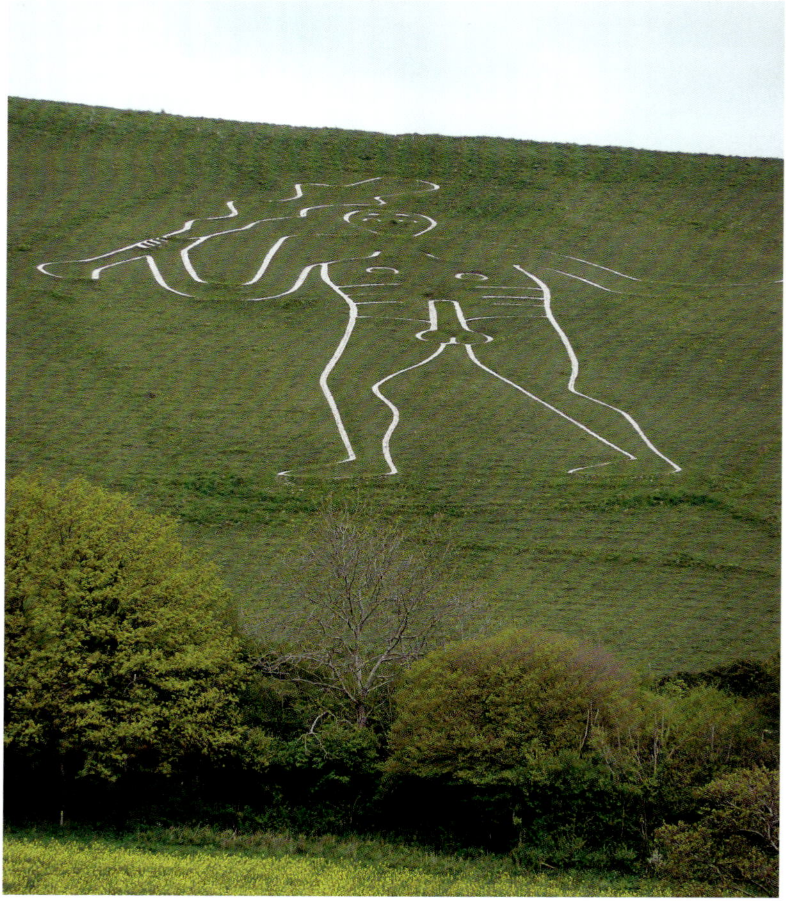

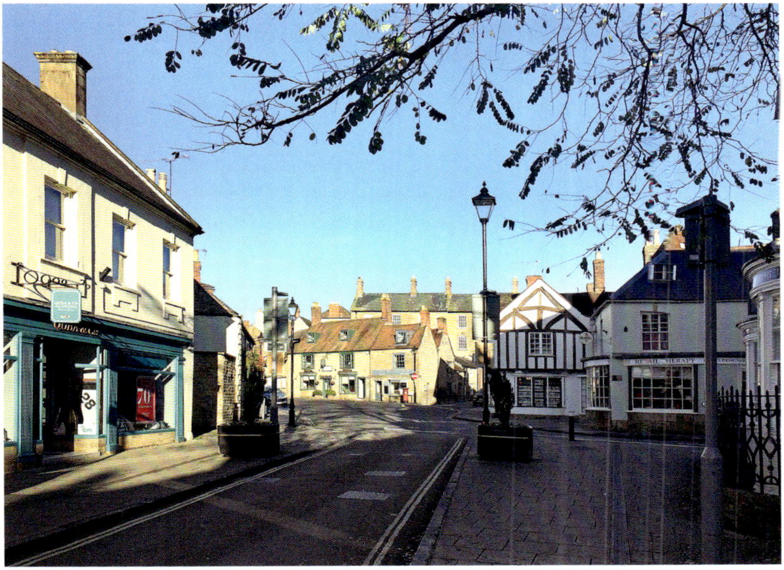

Sherborne

Sherborne, Kleinstadt mit traditionellem Flair

Öffentliche Anlagen wie auch der Blumenschmuck am Bahnhof sagen viel über eine Stadt aus. Bereits bei der Ankunft in Sherborne wird man von gut gepflegten Bahnhofsblumen gegrüßt. Während die meisten Städte von den großen Supermarktketten überrollt wurden, ist das Leben in Sherborne ruhig und beschaulich wie eh und je. Metzgerei, Bäckerei, Buchhandlung, Gemüseladen – all diese kleinen Geschäfte gibt es nach wie vor in Sherborne, dazu auch Boutiquen und sogar einen Laden mit Haushaltswaren.

Sherborne besitzt neben einer Burg aus dem 12. Jahrhundert (in der Obhut von English Heritage) ein neueres Schloss, das im 16. Jahrhundert von Sir Walter Raleigh errichtet wurde, www.sherbornecastle.com. Beide wurden später um eine Parkanlage von Capability Brown ergänzt und befinden sich auch heute noch im Privatbesitz der Familie Wingfield-Digby. Geschichte ist an jeder Ecke spürbar, wird gepflegt und geschätzt. Von der Abtei, einem Meisterwerk der Gotik, bis zu den Stadthäusern ist fast jeder Architekturstil, mit Ausnahme der Moderne, vertreten. Mit zahlreichen Tea Rooms, die nicht nur von den (meist) älteren Bewohnern, sondern auch von den Internatsschülern und -schülerinnen (Sherborne Boys School, Sherborne Girls School und Leweston) leben, ist Sherborne auch an regnerischen Tagen einen Besuch wert.

Für Gartenfans ist ein Besuch des Castle Gardens Gartencenter, das auch einen Tea Room bietet, ein Muss. www.gardeneronline.co.uk

Somerset

Land der Sommerbauern

Die Grafschaft Somerset besteht aus zwei in landschaftlicher und kultureller Hinsicht sehr unterschiedlichen Hälften. In Ost-West-Richtung vom südlichen Landesteil durch die Mendip Hills getrennt, ist Nord-Somerset geprägt von der Küste und den Gegensätzen des Hoch- und Flachlands. Hier lebt man mit den Elementen: im Hochland mit dem Wind, im Flachland mit dem Wasser und somit der stets drohenden Gefahr der Überflutung. Süd-Somerset hingegen ist lieblicher, die Konturen des Landes sind sanfter und gerundeter. Landschaft und Lebensweise sind von der Agrarwirtschaft geprägt; Traktoren, Pferden und Kühen begegnet man überall. Die Dörfer wirken, als seien sie schon immer da gewesen und werden immer da sein. Alles wächst und gedeiht, scheint grüner und größer zu sein als anderswo; sogar die Wegeränder sehen aus wie Mini-Staudenbeete.

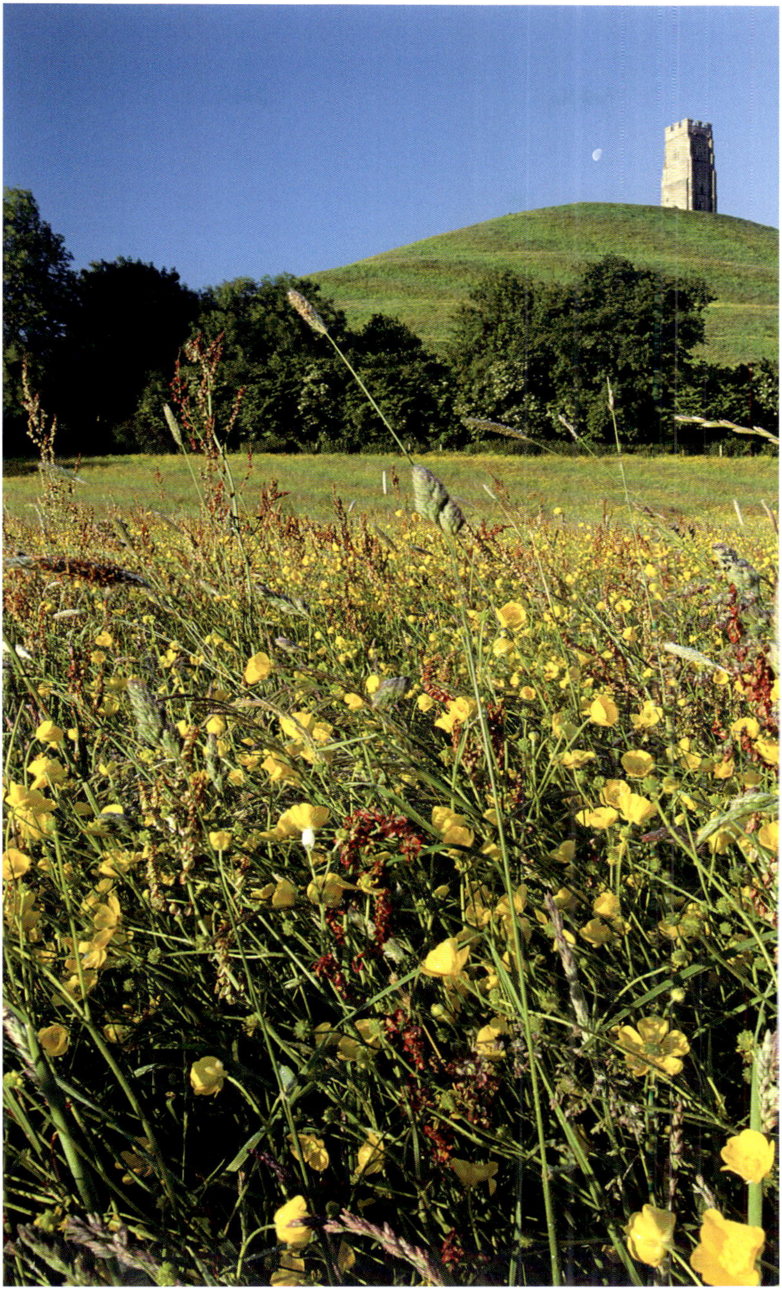

Sommerwiesen, Weiden und Zugvögel – die Landschaft des Flachlands

Ein wichtiger Bestandteil des Landschaftsbilds von Somerset sind die »Levels«. Dieser einfache Begriff umfasst sowohl die Feuchtwiesen als auch die Moorgebiete. Diese Bereiche, kaum über Meereshöhe, ziehen sich durch Nord-, zum geringeren Teil auch durch Süd-Somerset und verwandeln sich im Winter oft in Wasserflächen. Gespeist nicht nur vom Oberflächenwasser, sondern auch vom Flutwasser der Flüsse, sind diese Flächen auch den Gezeiten, vor allem den hohen Frühlings- und Herbsttiden, ausgesetzt. Wer die Autobahn M5 Richtung Süden nimmt, fährt bei Bridgwater an den größten Feuchtwiesen und Moorgebieten Englands vorbei. 35 000 Hektar umfassend, gespeist von den Flüssen Kenn, Yeo, Axe, Brue und Parrett sowie mit kanalartigen Gräben, etwa King's Sedgemoor und South Drain, versehen, ist dieses flache Land von unzähligen Rinnen (örtlich Rhynes genannt) durchzogen. Nur Restbestände der Levels sind noch in Süd-Somerset erhalten, beispielsweise um Muchelney, wo sich Mönche im 10. Jahrhundert »auf den Inseln« und nördlich von Curry Rivel niedergelassen haben. Sedgemoor und Wedmoor in Nord-Somerset gehören zu den größeren Gebieten dieser Art; in der flachen Landschaft bestimmen sie zusammen mit den Jahreszeiten die Landwirtschaft und das Leben: Grüne Sommerweiden verwandeln sich im Winter in graue Teiche, abertausende Zugvögel ersetzen dann die weidenden Kühe und Jahr um Jahr kommen die Aale hierher zum Laichen. Ebenso wachsen hier Kopfweiden, die nach wie vor das Handwerk der Korbflechterei am Leben erhalten. Es ist eine faszinierende Welt, ein Paradies für Naturfreunde und Menschen, die das Handwerk schätzen.

Die Gärten von Süd-Somerset

Süd-Somerset wird begrenzt von den Mendip Hills im Norden, der Hügelkette von Dorset im Süden, den Blackdown Hills im Westen und den Salisbury Plains im Osten; es ist eine Gegend, an der die meisten Autofahrer auf dem Weg nach Devon und Cornwall vorbeifahren. Das Klima ist mild, selten unter 0 °C im Winter und durchschnittlich um 20 °C im Sommer, die Niederschläge verteilen sich gleichmäßig über das Jahr, etwas mehr im Winter als im Sommer, und der Boden ist fruchtbar – ideale Voraussetzungen für Landwirtschaft und Garten. Man findet eine sanft-wellige Landschaft, die seit Jahrtausenden kultiviert wird und von kleinen Bächen durchzogen ist. Die Felder sind mit Hecken unterteilt und werden von mächtigen Solitäreichen und Eschen markiert. Die Dörfer, viele mit ausgefallenen Ortsnamen wie Queen Camel, Wyke Champflower und Shepton Beauchamp, sind bereits im *Domesday Book* von Wilhelm dem Eroberer (Bevölkerungszählung von 1076) aufgeführt. Ihre Blütezeit, bedingt durch die Schafzucht und den florierenden Wollhandel, lag zwischen dem 15. und dem 17. Jahrhundert. Aus dieser Zeit stammen viele Landhäuser und Bauernhöfe, für die Ewigkeit erbaut aus honigfarbenem Hamstone, dem Naturstein der Gegend. Enge, von Hecken gesäumte Landstraßen ziehen sich durch das Land und führen in eine nahezu vergessene Welt, in der Gärten und Tradition hoch geschätzt sind.

Es ist kein Wunder, dass viele berühmte Gärtner hier zu Hause waren und auch ihre Standardwerke hier schrieben: Margery Fish in East Lambrook Manor und Penelope

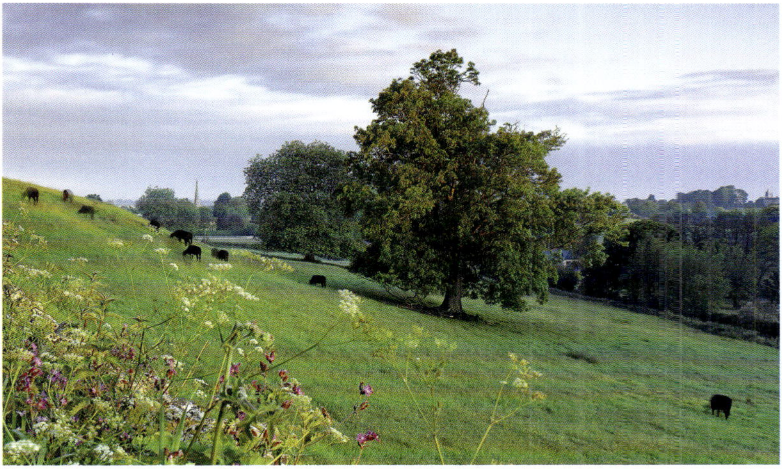

Bei Compton Pauncefoot, Süd-Somerset

Hobhouse in Tintinhull House. Beide Gärten existieren heute noch. Haspen Garden bei Castle Cary wurde jedoch von Baggern platt gewalzt; dieser Garten existiert entgegen den Informationen in vielen Reiseführern nicht mehr. Zwar ist die Rede von einem neuen Garten, aber bis jetzt existiert er nur auf dem Papier.

Die Levels verkosten Räucheraal und mehr bei Brown & Forrest Smokery, Restaurant-Café nur tagsüber, gelegentlich auch abends, siehe Webseite, mittags Reservierung empfohlen. Bowdens Farm, Hambridge, Langport TA10 0BP
www.smokedeel.co.uk

Handwerk erleben In anderen Teilen Englands stirbt das Handwerk nach und nach aus, doch in Somerset ist es weiterhin lebendig. Schmiede, Dachdecker, Korbflechter und Gebrauchskeramiker wurden nicht ins Museum verbannt, sondern finden sich dort, wo sie seit Jahrhunderten ihrer Tätigkeit nachgehen: im Alltag.

Gebrauchs- und Studiokeramik aus Meisterhand
John Leach Gallery, Muchelney Pottery, Muchelney bei Langport, Somerset TA10 0DW; www.johnleachpottery.co.uk

Körbe und Korbflechterei im Willows and Wetlands Visitor Centre, Ausstellung, Verkauf und Besichtigung des Handwerkbetriebs:
P. H. Coate and Son, Meare Green Court, Stoke St Gregory, Taunton, Somerset TA3 6HY; www.englishwillowbaskets.co.uk

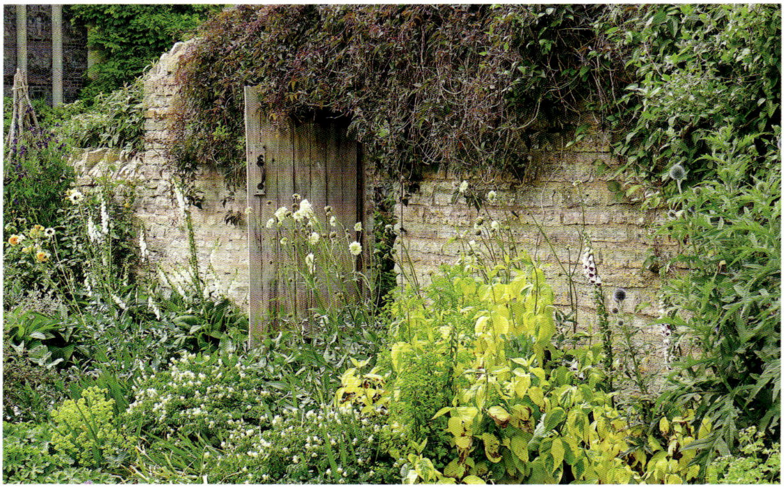

Lytes Cary Manor

Neue Gärten

Somerset steckt nicht in der Vergangenheit fest. Neue Gärten wie der von Hauser & Wirth oder Yeo Valley sind dazugekommen. Neue Besitzer bringen frischen Wind und bereichern die Gartenszene. Auch im Hadspen House, das jetzt als Emily Estate geführt wird, tut sich etwas. Die Besitzer stammen aus Südafrika, und ihre bisherigen Projekte deuten darauf hin, dass hier etwas Spannendes entsteht. Infos zu Hotel, Restaurant und Garten wird es ab 2018 im Internet geben.

Route 30 – Mit dem Fahrrad durch Süd-Somerset

Großbritannien ist bislang kein beliebtes Reisezeil für Radfahrer. Das Wegenetz, vor allem in den Großstädten, ist noch nicht vollständig für den Fahrradtourismus ausgebaut. Eine Ausnahme bildet Somerset: Der etwa 130 Kilometer lange, nationale Fahrradweg Nummer 30 führt an Montacute, Barrington und East Lambrook vorbei und ist mit den Bahnhöfen in Sherborne, Yeovil und Castle Cary verbunden. Sollten Sie ihr eigenes Fahrrad in der Bahn mitnehmen wollen, müssen Sie unbedingt im Voraus einen Platz reservieren, denn die Züge haben nur begrenzte Kapazitäten für Räder. Informationen zu »80 mile Cycle Route around South Somerset« finden Sie im Internet unter: www.visitsouthsomerset.com.

SOMERSET

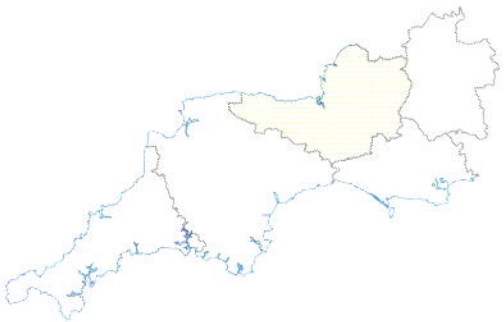

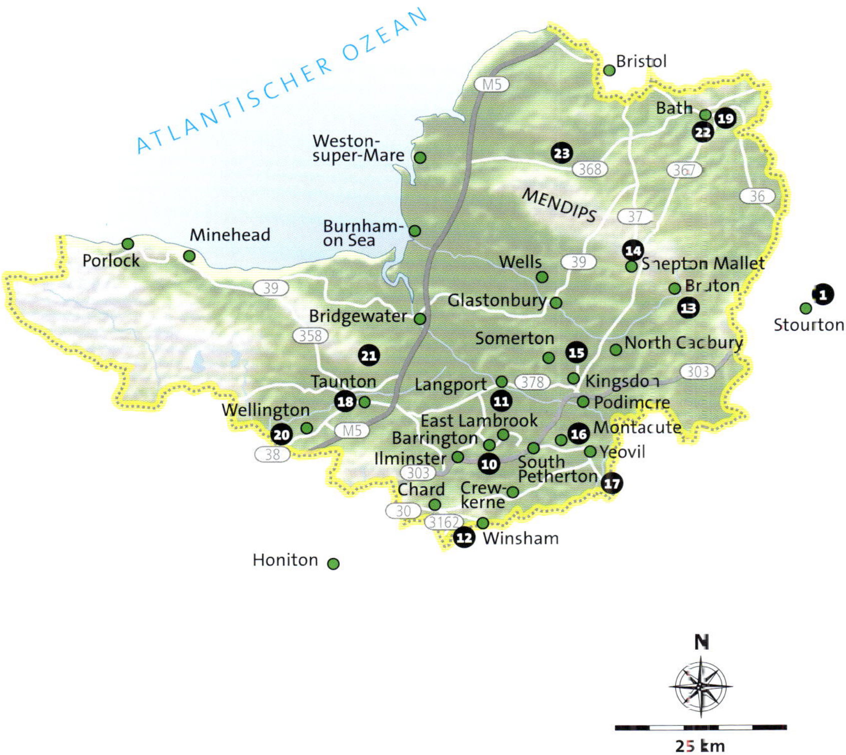
ATLANTISCHER OZEAN
Bristol
M5
Bath
19
22
Weston-super-Mare
23
368
367
36
MENDIPS
37
Minehead
Burnham-on Sea
Porlock
Wells
39
14
Shepton Mallet
39
Bruton
1
Glastonbury
13
Stourton
Bridgewater
358
Somerton
15
North Cadbury
21
303
Taunton
Langport
378
Kingsdon
18
11
Podimore
Wellington
East Lambrook
Montacute
20
M5
Barrington
16
38
Ilminster
10
Yeovil
South Petherton
303
17
Chard
Crew-kerne
30
3162
12
Winsham
Honiton
N
25 km

10 Barrington Court*

Barrington, bei Ilminster, Somerset TA19 0NQ
Telefon +44 (0) 1460 242 614 oder +44 (0) 1460 241 938
www.nationaltrust.org.uk
barringtoncourt@nationaltrust.org.uk

Besitzer National Trust, seit 1907
Der Garten in Stichworten Historisch, Gartenräume, Rosen- und Irisgarten, weißer Garten, Pergola-Weg, Staudenrabatten, Frühlingsblüher, Nutzgarten, Apfelwiese
Entstehungszeit 1917 Rahmenplan, um 1920 Pflanzpläne
Gestalter Landschaftsplan J. E. Forbes, Gartenräume Gertrude Jekyll, Staudenrabatte beim Nutzgarten Elsie Lyle
Größe 6 ha mit 14 ha Park
Denkmalgeschützt Grade II*

Barrington Court war das erste Haus, das vom National Trust übernommen wurde. Unsicher, was mit einem Besitz wie diesem geschehen sollte, verpachtete man das Haus erst einmal für 71 Jahre an die Familie Lyle, Inhaber der Zuckerfabrik Tate & Lyle. Die Anlage des Gartens geht auf diese Familie zurück und spiegelt die Blüte der zwanziger und dreißiger Jahre. Es entstanden der weiße Garten, der Rosengarten, der Irisgarten und die Pergola, alle ausgeführt nach Plänen von Gertrude Jekyll. 1991 fiel der Besitz an den National Trust zurück, und nach den ersten schwierigen Jahren zeigt sich der Garten nunmehr von seiner besten Seite. Als Ergänzung zu den historischen Gartenräumen wurde der 2 Hektar große Nutzgarten restauriert, ebenso die 55 Meter langen und ca. 4,50 Meter tiefen Staudenrabatten, ursprünglich angelegt von Elsie Lyle. Oft vergessen, aber durchaus sehenswert ist die Anordnung der Wirtschaftsgebäude, die als Musteranlage geplant wurde. Die Gartenpartie vor dem Haupthaus ist interessant wegen des Wasserbeckens, das an einen Burggraben mit streng geschnittenen Hecken um den Eingangshof erinnert. Der Blick über die Rasenpartie vor dem Haupthaus und über den Ha-Ha auf die angrenzende Parklandschaft ist ebenso bezaubernd wie Gestaltungsdetails, zum Beispiel die Ziegelpflastermuster auf den Wegen.

Empfohlene Jahreszeit März bis Ende Oktober
Mindestzeit für einen Besuch 1 Stunde (ohne Gebäude), vom Parkplatz im Uhrzeigersinn an den Wirtschaftsbauten und der Apfelwiese (linker Hand) vorbei zur Kreuzung, hier nach rechts zum Herrenhaus; um das Gebäude herum (Blick auf die Parklandschaft) zu den Gartenräumen und anschließend zum Nutzgarten
Anfahrt *Öffentliche Verkehrsmittel:* Von Yeovil oder Taunton mit Bus Nr. 40 bis Barrington, www.southwestcoaches.co.uk
Pkw: Von der A 303 am South Petherton-Kreisel abfahren Richtung Lopen, beim

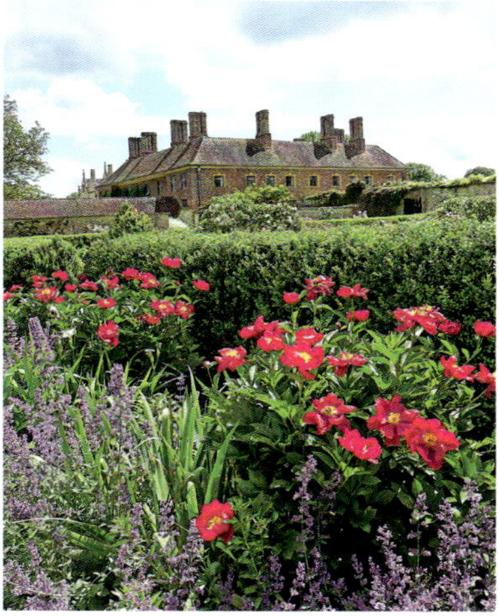

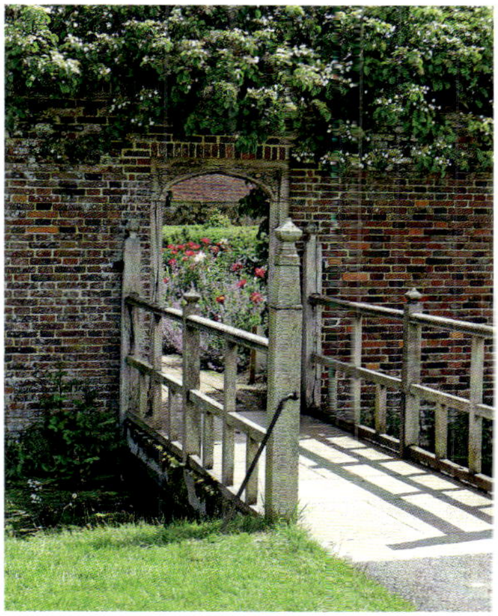

nächsten Kreisel die zweite Ausfahrt nehmen, dann gleich rechts abbiegen; Achtung: die Straße wird zunehmend enger! Sie führt direkt nach Barrington; im Ort die zweite Straße rechts abbiegen (die erste ist die Ausfahrt von Barrington Court).
Öffnungszeiten 27. Februar – 31. Oktober, Mittwoch geschlossen, sonst täglich 11.00–17.00 Uhr, 6. – 28. November Samstag und Sonntag 11.00–16.00 Uhr
Eintrittspreise (2017) Erwachsene £ 11,35, Kinder £ 5,70

NT-Ferienhaus: Strode House für 6 Personen;

Besonderheit Antiquariat in der Scheune, ein Schlaraffenland für Leseratten, gut sortierte Bücher zu Pauschalpreisen, an der Hauptkasse zu zahlen

In der Nähe East Lambrook Manor Gardens* (11), Lytes Cary Manor* (15), Montacute House (16), Tintinhull Garden* (17)

11 East Lambrook Manor Gardens*

East Lambrook, South Petherton, Somerset TA13 5HH
Telefon +44 (0) 1460 240 328
www.eastlambrook.com
enquiries@eastlambrook.com

Besitzer Mike und Gail Werkmeister
Der Garten in Stichworten Cottage-Garten, Pflanzenliebhabergarten, Gartenräume, Silbergarten, weißer Garten, »die Terrassen«, Staudenrabatten, Schatten-Waldgarten, Frühlingsblüher, Bachlauf, Sumpfgarten, Staudengärtnerei
Entstehungszeit 1937 bis 1969, restauriert ab 1999
Gestalter Margery Fish
Größe 0,80 ha
Denkmalgeschützt Grade I

East Lambrook Manor Garden entstand zwischen den dreißiger und sechziger Jahren des 20. Jahrhunderts und ist der Geburtsort des English Cottage Gardening, eines Stils, der weltweit Nachahmer findet. Locker, üppig, romantisch und scheinbar ungepflegt, traf diese Gestaltung die Stimmung in den Jahren nach dem Zweiten Weltkrieg; alles musste zweckmäßig und von Nutzen sein, Blumenschmuck und Blattlaubpflanzen einfach, aber extravagant, jedoch auch erfrischend. Pflegeintensive Staudenrabatten waren aufgrund des Personalmangels und der allgemein schwierigen Wirtschaftslage eine Sache der Vergangenheit. Margery Fish machte aus der Not eine Tugend und schuf einen Garten, der heute noch von Bedeutung ist. Sie gehörte zu den ersten Gartenbesitzern, die Pflanzen selbst züchteten; ihre umfangreiche Staudengärtnerei wird noch heute weitergeführt.

Kleinteilig, zum Teil sogar verzettelt, fügen sich die Gartenbereiche wie ein Puzzle zu einem Ganzen. Die Wege sind eng, verwinkelt, viele Bodendecker bremsen den Schritt. Der Bach, mal eng und schattig, mal breit und offen, gesäumt von Korkeichen und im Vorfrühling von einem Teppich unzähliger Sorten Schneeglöckchen, hält den Garten zusammen und gliedert ihn.

Nach einer 1999 begonnenen, mehrjährigen radikalen Restaurierungsmaßnahme unter der Leitung der damaligen Besitzerin Marianne Williams hat der Garten heute wieder Form angenommen. Die intimen Gartenräume, die auserlesenen Pflanzungen und der Maßstab der Anlage machen den Garten zu einem Anziehungspunkt für Gartenliebhaber, die mehr über den Cottage-Stil wissen wollen.

Empfohlene Jahreszeit März bis Ende Oktober, aber auch zur Schneeglöckchenblüte im Februar
Mindestzeit für einen Besuch 40 Minuten
Anfahrt *Öffentliche Verkehrsmittel:* Bus Nr. 81 bis South Petherton, Nippy Bus N6

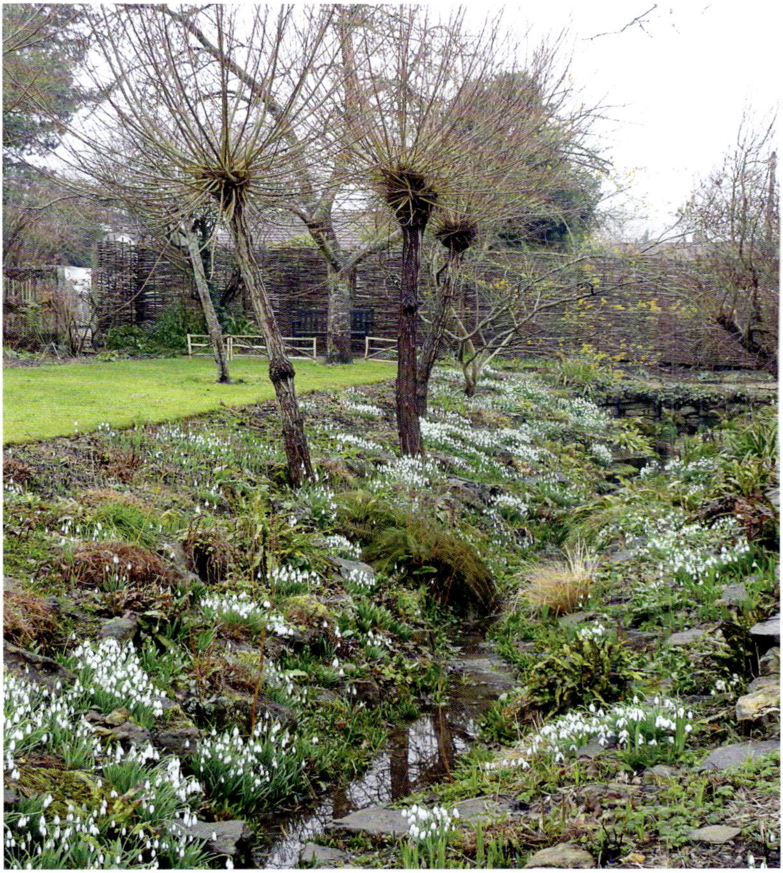

ab South Petherton nur Montag – Samstag mit Voranmeldung, www.rippybus.co.uk
Pkw: Von der A 303 Ausfahrt South Petherton, geradeaus an der Dorfschule vorbei, zweite Straße rechts nach East Lambrook und Martock, erste Straße links nach East Lambrook, Haus und Garten liegen links, Parkplatz rechts beschildert
Öffnungszeiten Ganzjährig, März, April, August – Oktober Dienstag – Samstag 10.00 – 17.00 Uhr, im Februar, Mai, Juni, Juli täglich
Eintrittspreise (2017) Erwachsene £ 6, Kinder unter 16 Jahren frei, Rentner £ 5,50, RHS-Mitglieder mittwochs frei

teilweise enge Wege und Stufen;

In der Nähe Barrington Court* (10), Lytes Cary Manor* (15), Montacute House (16), Tintinhull Garden* (17)

12 Forde Abbey Gardens

Chard, Somerset TA20 4LU
Telefon +44 (0) 1460 220 231
www.fordeabbey.co.uk
info@fordeabbey.co.uk

Besitzer Mark Roper
Der Garten in Stichworten Historisch, Landschaftsgarten, Nutzgarten, Wassergarten, Sumpfgarten, Wald- und Schattengarten, Inselbeete, Steingarten, Arboretum, Frühlingsblüher, Gartencenter
Entstehungszeit Ab dem frühen 18. Jahrhundert
Gestalter Sir Francis Gwyn, Familie Evans, Familie Roper
Größe 12,1 ha
Denkmalgeschützt Grade II*

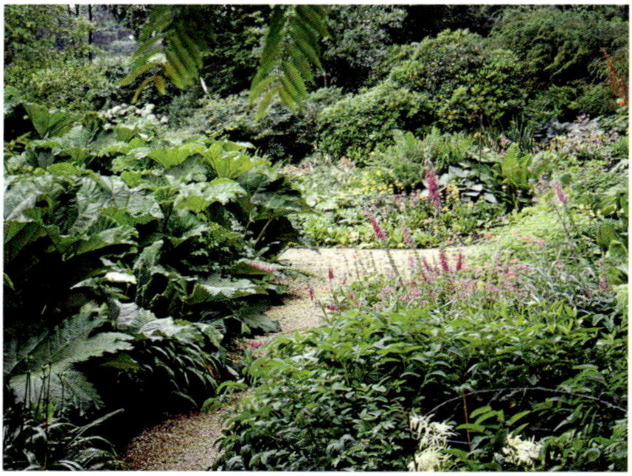

Von den Gebäuden des Klosters Forde Abbey sind nur wenige erhalten. Die alten Fischbecken dienten zu Beginn des 18. Jahrhunderts als Grundlage für die Anlage der stark von Le Nôtre beeinflussten Gärten; Besitzer war damals Sir Francis Gwyn. Die aus dieser Zeit stammenden Wasserbecken und Kaskaden geben dem Garten, der fortan sukzessive ergänzt wurde, seine Struktur. Zu Beginn des 19. Jahrhunderts entstand ein noch heute beispielhafter Sumpfgarten mit einer beeindruckenden Etagenprimel-Pflanzung. Ganz nach dem Geschmack der viktorianischen Ära legte man in der zweiten Hälfte des 19. Jahrhunderts den Schwerpunkt auf Gehölze und Pflanzraritäten, woran der Vater des heutigen Besitzers 1947 mit der Anlage eines Arboretums anknüpfte. Seit 1905 im Besitz der Familie Roper, wurde aus Anlass der 100-Jahr-Feier dieses Ereignisses 2005 der Century Fountain errichtet, der höchste Springbrunnen Englands.

Empfohlene Jahreszeit Mai bis Juni, Blütezeit der Etagenprimel
Mindestzeit für einen Besuch 1 Stunde
Anfahrt *Öffentliche Verkehrsmittel:* Bus Nr. 14 Chard nach Thorncombe ab Chard Junction, www.dorsetforyou.com

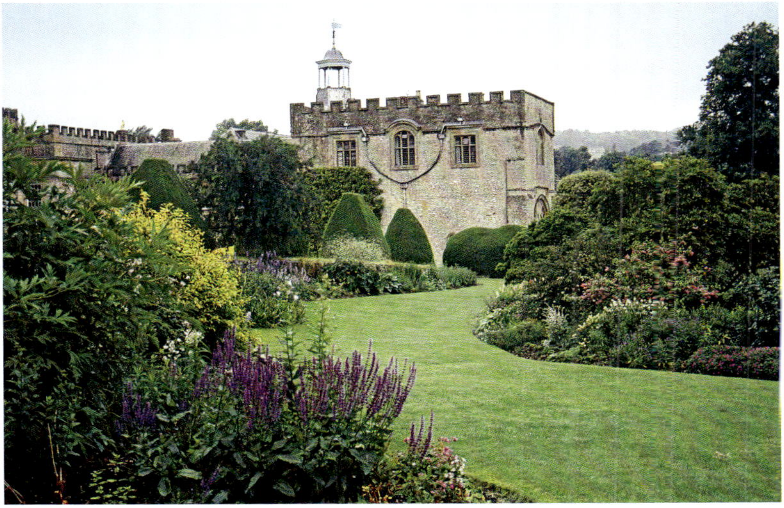

Pkw: Von der A 303 Richtung London kommend, Ausfahrt Ilminster-Verkehrskreisel, dritte Ausfahrt auf die A 358 Richtung Chard; durch Chard auf der A 358, am südlichen Ortsrand links auf die B 3162 nach Winsham/Broadwindsor; in der Dorfmitte von Winsham links nach Forde Abbey abbiegen (beschildert); von der A 303 Richtung Honiton/Exeter kommend ca. 8 km hinter Honiton rechts auf die A 30 und weiter nach Chard; in Chard der B 3162 nach Winsham folgen; in der Dorfmitte von Winsham links nach Forde Abbey (beschildert).

Öffnungszeiten Gärten ganzjährig 10.00 –18.30 Uhr, letzter Einlass 16.30 Uhr
Eintrittspreise (2017) Garten Erwachsene £10, Kinder (5–15 Jahre) £5
Kombiticket Haus und Garten Erwachsene £13, Kinder (5–15 Jahre) £5

In der Nähe Barrington Court* (10), East Lambrook Manor Gardens* (11), Montacute House (16), Tintinhull Garden* (17)

Pflanzen par excellence Süd-Somerset ist die Heimat einiger der führenden Gärtnereien Englands: Long Acre Plants bei Wincanton für Schattenstauden, Farne und Raritäten, www.longacreplants.co.uk; Kelways bei Langport, www.kelways.co.uk, für Iris und Päonien; Avon Blubs bei South Petherton für Blumenzwiebeln, www.avonbulbs.com; Pennard Plants bei East Pennard für Stauden, und Cider Apple Trees bei North Cadbury ist spezialisiert auf Mostäpfel und seltene Obstbäume.

13 Hauser & Wirth Somerset**

Durslade Farm, Dropping Lane, Bruton, Somerset BA10 0NL
Telefon +44 (0) 1749 814 060

www.hauserwirthsomerset.com
Instagram #hauserwirth

Besitzer Hauser & Wirth
Der Garten in Stichworten Zeitgenössischer Garten
Entstehungszeit 2014
Gestalter Piet Oudolf mit Petherick, Urquhart & Hunt Landschaftsgestaltung und Bauleitung
Größe 0,6 ha
Denkmalgeschützt Grade II

Die Verwandlung von Durslade Farm von einem Bauernhof in eine Galerie für zeitgenössische Kunst ist beispielhaft. Die denkmalgeschützten Gebäude wurden äußerlich kaum verändert und durch zwei neue Ausstellungsräume ergänzt. Diese sind modern in ihrer Erscheinung, fügen sich aber nahtlos in den Bestand ein. Der neu entstandene Innenhof dient, wie alle Freiflächen, als möglicher Ausstellungsraum für Skulpturen und Installationen. Während der Eingangshof eher nüchtern wirkt, ist die Gestaltung des Innenhofs durch eine gelungene Kombination aus grünen Bodendeckern und Ziergräsern mit Ganzjahreswirkung bestimmt, .

Es ist allerdings der große Garten hinter der Galerie, der Gartenliebhaber aus ganz Europa anzieht. Gestaltet und angelegt von dem niederländischen Pflanzenexperten Piet Oudolf, zieht sich der Garten den sanft ansteigenden Hang hinauf. Versehen mit großflächigen, organisch fließenden Pflanzbeeten, wirkt er wie eine überdimensionierte Wiese. Form und Farbe sind ebenso wichtig wie Blumen und Blütenstände, Pulks von Pflanzen weben sich ineinander zu spannenden Kompositionen. Piet Oudolfs Entwurf wirkt auch im Winter; dann sind die Farben gebleicht und die Formen übernehmen die Hauptrolle. Im milden Klima von Somerset wachsen die Stauden und Gräser höher als auf dem Europäischen Festland, manches tut sich schwerer, und so muss der Gärtner auch Dirigent sein.

Am Ende des Gartens liegt der Radić Pavillon, entworfen 2014 vom chilenischen Architekten Smiljan Radić für die Serpentine Gallery im Londoner Hyde Park. Er bildet den Übergang vom Garten zur Landschaft und dient als Aussichtpunkt.

Der neue Gemüsegarten in der Nähe des Eingangs und in Reichweite der Küche ist eine Anspielung an die Tradition, ebenso wie die Anzeigetafel eines Cricketspiels mitten im Feld. Das Nebeneinander von alt und neu zieht sich als spannender Kontrast durch das ganze Anwesen; es ist Hauser & Wirth gelungen, den rustikalen Charakter des Orts in respektvoller Weise neu zu definieren.

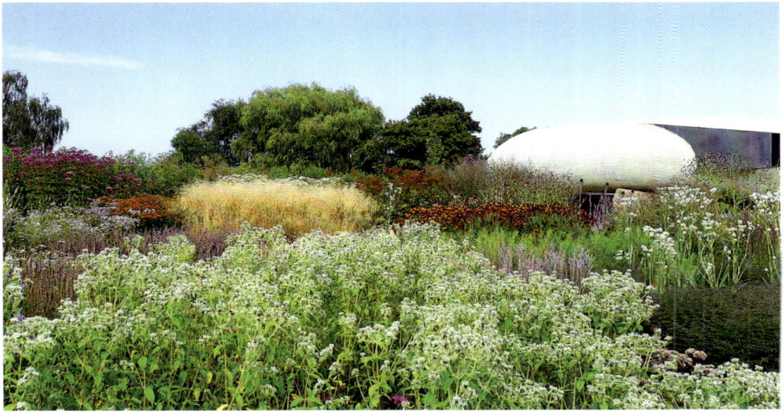

Dabei ist den Galeristen die Präsentation und der Verkauf von Kunst ebenso wichtig wie der Kontakt und der Austausch mit den Bewohnern der Umgebung. Somerset kann sich nunmehr nicht nur mit einer Galerie von internationalem Ruf und Ausstellungen von hoher Qualität schmücken, sondern auch mit einem beispielhaften zeitgenössischen Garten, der als Gesamtkunstwerk viele Besucher anzieht

Empfohlene Jahreszeit Spätsommer/Herbst
Mindestzeit für einen Besuch 1 Stunde
Anfahrt *Öffentliche Verkehrsmittel:* Anfahrt per Bahn von Bath und Westbury nach Bruton; 10 Minuten zu Fuß vom Bahnhof
Pkw: Außerhalb von Bruton auf B 3081 nach Wincanton beschildert
Öffnungszeiten von Galerie und Garten Dienstag–Sonntag von März–Oktober 10.00–17.00 Uhr; von November–Februar von 10.00–16.00 Uhr
Eintrittspreise Frei, Spende

Gartenführer; WC *Roth Bar & Grill, www.rothbarandgrill.co.uk*
P *Durslade Farm www.dursladefarmhouse.co.uk*

In der Nähe The Dovecote (NT), Stourhead Garden** (1), Kilver Court Gardens & Nursery (14), Bruton

Bruton, neuer Aufschwung für einen historischen Ort Bis vor wenigen Jahren kamen nur die Eltern nach Bruton, die ihre Kinder zu einer der drei hier ansässigen Schulen brachten. Inzwischen wurde das Potential der kleinen Stadt erkannt, und viel Neues ist dazugekommen: At the Chapel, Bäckerei und Restaurant, mit 8 Zimmern, www.atthechapel.co.uk

14 Kilver Court Gardens & Nursery

Kilver Court, Shepton Mallet, Somerset BA4 5NF
Telefon +44 (0) 1749 340410

www.kilvercourt.com
info@kilvercourt.com

Besitzer Roger Saul
Der Garten in Stichworten Parkartiger Garten mit See, Steingarten, Parterre, Staudenrabatten, Nutzgarten
Entstehungszeit 1900, 1960er-Jahre und seit 1996
Gestalter Ernest Jardine, Francis Showering nach Mr Whiteley, Roger Saul
Größe 1,4 ha

Die im Kilver Court Designer Village in Shepton Mallet gelegenen Kilver Court Gardens sind eine ungewöhnliche, aber absolut sehenswerte Anlage. Ursprünglich erbaut für die Mitarbeiter der Seidenfabrik des progressiven Industriellen Ernest Jardine, ist Jardine's Park, wie die Anlage früher hieß, Zeugnis von Somersets industrieller Vergangenheit. Shepton Mallet war um 1900 ein Industriestandort, über die den Ort passierende Bahnlinie wurden Güter durch ganz England transportiert. Im denkmalgeschützten Fabrikgelände befindet sich heute der Sitz des Mulberry-Imperiums, bekannt für seine Handtaschen. Dass die hinter den Gebäuden verborgenen Gärten dem Publikum geöffnet wurden, ist Roger Saul, dem Gründer der Mulberry-Marke und derzeitigem Besitzer der Anlage zu verdanken; der Erhalt des Gartens über die langen Jahre seines Bestehens und seine wechselnden Besitzer verdankt sich der kontinuierlichen Pflege des Gartens durch die beiden Head Gardener namens Chris, die 37 beziehungsweise 32 Jahre hier tätig waren.

Angelegt um 1900 im Schatten der markanten und imposanten Struktur des Charlton Viadukts als Erholungsort für die Mitarbeiter, waren die Grünanlagen zu ihrer Entstehungszeit ein Novum. Ernest Jardine setzte Bäume, ließ Wege bauen und Rasenflächen anlegen und gestaltete den früheren Mühlenteich zu einem See mit sanften Ufern um. In den 1950er-Jahren wurde die Anlage an die Familie Showering, Inhaber der gegenüberliegenden Cider-Brauerei verkauft, die zu dieser Zeit einen großen Erfolg mit ihrem neuen Getränk, Babycham, erlebten. Inspiriert durch den preisgekrönten Schaugarten von George Whitelegg auf der Chelsea Flower Show in London, bat Francis Showering den Gestalter 1961, diesen in vergrößerter Form vor Ort nachzubauen, und so kamen Wasserläufe, Kaskaden, Felsen, diverse Koniferen wie Wacholder, Fuchsien und allerlei Stauden hinzu.

Noch als Roger Saul 1996 den Garten übernahm, bestand er aus dieser eigenwilligen Kombination von viktorianischer Parkanlage und weitläufigem Steingarten, alles vor dem Hintergrund des Viadukts. Ein Bezug zu den Gebäuden war nicht gegeben.

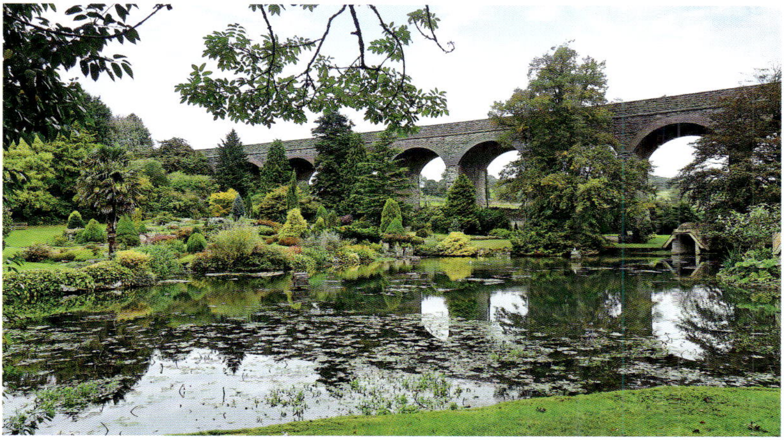

Roger Saul, den während seiner Zeit als Modedesigner in Paris die Gärten auf der Esplanade des Invalides sehr beindruckt hatten, erinnerte sich wieder daran und ließ, inspiriert durch diese klassischen geometrischen Anlagen, ein Parterre aus Buchsbaumhecken, gefüllt mit Rosen, in der Nähe des Gebäudes anlegen. Zusammen mit weiteren Staudenbeeten erwies sich dieses als eine wesentliche, zwischen den Gartenteilen und den Gebäuden vermittelnde Ergänzung. Heute sind Gartenaccessoires über den Garten verstreut. Zahlreiche Sitzbänke laden zum Aufenthalt ein, Pflanztöpfe sorgen für saisonale Highlights. 2009 wurde außerhalb des Hauptgartens ein Nutzgarten mit Hochbeeten, Bienenstöcken und Weidenbögen angelegt. Dieses Areal hat etwas Privates an sich und passt zu den angrenzenden Cottages, an denen man vorbeigeht, um wieder nach Kilver Court zu gelangen.

Empfohlene Jahreszeit Mai bis September
Mindestzeit für einen Besuch 1 Stunde
Anfahrt *Öffentliche Verkehrsmittel:* Bus Nr 1 verkehrt zwischen Yeovil und Shepton Mallet an Castle Cary Station vorbei
Pkw: A37 in Shepton Mallet, beschildert
Öffnungszeiten Täglich, Frühling und Sommer 10.00–17.00 Uhr; Herbst und Winter 10.00–16.30 Uhr

Eintrittspreise (2017) Erwachsene £ 5, Kinder (6–16) £2.50, Rentner £ 4,50, RHS-Mitglieder in der Nebensaison frei

WC *Designer Village* *bedingt behindertengerecht;* P *Hunde an der Leine erlaubt*

In der Nähe Hauser & Wirth Somerset** (13), Yeo Valley Organic Garden** (23)

15 Lytes Cary Manor*

Lytes Cary, Kingsdon, Somerton, Somerset TA11 7HU
Telefon +44 (0) 1458 224 471
www.nationaltrust.org.uk
lytescarymanor@nationaltrust.org.uk

Besitzer National Trust, seit 1949
Der Garten in Stichworten Historisch, Gartenräume, Staudenrabatten, Formschnitt, Bowling Green, Apfelwiese, Frühlingsblüher
Entstehungszeit 1910 mit späteren Ergänzungen
Gestalter Sir Walter Jenner, Staudenrabatten Graham Thomas
Größe 2,4 ha, Park- und Kulturlandschaft 145 ha
Denkmalgeschützt Grade II

Lytes Cary Manor ist ein Schmuckstück. Weder das Haus noch der Garten gehören zu den großartigen Anlagen im Südwesten, doch vermittelt das Anwesen auf beispielhafte Weise die Atmosphäre eines kleinen Landsitzes. Henry Lyte, Besitzer von Haus und Garten in der zweiten Hälfte des 16. Jahrhunderts, übersetzte dort das *Cruydeboek* von Rembert Dodoens (Antwerpen 1564), das führende Pflanzenbestimmungsbuch seiner Zeit, aus der französischen Ausgabe ins Englische *(A niewe Herball*, 1578).

Zwölf stattliche, fast kugelige Eiben in extravagantem Formschnitt, die Apostel genannt, markieren die Achse zwischen Umland und Haus und füllen den Vorgarten. Den restlichen Garten betritt man durch ein Seitentor, einen Zugang, den man fast übersehen könnte. Ein schmaler, gangartiger Gartenraum, gesäumt von Blumenbeeten, führt nach links zur Rasenfläche an der einen Hausflanke und in die andere Richtung zu einem noch kleineren Gartenraum und »grünen Gang« entlang der oberen, schmalen Terrasse am Ende des Gartens. Durch die Gliederung in Räume unterschied-

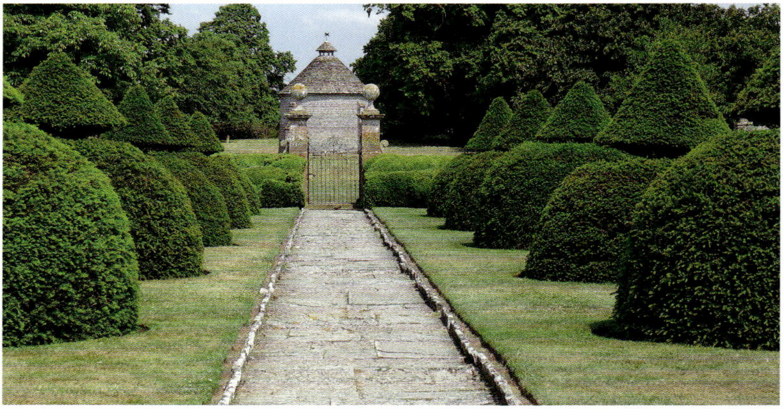

lichen Formats wirkt der Garten wesentlich größer als er ist: hier findet man Ideen für den eigenen Garten. Als Pendant zur englischen Rasenfläche, die als Bowling Green dient, nimmt die quadratische Apfelwiese mit Hängeeschen an jeder Ecke den Bezug zur umgebenden Landschaft auf; diagonale Wege zum Mittelpunkt dieser Wiese unterstützen die einfache, aber überzeugende Gestaltung. Im Frühling verwandelt sich die Fläche in einen blühenden Teppich. Versteckt als Gartenraum für sich beweist das Schwimmbecken, dass sich auch moderne Einrichtungen gut integrieren lassen.

Besucher, die Lytes Cary aus früheren Jahren kennen, werden merken, dass der Eingang zum Garten verlegt wurde. Er ist nun durch ein Seitentor am oberen Ende der Gartenmauer zu erreichen und soll das Besuchererlebnis steigern.

Empfohlene Jahreszeit Ende März bis Ende Oktober
Mindestzeit für einen Besuch 45 Minuten
Anfahrt *Öffentliche Verkehrsmittel:* Keine direkte Verbindung, Bus 54 Taunton–Yeovil bis Kingsdon, dann zu Fuß 1,4 km
Pkw: Von der A 303 Ausfahrt Podimore-Verkehrskreisel auf die A 372 Richtung Langport, erste Straße rechts beschildert nach Lytes Cary, die Einfahrt liegt ca. 1 km weiter auf der rechten Seite
Öffnungszeiten 13. März – 31. Oktober täglich, außer Donnerstag, 11.00 – 17.00 Uhr
Eintrittspreise (2017) Haus und Garten £ 8,55, unter 18 Jahren £ 4,30, RHS-Mitglieder frei

WC P *Westflügel des Hauses mit Platz für 14 Personen, ideal für Familienfeste;*

In der Nähe Stourhead Garden** (1), Barrington Court* (10), East Lambrook Manor Gardens* (11), Hauser & Wirth Somerset** (13), Montacute House (16), Tintinhull Garden* (17)

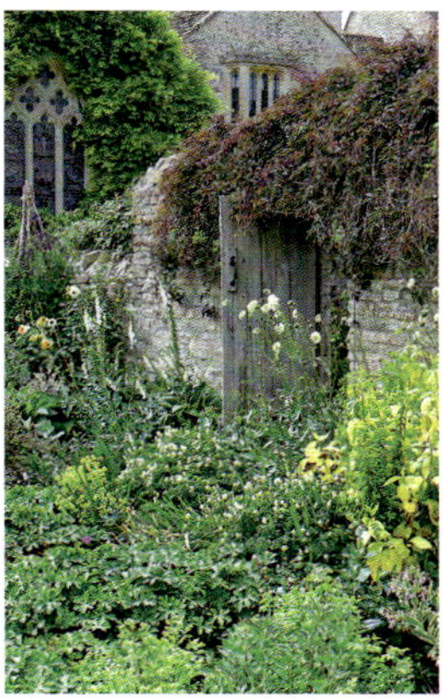
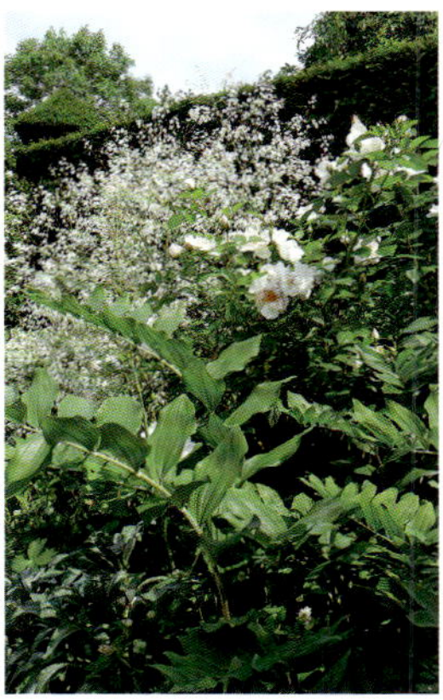
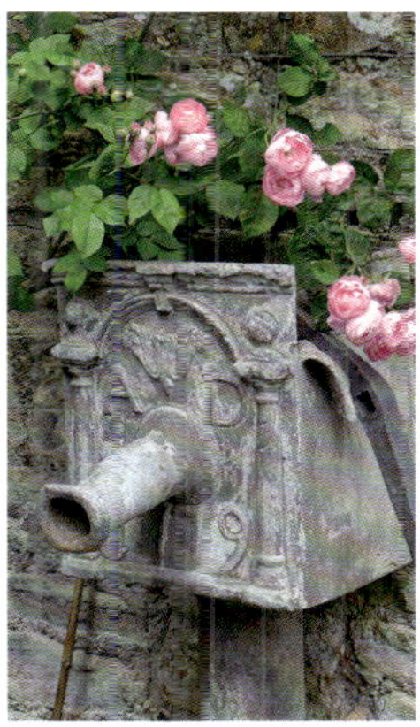

16 Montacute House

Montacute, Somerset TA15 6XP
Telefon +44 (0) 1935 823 289
www.nationaltrust.org.uk
montacute@nationaltrust.org.uk

Besitzer National Trust, seit 1931
Der Garten in Stichworten Historisch, Parterre, Formschnitt, Orangerie, Eishaus, Staudenrabatten, Landschaftspark
Entstehungszeit 1600, restauriert Mitte des 19. Jahrhunderts
Gestalter Sir Edward Phelips, Ellen Phelips, Phyllis Reiss
Größe 10,1 ha mit 121,5 ha angrenzendem Parkland
Denkmalgeschützt Grade I

Es gibt nur wenige Gärten, in denen die Grundzüge eines Renaissance-Gartens heute noch erkennbar sind; Montacute ist eine dieser wenigen Ausnahmen. Das prächtige Herrenhaus, erbaut 1600 aus karamellfarbenem Naturstein, strahlt Macht und Reichtum aus. Der Garten ist als Schmuckstück des Hauses angelegt, zu bestaunen von innen wie von außen; heute ist er wesentlich einfacher gehalten als zu seiner Entstehungs- und Blütezeit. Aufgeteilt in einen mittigen Bereich direkt vor dem Eingang und zwei Bereiche vor den Seitenflügeln, steht jeder Gartenraum für sich; vereint sind jedoch alle durch den Ausblick auf den Park. Im Senkgarten an der Ostseite des Bauwerks sind die Spuren des ursprünglichen Gartens noch sichtbar: ein mittiger Brunnen, Rasenflächen, wo früher Parterres waren, und ein oberer Wandelweg, umrahmt von rundlichen *Crataegus* x *lavallei* 'Carrierei' und Kegeleiben. Der mittige Garten hat eine liebliche Anmutung mit bunten Staudenrabatten entlang den Natursteinmauern. Von hier nach Westen – und meistens der erste Bereich, den man betritt – liegt der schmale, längliche, parkartige Garten mit alten Esskastanienbäumen und Zedern. Hinter der »Bogenhecke« an seinem Ende verbirgt sich noch ein weiterer Bereich, der Formschnittgarten. Was die beiden Gartenflügel vereint, sind die langen, dicken, hohen, skulptural geschnittenen Eibenhecken – gleichsam ein Andenken an den Ersten Weltkrieg, als die Gärtner einberufen wurden und die Hecken wachsen durften, wie sie wollten. Später beließ man lieber die Konturen und Wellen, statt der langen Hecke einen Formschnitt zu verpassen. Heute gehört die Suche nach den in den Heckenformen versteckten Tiergestalten zum Besuchserlebnis.

Empfohlene Jahreszeit Ganzjährig, geschlossen Weihnachten bis Ende Februar
Mindestzeit für einen Besuch 45 Minuten
Anfahrt *Öffentliche Verkehrsmittel:* Bus Nr. 81 Yeovil–South Petherton über Montacute, www.southwestcoaches.co.uk
Pkw: Von der A 303 Ausfahrt A 3088 Richtung Yeovil, erste Abzweigung rechts nach

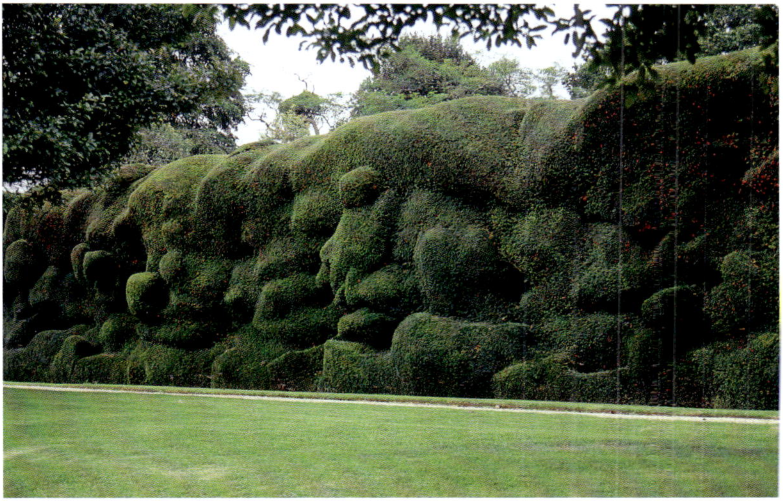

Montacute/Stoke-Sub-Hamdon (Achtung: schneller Gegenverkehr); an der Kreuzung links durch Montacute-Dorf, in der zweiten engen Kurve links Einfahrt für Besucher nach Montacute House

Öffnungszeiten Hauptsaison 13. März – 31. Oktober täglich, außer Dienstag, 11.00 – 17.30 Uhr, 1. Januar – 12. März von Mittwoch – Sonntag 11.00 – 16.00 Uhr, 3. November – 19. Dezember von Mittwoch – Sonntag 11.00 – 16.00 Uhr

Eintrittspreise (2017) Haus und Garten Erwachsene £ 11,40, Kinder £ 5,70, im Winter reduzierter Eintritt

NT-Ferienhaus Odcombe Lodge (4);

In der Nähe Stourhead** (1), Barrington Court* (10), East Lambrook Manor Gardens* (11), Lytes Cary Manor* (15), Tintinhull Garden* (17)

National Portrait Gallery in Montacute House Im zweiten Stock hängen in der Langen Galerie, der längsten Europas, die früher von den Damen des Hauses Montacute als Spazierweg bei schlechtem Wetter genutzt wurden, Porträts von Königen und Königinnen Englands wie auch von anderen Persönlichkeiten der Zeit vom 15. bis zum 17. Jahrhundert aus der Sammlung der National Gallery in London. Absolut sehenswert, ideal an regnerischen Tagen.

17 Tintinhull Garden*

Farm Street, Tintinhull, Yeovil, Somerset BA22 8PZ
Telefon +44 (0) 1935 823 289
www.nationaltrust.org.uk/tintinhull
tintinhull@nationaltrust.org.uk

Besitzer National Trust
Der Garten in Stichworten Historisch, Gartenräume, Rosengarten, Nutzgarten, Formschnitt, Wasserbecken, Staudenrabatten, Frühlingsblüher
Entstehungszeit 1933, pflanzliche Ergänzungen 1980–1993
Gestalter Phyllis Reiss, Penelope Hobhouse
Größe 0,8 ha
Denkmalgeschützt Grade II

Wer Tintinhull Garden zum ersten Mal besucht, ist überrascht vom menschlichen Maßstab des Gartens. In den dreißiger Jahren des 20. Jahrhunderts von Phyllis Reiss angelegt, die 1933 hierher zog, spiegelt der Garten die damals neue Mode der Schaffung von Gartenräumen wider. Wie auf einem Schachbrett fügen sich sechs Themenbereiche aneinander, beginnend am Haus mit dem oft fotografierten Adler-Hof, der durch gereihte Buchskegel mit dem Mittelgarten verbunden ist. Von hier sind es nur wenige Schritte zum Springbrunnengarten, der ganz in Weiß und Grün gehalten ist.

Gleich im Anschluss daran liegt der Küchengarten; in den letzten Jahren wurde viel Energie in den Nutzgarten investiert, der wirklich mustergültig ist und thematisch sehr gut zu den angrenzenden Apfelwiesen passt. Der Mittelpunkt des Gartens, für mich nach so vielen Jahren immer noch das Herzstück der Anlage, ist der Beckengarten. Hier vereinen sich Formgebung und Pflanzen auf eine sehr englische Art, mit englischem Rasen und einer spiegelnden Wasserfläche in Verbindung mit farblich gewagten Beeten vor Mauern und Hecken. Nach diesem Eindruck wirkt der Zedernhof ruhig und zurückhaltend.

In den achtziger Jahren, als Penelope Hobhouse Pächterin des Gartens war, rückte Tintinhull Garden ins Rampenlicht; hier entwickelte die Gestalterin ihre Farbtheorie und Beetgestaltung, die weltweit nachgeahmt wurden. Die ersten Jahre nach dem Wegzug von Penelope Hobhouse waren für den Garten schwierig. Inzwischen ist viel Zeit vergangen und eine neue Generation von Gartenfans herangewachsen, sodass heutige Besucher keine überzogenen Erwartungen mehr an Tintinhull haben. Auch wenn die persönliche Führung fehlt, ist Tintinhull nach wie vor einen Besuch wert.

Empfohlene Jahreszeit April bis Ende September
Mindestzeit für einen Besuch 30 Minuten
Anfahrt *Öffentliche Verkehrsmittel:* Bus First 52 Yeovil bis Martock, Tintinhull-Dorf aussteigen, gut beschildert

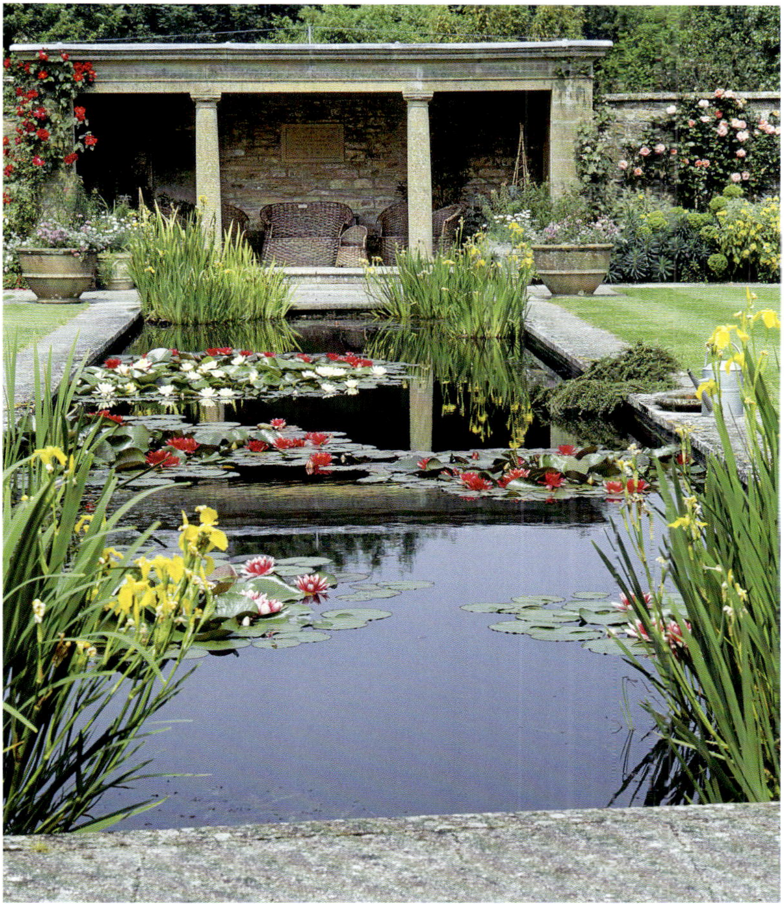

Pkw: Von der A 303 von London kommend zwischen dem Podimore- und dem Yeovil-Kreisel die linke Ausfahrt nach Tintinhull nehmen, geradeaus durch die Ortschaft bis zur Straßengabelung (kleine grüne Fläche), links (beschildert) nach Tintinhull House, enge Straße, oft mit parkenden Pkws gefüllt; Parkplatz rechts, beschildert
Öffnungszeiten 14. März – 31. Oktober, Mittwoch – Sonntag 11.00 – 17.00 Uhr
Eintrittspreise (2017) Erwachsene £ 6,70, Kinder £ 3,40, NT-Mitglieder frei

an Parkplatz und Apfelwiese; nur sehr klein; NT-Ferienhaus, Tintinhull House, Platz für 8 Personen mit Aga-Herd in der Küche;

In der Nähe Stourhead** (1), Barrington Court*(10), East Lambrook Manor Gardens* (11), Lytes Cary Manor* (15), Montacute House (16)

Typisch Somerset

Cadbury Castle, die verschwundene Burg

Ich werde den Anblick des jungen Mannes in schicken Stadtschuhen auf der Suche nach der Burg nie vergessen. Was er fand, waren Matsch und Erdwälle. Niemand hatte ihn darauf hingewiesen, dass hier Gummistiefel vonnöten sind und dass die Burg längst verschwunden ist. Vorhanden aber ist noch das Panorama von Süd-Somerset bis Devon und den Blackdown Hills sowie Glastonbury. Die Burg wurde von den Kelten tapfer gegen die Römer verteidigt; glaubt man der Legende und bedenkt die strategische Rolle des Hügels, war sie auch Teil von König Artus' Reich. Es geht die Sage vom Fund silberner Hufeisen, die nur von den Pferden der Tafelritter getragen wurden, und auch von einem erhöhten Verbindungsweg nach Glastonbury, der von den Mönchen des Mittelalters benutzt worden sein soll und nur bei bestimmten Lichtverhältnissen frühmorgens im März oder April hervorschimmere. Der Hügel ist von Weitem sichtbar, er war bereits 2000 Jahre vor Christus besiedelt und hat sieben Quellen; auch bei Wind und Regen ist die Geschichte von Cadbury Castle spürbar.
Cadbury Castle, Parkplatz in South Cadbury, Ausfahrt, von London kommend, von der A 303 etwa 8 km hinter Wincanton, beschildert.

Wo es den besten Cheddar gibt

Cheddar, der Ort in Somerset, wo der Käse früher in den Naturhöhlen des Mendip-Gebirges gelagert wurde, ist zu einem Begriff für eine Herstellungsmethode von Käse geworden. Rechteckig, dicht, mit leichtem Glanz und eingeschweißt in Plastik, ist die industriell hergestellte Variante Welten entfernt vom ursprünglichen Produkt. Kenner und führende Restaurants haben die Existenz einer englischen Käsekultur, verborgen auf dem Lande, lange Zeit geheim gehalten. Wer Montgomery's Manor Farm Cheddar, Westcombe Cheddar von Shepton Mallet oder Keen's Cheddar aus Wincanton einmal gekostet hat, wird nie wieder Cheddar aus dem Supermarktregal kaufen. Der originale Käse ist um einiges teurer als die gleichnamige industrielle Variante, beide haben aber, abgesehen vom Namen, nichts Gemeinsames. Nach traditioneller Methode aus frischer, nicht pasteurisierter Milch der Morgenmelkung hergestellt und von Hand geformt, reift originaler Cheddar mindestens elf Monate. Manor Farm Cheddar und andere Käsesorten aus dem Hause Montgomery sind in den Village Stores von North Cadbury erhältlich.

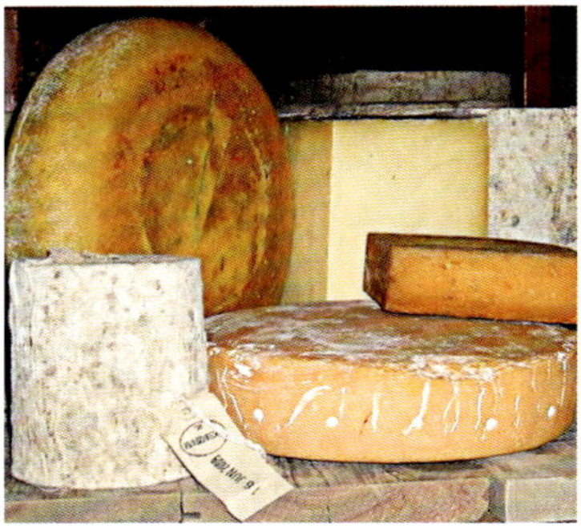

North Cadbury Village Stores, 6 Woolston Road, North Cadbury BA22 7DW,
täglich 08.00–13.00, 14.00–17.30 Uhr,
Samstagnachmittag geschlossen,
Sonntag 09.00–13.00 Uhr;
www.montgomerycheese.co.uk

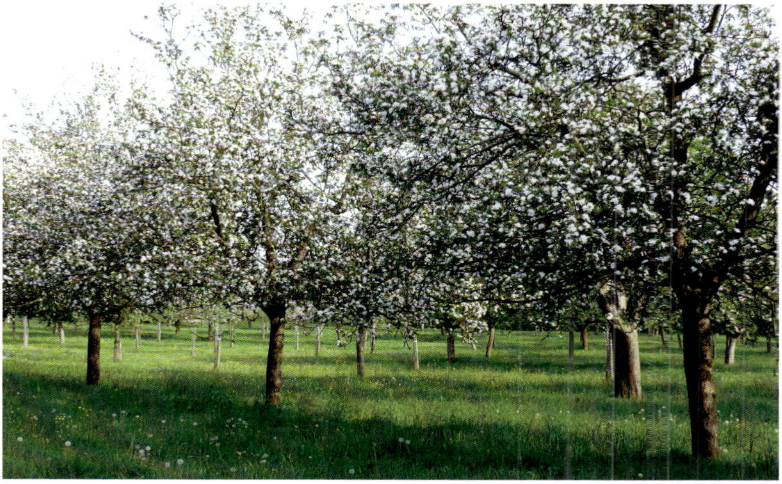

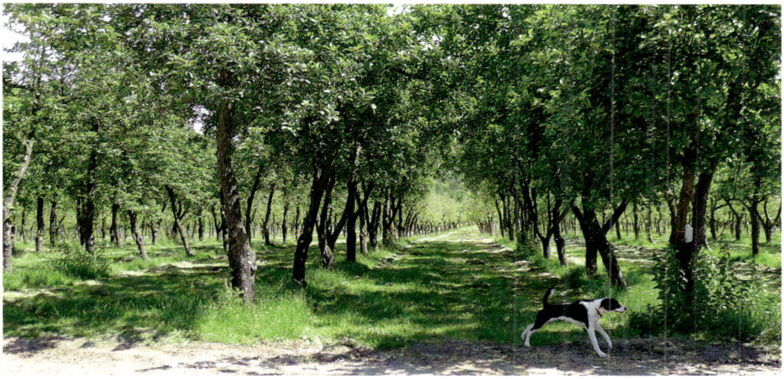

Die Apfelgärten und Cider

Einst wesentlicher Teil der englischen Landschaft, sind Apfelwiesen heute bedroht. Früher war jedes Dorf von einem dichten Ring der Obstbäume umgeben und Apfelmost das Tagesgetränk; heute sind nur noch wenige Apfelwiesen intakt und noch weniger Mostkeltereien in Betrieb. Wenige Kilometer von Barrington Court und East Lambrook entfernt befindet sich The Somerset Distillery oder Burrow Hill Cider, wie die Einheimischen sagen. Allerlei Apfelprodukte von Most bis Brandy und Apfelessig bis Chips vermitteln den Charakter der Region, rustikal und ursprünglich. Zu empfehlen ist der »Apfelwiesen-Spaziergang« durch die »Orchards«; vor den Lamas, die die Schafe hüten, sei gewarnt. www.ciderbrandy.co.uk

Pass Vale Farm, Burrow Hill, Kingsbury Episcopi, Martock Somerset TA12 6BU

Perry's Cider, Dowlish Wake, Ilminster, Somerset TA19 0NY

www.perryscider.co.uk

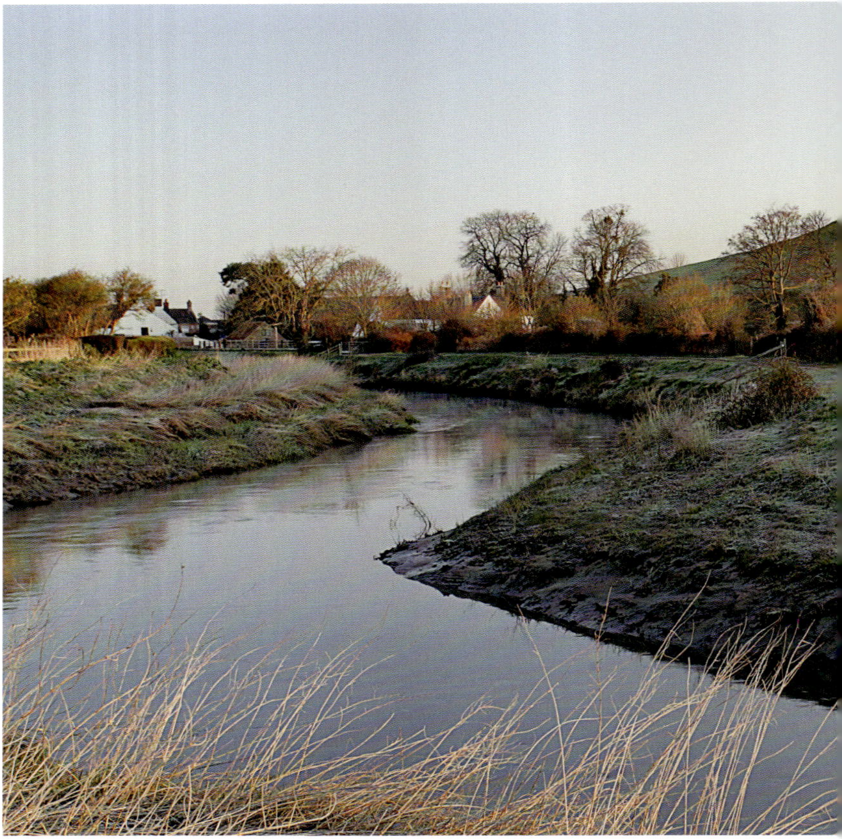

Die Gärten von Nord-Somerset

Ich bin in Süd-Somerset zu Hause, und wahrscheinlich deshalb empfinde ich die geografische Trennung zwischen Süd- und Nord-Somerset so stark. Das von Osten nach Westen verlaufende Mendip-Gebirge ist nicht nur eine Wetter- und Wasserscheide, sondern wirkt auch fast wie eine Mauer. Die Mendips bestehen aus Sedimentgestein, sind von Höhlen und unterirdischen Wasserläufen durchzogen und geprägt von markanten Schluchten; sie bilden jedoch nicht die einzige Hügelmasse in Nord-Somerset. Im Westen, an der Grenze zu Devon, in der Nähe der Küste des Bristol-Kanals, liegt, nahezu ebenfalls in ost-westlicher Ausrichtung, das Granitmassiv von Exmoor, ein Hochmoor, das, ähnlich wie Dartmoor in Devon, trotz seiner für europäische Verhältnisse geringen Höhe von bis rund 500 Metern, wild und unberechenbar ist. Nördlich davon, vereinfacht betrachtet nur ein Tal entfernt, bilden die Quantock-Hügel (bis 300 Meter Höhe) ein weiteres, teils bewaldetes Hindernis vor dem Meer.

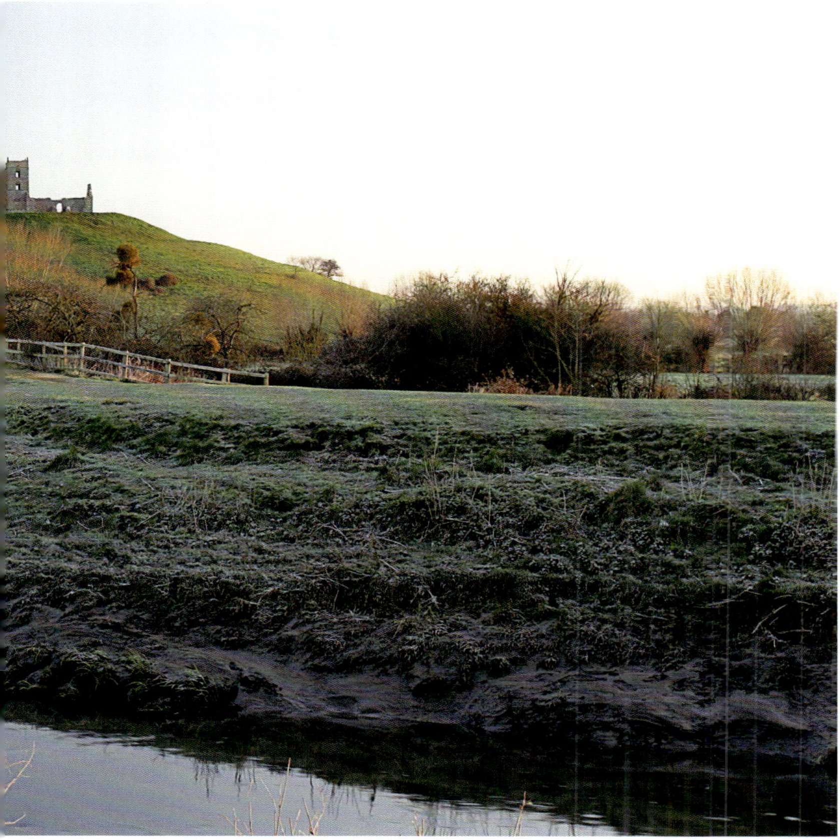

Die Küstenformation, von den fast senkrechten Klippen im Übergangsbereich zu Devon bis zu den fast sumpfartigen, sandigen Stränden parallel zum Bristol Channel, ist überaus abwechslungsreich. Eine weitere größere Landschaftskomponente sind die Levels, durchkreuzt von Entwässerungskanälen und mit Deichen und Schleusen versehen. In diesen großartigen Landschaften liegen Parzellen einer alten Kulturlandschaft. Hier verbergen sich Gärten wie Cothay Manor bei Wellington fast am Rand von Exmoor, Hestercombe bei Taunton und Greencombe bei Minehead. Die Städte sind nicht weit entfernt, aber die Gärten sind eine Welt für sich.

The Levels, Barrow Mump, Sedgemoor

18 Broadleigh Gardens and Nursery

Bishops Hull, Taunton, Somerset TA4 1AE
Telefon +44 (0) 1823 286 231
www.broadleighbulbs.co.uk

Besitzer Lady Christine Skelmersdale
Der Garten in Stichworten Mustergarten für Blumenzwiebeln, Staudenrabatten, Wassergarten, Wald- und Schattenbepflanzung
Gestalter Alec Gray, Lady Skelmersdale
Entstehungszeit Ab 1940 und seit 1981
Größe 2 ha

Besucher der Chelsea Flower Show und Liebhaber von Blumenzwiebeln schätzen den Ausstellungsstand und den Katalog der mehrfach mit Goldmedaillen ausgezeichneten Broadleigh Bulbs. Was auf der Chelsea Flower Show gezeigt wird, ist nur ein kleiner Ausschnitt aus dem Sortiment und den Pflanzenkombinationen, die in Lady Skelmersdales Privatgarten zu sehen sind und in der angrenzenden Gärtnerei angeboten werden. Der Garten, den man über den kleinen Wirtschaftshof, gleichsam von hinten, erreicht, schaut auf den ersten Blick gar nicht so berückend aus. Erst wenn man anfängt, die Anlage zu erforschen, merkt man, was sich hier verbirgt. Vor dem von Rosen umrankten Haus erstreckt sich eine Rasenfläche mit Inselbeeten, die unterschiedlichen Themen und Jahreszeiten gewidmet sind. Fast versteckt am Rand der Anlage liegt der kleine Teich, der in eine naturnahe Wiese mit Schachbrettblumen *(Frillaria)* und Orchideen übergeht. Seitlich davon stehen Strauchrosen unter den lichten Kronen der Bäume, und kaum sichtbar im Schatten der Randbepflanzung führt ein schmaler Holzhäckselweg ins sogenannte Dickicht. Hier, so erklärt Lady Skelmersdale, in dem »wilden und wolligen Bereich«, finden sich Schneeglöckchen, Narzissen und andere Frühlingsblumen. Ihre Blätter stehen, wie die von anderen Blumenzwiebelpflanzen auch, bis sie verwelkt sind; so wird gesundes Wachstum für das folgende Frühjahr gewährleistet.

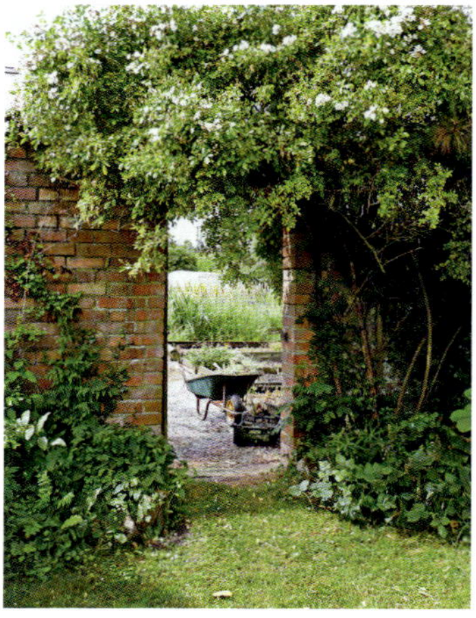

Seitlich des Wohnhauses liegt der formale Garten mit Croquet Lawn, Staudenrabatten und kleinen Buchsbeeten. Die Felder der Versandgärtnerei sind immer in Sichtweite, auf ihnen darf der Besucher wie im Garten frei herumwandern. Nur wenige Bereiche sind gesperrt, vor allem in den Gewächshäusern. In ihnen wurde die inzwischen weltweit be-

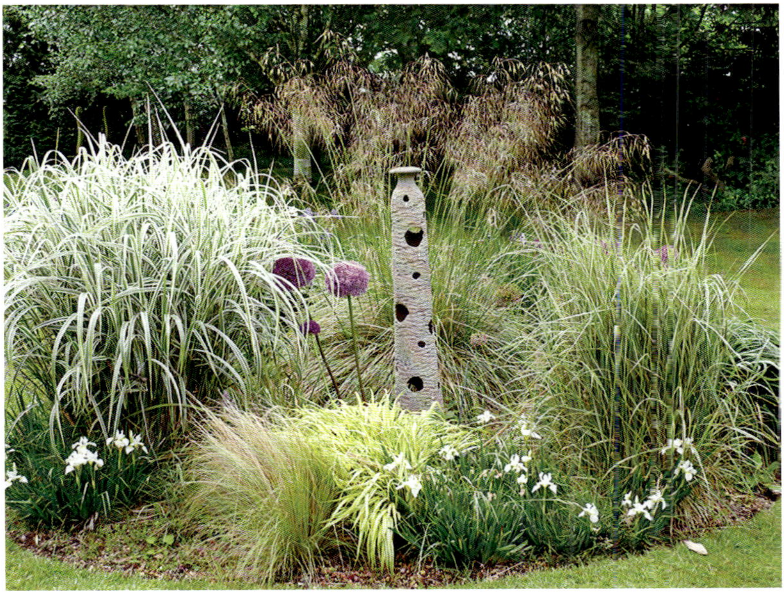

kannte Miniaturnarzisse 'Tête à Tête' von Alec Gray gezüchtet. Der Garten ist keineswegs spektakulär – Schneeglöckchenfans werden es vielleicht bestreiten –, aber er entfaltet sich allmählich und stellt eine Fundgrube für Pflanzenliebhaber dar.

Empfohlene Jahreszeit Februar (Schneeglöckchen), März bis September
Mindestzeit für einen Besuch 40 Minuten
Anfahrt *Mit öffentlichen Verkehrsmitteln* schwierig zu erreichen
Pkw: M 5 Ausfahrt 25, durch Taunton, A 38 nach Wellington, am Stadtrand von Taunton, beim roten Briefkasten rechts (nicht nach Bishops Hull beschildert, aber Verkehrsschild mit dem Ortsnamen!) auf der Bishops Hull Road, links bei Bishops Hull Post Office den Shutewater Hill hinab, dann dritte Straße rechts, Frethey Lane, etwa 800 m auf einer engen, von Hecken gesäumten Straße bis zur kleinen Siedlung, nach links zwischen den Bauten und sofort die erste Einfahrt. Da Broadleigh Bulbs eine Versandfirma ist, ist der Weg dorthin nicht beschildert.
Öffnungszeiten Ganzjährig, Montag bis Freitag 09.00–16.00 Uhr
Eintrittspreise (2017) £ 2,50, gelbe Kassette für Spenden im Büro

WC *Hauptangebot über Versandkatalog;*

In der Nähe Cothay Manor and Gardens* (20), Holbrook Garden (28)

19 Claverton Manor Garden, The American Museum*

Claverton Manor, Bath, BA2 7BD
Telefon +44 (0) 1225 460 503
www.americanmuseum.org
info@americanmuseum.org

Besitzer Halcyon Foundation
Der Garten in Stichworten Historisch, Landschaftspark, Arboretum mit nordamerikanischen Gehölzen, Blumengarten mit Formschnitt, Kräutergarten
Gestalter George Vivian, nach George Washington
Entstehungszeit 1820
Größe Gesamtanwesen 48,5 ha, Garten 16 ha

Die Gartenanlagen des Amerikanischen Museums bei Bath gehören seit längerer Zeit schon zu den Insider-Tipps. Bath, bekannt für wunderschöne georgianisch-klassizistische Architektur, beherbergt eine Vielzahl an Herrenhäusern und Villen auf den Anhöhen um die Stadt. Claverton Manor am Rand von Bath und in der Nähe der Universität erweckt den Anschein, mitten in der Landschaft zu liegen: Lage und Aussicht sind außergewöhnlich. Die Gärten, angelegt im Stil der »Pleasure«-Gärten aus der ersten Hälfte des 19. Jahrhunderts, mit einer Terrasse an der Gartenseite des Hauses, offenen Rasenflächen und bewaldeten, von Spazierwegen durchzogenen seitlichen Bereichen, erinnern an die Romane von Jane Austen.

Seit 1961 ist das Amerikanische Museum in Großbritannien in diesem klassizistisch angehauchten Haus untergebracht. Die ungewöhnliche, aber durchaus fruchtbare Partnerschaft bestimmt nicht nur die Ausstellungsbereiche im Haus, sondern auch

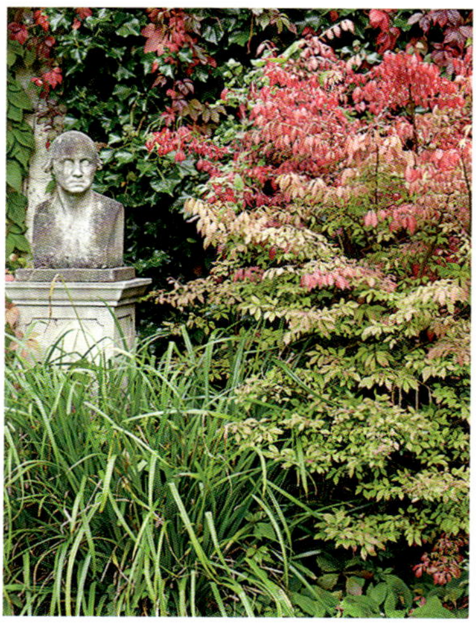

die Außenanlagen. Seitlich des Hauses liegt in einem separaten Areal eine Nachahmung von George Washingtons Blumengarten in Mount Vernon samt Schulhaus. Eingefasst von einem weißen Lattenzaun und zum Hang hin geschützt von einer mit Wildem Wein bewachsenen Mauer, entstand hier ein eigenständiger Raum. Unterhalb des Gartens erstreckt sich das Arboretum über den Hang, mit Gehölzen, die in den Vereinigten Staaten heimisch sind. Weitere Bereiche sind der kleine, an Kolonialzeiten erinnernde Kräutergarten auf der Terrasse und die Gartenlaube seitlich des Hauses, die direkt aus den Südstaaten stammen könnte.

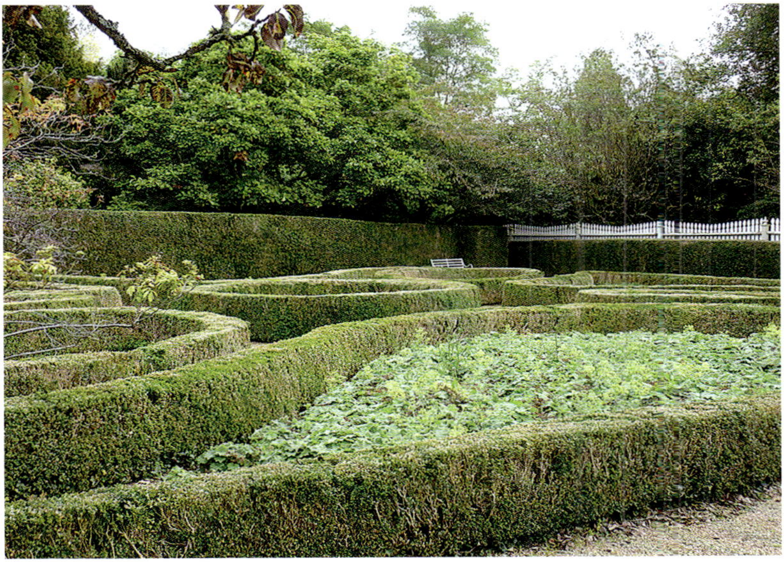

Empfohlene Jahreszeit Frühling für Kirschblüte, Juni für Blumengarten, Herbst für Laubfärbung

Mindestzeit für den Besuch 45 Minuten

Anfahrt *Öffentliche Verkehrsmittel:* Regelmäßiger Busverkehr zwischen Bath-Stadtmitte und Universität mit Bus 18 oder 418 (orangefarbener Bus) oder U 13 (blauer Bus), Haltestelle The Avenue, am Eingang zum Universitätsgelände 800 m bergab zu Fuß

Pkw: A 36 Beschilderung nach Bath-Universität folgen, vor der Haupteinfahrt zur Universität rechts abbiegen zum Museum (beschildert)

Öffnungszeiten Mitte März–Ende Oktober, täglich außer Montag, 12.00–17.00 Uhr

Eintrittspreise (2017) Haus und Garten Erwachsene £ 7, Kinder unter 16 Jahren £ 4,50, Rentner £ 5,50

Museum und Galerie;

In der Nähe Prior Park Landscape Garden (22), Bath

20 Cothay Manor and Gardens*

Greenham, Wellington, Somerset TA21 0JR
Telefon +44 (0) 1823 672 283
www.cothaymanor.co.uk
cothaymanor@btinternet.com

Besitzer Alastair und Mary-Anne Robb
Der Garten in Stichworten Historisch, Gartenräume, Rosengarten, Kräuterparterre, Staudenrabatten, Formschnitt, Wald- und Schattengarten, Sumpfgarten, Frühlingsblüher
Entstehungszeit 1920
Gestalter Reginald Cooper, Alastair und Mary-Anne Robb
Größe 4,9 ha
Denkmalgeschützt Grade II*

Von allen Gärten ist der von Cothay Manor an der Grenze zwischen Somerset und Devon am schwierigsten zu finden. Als ich den Garten zum ersten Mal besuchte, war es wie eine Fahrt ins Blaue, denn er liegt in einer Ecke Englands, wo man eine Meile wie zehn empfindet und GPS besser als eine Karte ist. Aber, und das ist doch entscheidend, der Garten ist eine Reise wert. In Cothay Manor spürt man die persönliche Leidenschaft der Besitzer, die Energie und Begeisterung, die erforderlich sind, um ein historisches Anwesen am Leben zu halten. Das Haus, nur nach Vereinbarung für Gruppen geöffnet, ist ein perfektes Beispiel für ein mittelalterliches Rittergut samt Burggraben. Die Gärten fügen sich ein, als seien sie immer schon dort gewesen, und nicht erst seit der ersten Hälfte des 20. Jahrhunderts. Reginald Cooper hat die Gartenräume entworfen, die noch intimer sind als in Hidcote und Sissinghurst. Er war befreundet mit Lawrence Johnston, dem Schöpfer von Hidcote Manor Gardens, wie auch mit Harold Nicholson, der später mit seiner Frau Vita Sackville-West Sissinghurst anlegte. In vielerlei Hinsicht ist Cothay, wie der jetzige Besitzer gern erklärt, der Vorläufer des Gartenraumstils. Was Cothay eindeutig von anderen Gärten abhebt, ist die Atmosphäre eines Privatgartens, eines Gartens, der Überraschungen und einfache Pflanzenkompositionen bietet – übertragbar durchaus in den eigenen Garten.

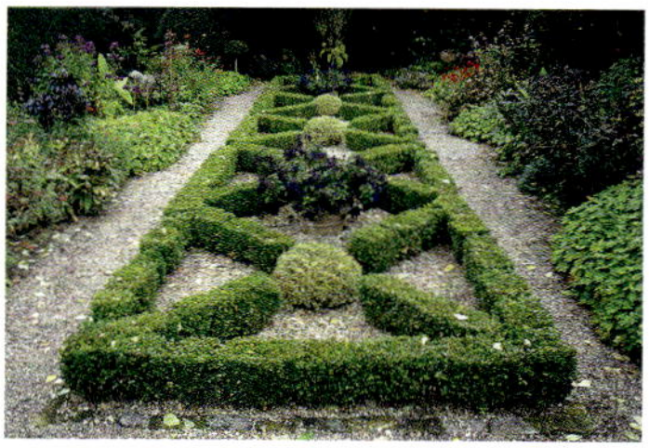

Empfohlene Jahreszeit Anfang April bis September
Mindestzeit für einen Besuch 45 Minuten
Anfahrt *Öffentliche Verkehrsmittel:* Liegt abseits, schwierig zu erreichen.
Pkw: Unbedingt GPS einstellen. Cothay liegt südwestlich von Wellington; von Norden M 5, Ausfahrt 26, Richtung Wellington, A 38

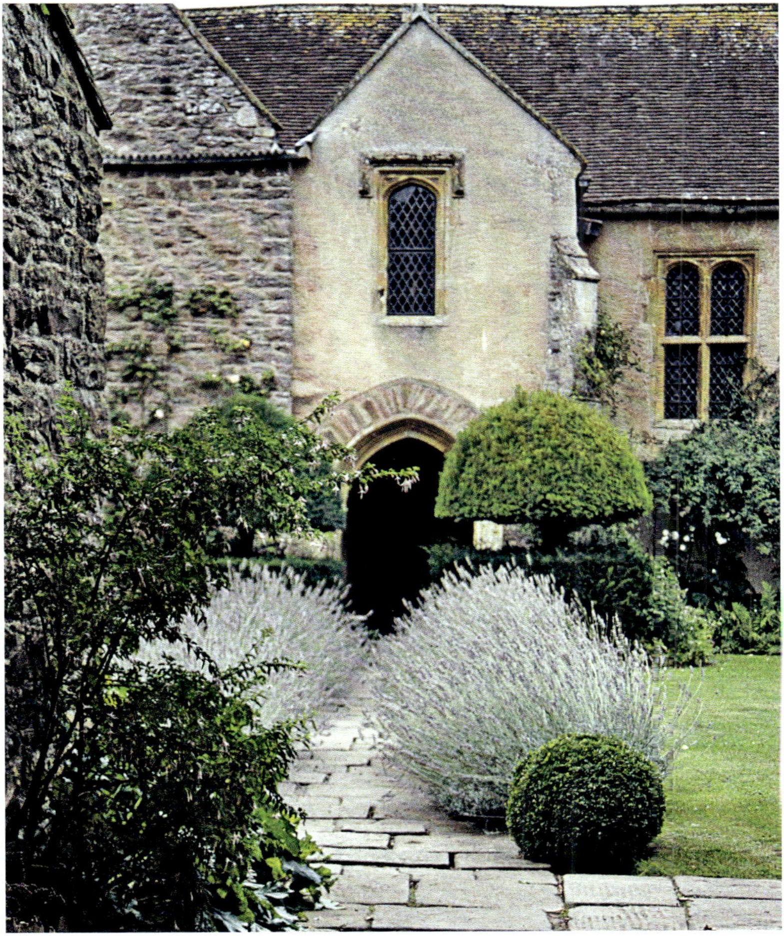

Richtung Exeter, rechts abbiegen nach Greenham, braunen Hinweisschildern nach Cothay Manor folgen; von Süden M 5, Ausfahrt 27, A 38 nach Wellington, links abbiegen nach Greenham, braunen Hinweisschildern folgen

Öffnungszeiten 1. Sonntag im April – Ende September, Dienstag, Mittwoch, Donnerstag, Sonntag und Feiertag ab 11.00 Uhr, letzter Einlass 16.30 Uhr

Eintrittspreise (2017) Garten Erwachsene £ 7,80, Kinder £ 3,90

WC P f

In der Nähe Broadleigh Gardens and Nursery (18), Hestercombe Gardens* (21), Holbrook Garden (28), Knightshayes Court Garden* (30)

21 Hestercombe Gardens*

Cheddon Fitzpaine, Taunton, Somerset TA2 8LG
Telefon +44 (0) 1823 413 923
www.hestercombe.com
info@hestercombe.com

Eigentümer The Hestercombe Gardens Trust
Der Garten in Stichworten Historisch, Landschaftsgarten, Parterre, Edwardianischer formaler Garten, Gartenräume, Rosengarten, weißer Garten, Dutch Garden, Staudenrabatten, Wald- und Schattengarten, Frühlingsblüher
Entstehungszeit 1750–1786 Landschaftsgarten, 1904–1908 Edwardianischer formaler Garten
Gestalter Landschaftsgarten Coplestone Warre Bampfylde, Edwin Lutyens, Gertrude Jekyll
Größe Garten 6 ha, Landschaftsgarten 16 ha
Denkmalgeschützt Grade I

Vor 1997 kannte man Hestercombe Gardens nur als eines der besten Beispiele für die späteren Arbeiten des Architekten Sir Edwin Luytens und der Gartenspezialistin Gertrude Jekyll. Mit einem großzügigen Parterre vor der südlichen Terrasse des Herrenhauses, mit Wasserrinnen, Plattenwegen, Pergola, langen, farblich abgestimmten Blumenrabatten und einem seitlichen, intimeren Gartenraum, gehört die Anlage schon längere Zeit zu jenen, die jeder Gartenfan gesehen haben muss. Die Formstrenge der Architektur wird durch die Farben und Fülle der Pflanzen gemildert. Von oben erscheint der zentrale Gartenbereich, der Great Plat (großer Zopf) riesig, aber im Gegensatz zu den französischen Parterres, deren Gesamteindruck im Vordergrund steht, wirkt er auch im Detail.

Als man Anfang der neunziger Jahre mit der Renovierung des Gartens unter Leitung von Philip White begann, stieß man in einem Seitental nördlich des Hauses auf einen weiteren, bisher vergessenen und von Bewuchs verschlungenen Garten. Dieser lange verborgene klassische Landschaftsgarten ist das Gegenteil des 150 Jahre später geschaffenen formalen Gartens. Er wurde zwischen 1750 und 1786 vom damaligen Besitzer Coplestone Warre Bampfylde angelegt und hat eine gewisse Ähnlichkeit mit Stourhead, ist jedoch von bescheidenerer, erfassbarerer Größe. Intim, ohne jeglichen Blumenschmuck, führt der Weg im Tal an Bäumen und Lichtungen vorbei, auf Hängen zu Aussichtspunkten wie dem klassizistischen Tempel mit Blick über die Baumwipfel zur Ebene in der Ferne. In dieser idealisierten Landschaft findet man hinter jeder Kurve Überraschungen. Die Wege sind oft uneben, eng und steil.

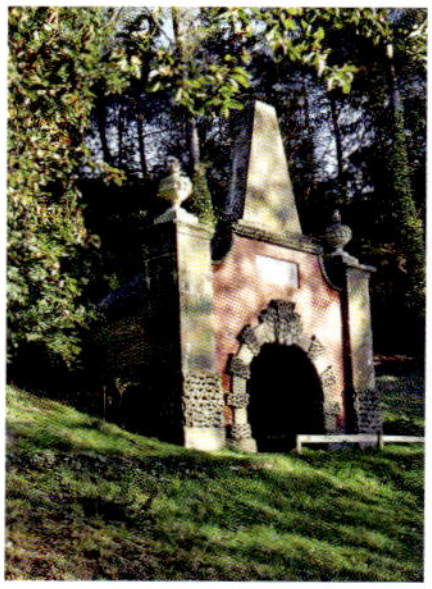

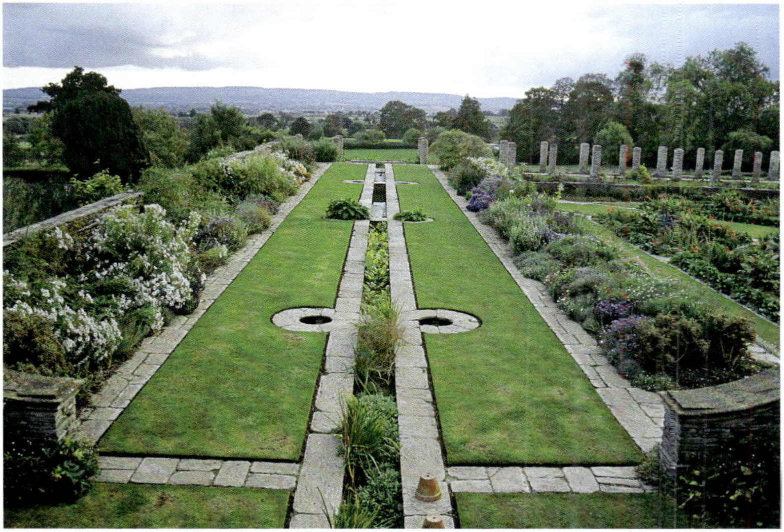

Und auch jenes große Parterre südlich des Hauses ist Teil dieser Vielschichtigkeit; es wurde 1873 bis 1878 vom ersten Viscount Portland angelegt. In Hestercombe also erhält der Besucher einen Überblick über die drei wichtigen Stile in der Geschichte der Gartenkunst Englands.

Empfohlene Jahreszeit Mai und Juni für die Rabatten, das ganze Jahr für den Landschaftsgarten
Mindestzeit für einen Besuch 2 Stunden
Anfahrt *Öffentliche Verkehrsmittel:* Keine direkte Buslinie, »Slinky Bus« kann jedoch im Voraus unter Tel. 01823 332332 gebucht werden.
Pkw: Nördlich von Taunton M 5 Ausfahrt 25, Richtung Taunton A 358, A 38 nach Taunton bis Kreisel mit Wickes Baumarkt, dritte Ausfahrt A 358, beim Kreisel erste Ausfahrt A 358 links auf A 3038 und sofort rechts Cheddon Road, geradeaus nach Wellsprings Sport Centre, links abbiegen auf Lynford Lane; durch Ortschaft Cheddon Fitzpaine (Rowford), links abbiegen »Pitcher's Hill«, Schild und Eingang zum Garten rechts, braunen »Blumen«-Hinweisschildern folgen; GPS: Eingabe der Postleitzahl führt zum benachbarten Bauernhof Hestercombe!
Öffnungszeiten Ganzjährig, 1. Weihnachtsfeiertag geschlossen, 10.00–18.00 Uhr
Eintrittspreise (2017) Erwachsene £ 11,50, Kinder (5–15 Jahre) £ 5,75, unter 5 Jahre frei, RHS-Mitglieder in der Nebensaison frei

In der Nähe Broadleigh Gardens and Nursery (18), Cothay Manor and Gardens* (20)

22 Prior Park Landscape Garden

Ralph Allen Drive, Bath, Somerset BA2 5AH
Telefon +44 (0) 1225 833 422
www.nationaltrust.org.uk
priorpark@nationaltrust.org.uk

Besitzer National Trust, seit 1993
Der Garten in Stichworten Historischer Landschaftsgarten mit Bauten
Gestalter Ralph Allen (1693–1764), Berater Capability Brown und Alexander Pope
Entstehungszeit 2. Hälfte des 18. Jahrhunderts
Größe 11,3 ha
Denkmalgeschützt Grade I

Zu Jane Austins Zeit war Bath die Stadt, die den Ton angab, in der Mode und vornehmes Verhalten *de rigour* waren und jeder versuchte, den anderen auf feine Art zu übertrumpfen. Prior Park war eine der vornehmsten Adressen der Stadt, als das Haus 1742 nach Plänen von John Wood für den Geschäftsmann, Steinbruchinhaber und Lieferanten des berühmten Bath Stone sowie Bürgermeister Ralph Allen entworfen wurde. Hier kommen alle Elemente des damals aktuellen Stils zusammen: eine klassizistische Villa auf erhöhtem Grund mit Landschaftsgarten, eingebettet in ein schmales grünes Tal, gesäumt von Bäumen, verziert mit einem See, an der engsten Stelle von einer Brücke nach Art Palladios überspannt. Der Garten ist wie ein begehbares Bild, eine Idealvorstellung von Landschaft, mit weiteren Elementen wie einer Grotte und einer Kaskade. Der Garten wurde längere Zeit vernachlässigt, doch hat der National Trust ein umfangreiches Renovierungsprogramm begonnen, um ihn wieder instand zu setzen. Das Haus (nicht zugänglich) wird seit Mitte des 19. Jahrhunderts als Internat und Tagesschule genutzt.

Empfohlene Jahreszeit Ganzjährig
Mindestzeit für einen Besuch 1 Stunde
Anfahrt *Öffentliche Verkehrsmittel:* Bus First 2 Bath nach Combe Down, Skyline-Tour-Busse fahren in regelmäßigen Abständen vom Bahnhof und von der Abtei zum Garten (Endhaltestelle)
Pkw: Prior Park ist eine »grüne« touristische Attraktion mit Parkplätzen für behinderte Besucher (vorher anmelden und buchen); ansonsten müssen alle Besucher öffentliche Verkehrsmittel benutzen.
Zu Fuß: 1,6 km vom Bahnhof, steiler Anstieg, Eingang von der Ralph Allen Road, nicht Zufahrt zur Schule, beschildert
Öffnungszeiten 13. Februar – 31. Oktober, Dienstag geschlossen, sonst täglich 11.00 – 17.30 Uhr; 2. Januar – 7. Februar und 6. November – 26. Dezember, Samstag und Sonntag 11.00 – 17.30 Uhr

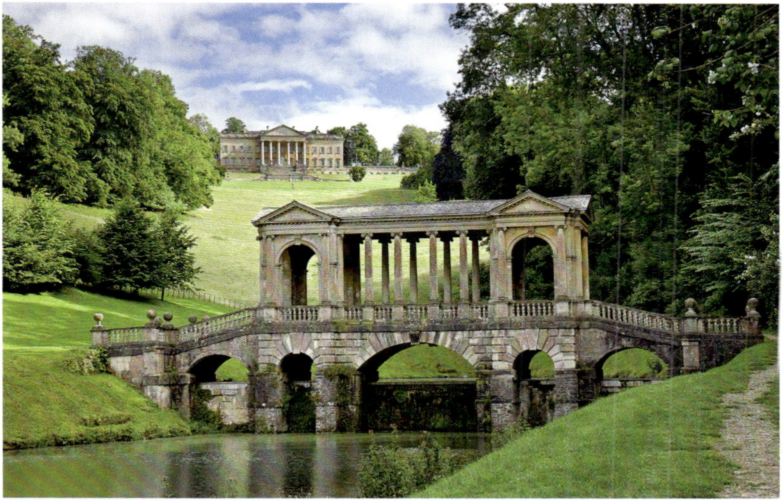

Eintrittspreise (2017) Erwachsene £ 7, Kinder £ 3,40, NT-Mitglieder frei

bedingt; steile und unebene Wege;

In der Nähe Claverton Manor Garden, The American Museum* (19)

The Georgian Garden Bath ist bekannt für seine klassizistischen Reihen- und Stadthäuser vom Ende des 18., Anfang des 19. Jahrhunderts. Als in den achtziger Jahren des 20. Jahrhunderts der Vorschlag gemacht wurde, auch einen typischen Stadtgarten jener Zeit zu zeigen, dachte man zunächst an eine Rekonstruktion. Geplanter Standort war der Garten von 4, The Circus, wo auch die Büros des Bath Archaeological Trust untergebracht waren. Hier, unter dem modernen Garten, lagen fast unberührt die Spuren der originalen Anlage mit Kieswegen und ovalen Blumenbeeten; dieser Garten wurde instand gesetzt und 1985 für das Publikum geöffnet. Zugang vom Gravel Walk, dem breiten Verbindungsweg zwischen Royal Victoria Park (Royal Crescent) und Queen Square. Täglich geöffnet, Eintritt frei, Informationstafeln.

23 Yeo Valley Organic Garden**

Holt Farm, Blagdon BS40 7SQ
Tel + 44 (0) 1761 461 650
www.theorganicgardens.co.uk
gardens@yeovalley.co.uk

Besitzer Sarah und Tim Mead
Der Garten in Stichworten Zeitgenössischer Garten, Nutzgarten, Staudenrabatten, Waldpartien, Wiesen, organisch
Entstehungszeit Seit 2009
Gestalterin Sarah Mead mit Landschaftsarchitektin Eileen O'Donnel
Größe 2,6 ha

Zeitgenössische Gärten, die ihren eigenen Weg gehen und nicht Trends folgen sind rar, englische Gärten, die nachhaltigen und organischen Prinzipien folgen, noch seltener. Holt Farm, das Wohnhaus des Ehepaars, das hinter der erfolgreichen Yeo-Valley-Molkerei steht, ist daher ein Sonderfall unter den Gärten von Südwestengland. Als der Bauernhof auf organische Arbeitsmethode umgestellt wurde, war es naheliegend, den Hausgarten, der von Feldern umgeben ist, anzupassen. Inspiriert durch Hadspen Garden, Great Dixter und The Laskett begann Sarah Mead ab 2009 mit der Umplanung und Erweiterung des Gartens. Mit Hilfe der Landschaftsarchitektin Eileen O'Donnel und eines Teams von sechs Gärtnern wurden Sarah Meads Ideen umgesetzt. Struktur, ein Hang zu Details und gerahmte Vistas ziehen sich durch den fotogenen Garten. Der Hintergrund des Mendip-Gebirges nach Süden und des Blagdon-Sees nach Norden ist zwar eine herrliche Kulisse, aber auch der Ursprung der kalten Winde und der Grund, weshalb der Frost länger anhält als südlich der Hügelkette. Hecken und Waldstücke, angeordnet an strategischen Standorten, filtern den Wind und bieten den Rahmen für Gartenräume.

Was den Yeo Valley Organic Garden auszeichnet, ist Sarah Meads individuelles Flair und ihr Sinn für Form und Humor. Kombiniert mit Eileen O'Donnels Gestaltungsexpertise und den Fähigkeiten des begeisterten Teams, ist das Ergebnis beeindruckend. Der Garten entstand Stück für Stück und wird kontinuierlich ergänzt und verfeinert. Formales und Lockeres gehen hier Hand in Hand, etwa der Übergang vom Gemüseparterre zur Wiese oder der Kontrast zwischen dem scheinbar anarchischen Blumengarten am Haus und dem mit herrlichen 'Buff Beauty'-Rosen bestückten Bronzegarten. Bestechend

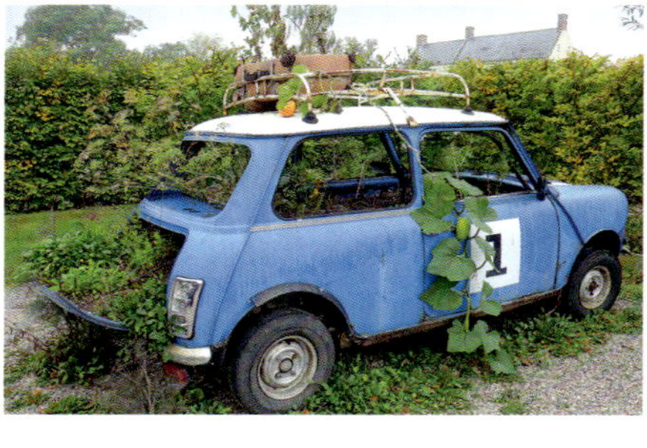

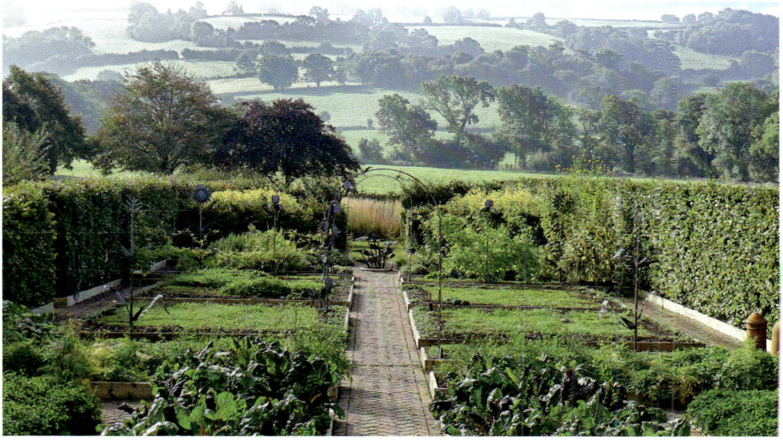

sind auch die Anbindung an die Landschaft und die Spielerei mit Form und Pflanzen: beispielsweise der neue Feldahorn und die Ziergrasallee, die den Blick zum Blagdon-See rahmen, oder die Zierapfelallee, die die passende ländliche Note setzt und Verbindungsglied zwischen Bach, Wiese und Blumengarten ist.

Herz des Gartens ist der Komposthof, der die Grundlage dafür liefert, dass die Pflanzen so gut auf dem lehmigen, schweren Boden gedeihen. Wie Eileen O'Donnel erklärt, herrscht hier eine stringente, in sich geschlossene Produktionsweise. Alles, vom Kompost bis zu den Stecklingen, wird vor Ort produziert und verwendet. Die Blumen aus dem Schnittgarten schmücken die Werkskantine ebenso wie das Haus. Es wird kaum etwas eingekauft und wenn, dann müssen die strikten Bestimmungen der Soil Association befolgt werden, sonst wird das Zertifikat »organisch« entzogen. Die neueste Addition zum Garten ist der Tearoom, denn die Besucher kommen inzwischen von weit her, um sich von diesem eklektischen, aber doch gemütlichen Garten inspirieren zu lassen.

Empfohlene Jahreszeit Mai bis September
Mindestzeit für den Besuch 1 Stunde
Anfahrt *Öffentliches Verkehrsmittel:* schwierig zu erreichen
PKW: Südlich von Bristol bei Blagdon Seitenstraße von A368. Beschildert, Zufahrt auf betonierten Straßen durch das Areal der Yeo Valley Farms.
Öffnungszeiten Ende April – Ende September. Nur Donnerstag und Freitag 11.00 – 17.00 Uhr
Eintrittspreise (2017) Erwachsene £ 5, Kinder frei, RHS-Mitglieder frei

WC *Rasenwege;* P

In der Nähe Wells, Kilver Court Gardens & Nursery (14)

Devon

Von der Englischen Riviera zum Hochmoor: Gegensätze ziehen sich an

Cream Teas, Palmen, tiefrote Erde und frei laufende Pferde sind die Markenzeichen Devons, einer Grafschaft, die bei Touristen beliebt ist und von Großstädtern als Wohngegend entdeckt wurde. Von der sanften, milden, fast subtropischen Südküste bis zum kargen Hochmoor von Dartmoor und zum landwirtschaftlich geprägten Norden ist Devon abwechslungsreich und vielseitig. Das Wetter ändert sich mit der Landschaft: Trägt man Badekleidung am Strand, sind Jacke und Mütze in Dartmoor angebracht.

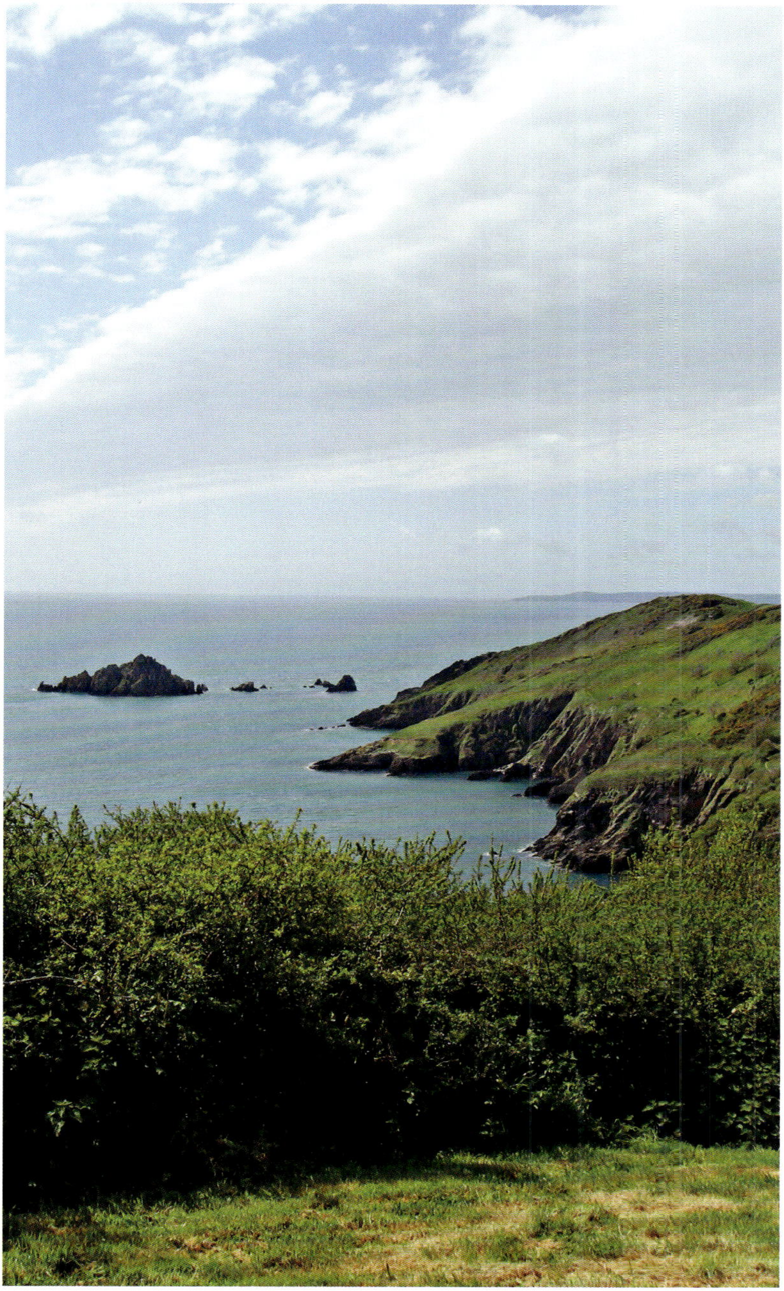

Die Gärten von Devon

Hier lassen sich die Gärten nicht so leicht wie in anderen Grafschaften zu Gruppen zusammenfassen. Nur die subtropischen Küstengärten wie Overbeck's und Coleton Fishacre sowie die parkartigen Gärten der Pflanzensammler wie Bicton Park, Killerton und zum Teil auch Knightshayes Court zeigen eine gewisse Verwandtschaft. Alle anderen sind individuell und einzigartig: The Garden House eklektisch, Holbrook experimentell, im pittoresken Endsleigh und in RHS Rosemoor ist von allem etwas zu finden.

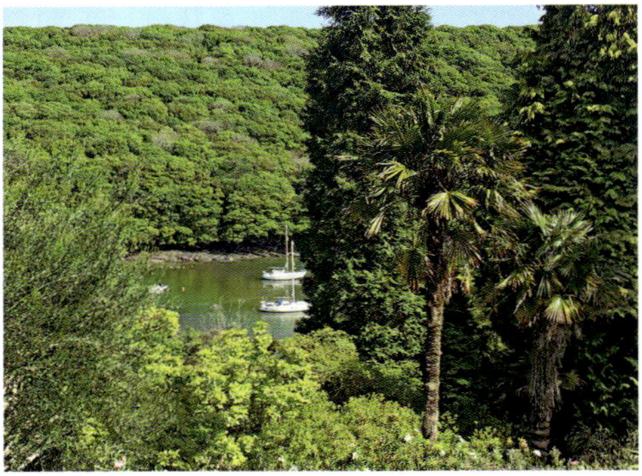

Die sonnige Seite von Devon: Subtropische Vegetation an der Küste, der Privatgarten von Thorn House unweit von Plymouth.

Dartmoor

National Park, Truppenübungsgelände, Hochsicherheitstrakt, Gefängnis und Schauplatz von Sir Arthur Conan Doyles Krimi *Der Hund von Baskerville*: Die wilde, herbe Romantik von Dartmoor ist so beeindruckend wie beängstigend. In Dartmoor ist die Natur bestimmend, der Mensch muss sich einfügen; es ist ein Ort, an dem Alpinausrüstung angebracht ist und man besser nicht von den Parkplätzen, Straßen und Wegen wegwandert – Dartmoor ist nicht zu unterschätzen, und die Bergrettung ist oft im Einsatz. Das Wetter kann in Windeseile umschlagen, Regen ist fast täglich angesagt. Die Hügellandschaft Dartmoor liegt zu 65 Prozent auf einem Granitmassiv; sie ist gekennzeichnet von flächendeckenden Sümpfen, von etwa 160 markanten Steinformationen, den »Tors« auf den Anhöhen und von frei laufenden Ponys. Zu empfehlen ist das Besucherzentrum in Princetown. www.dartmoor-npa.gov.uk

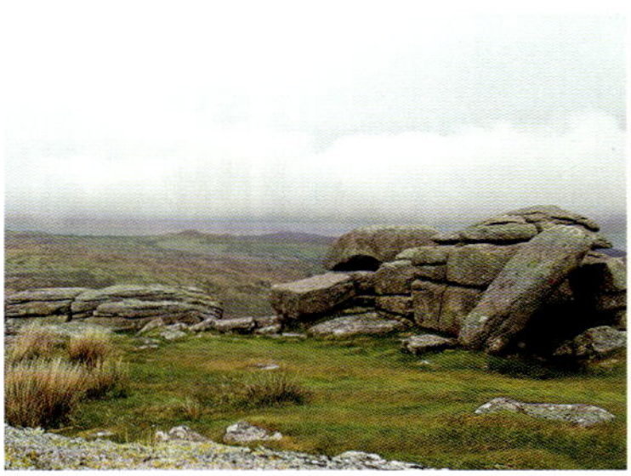

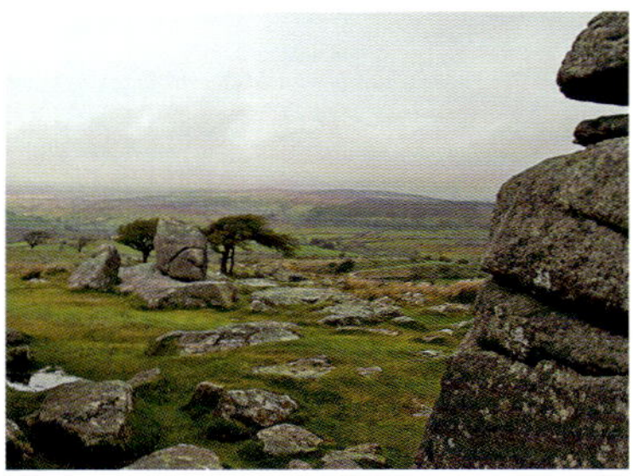

DEVON

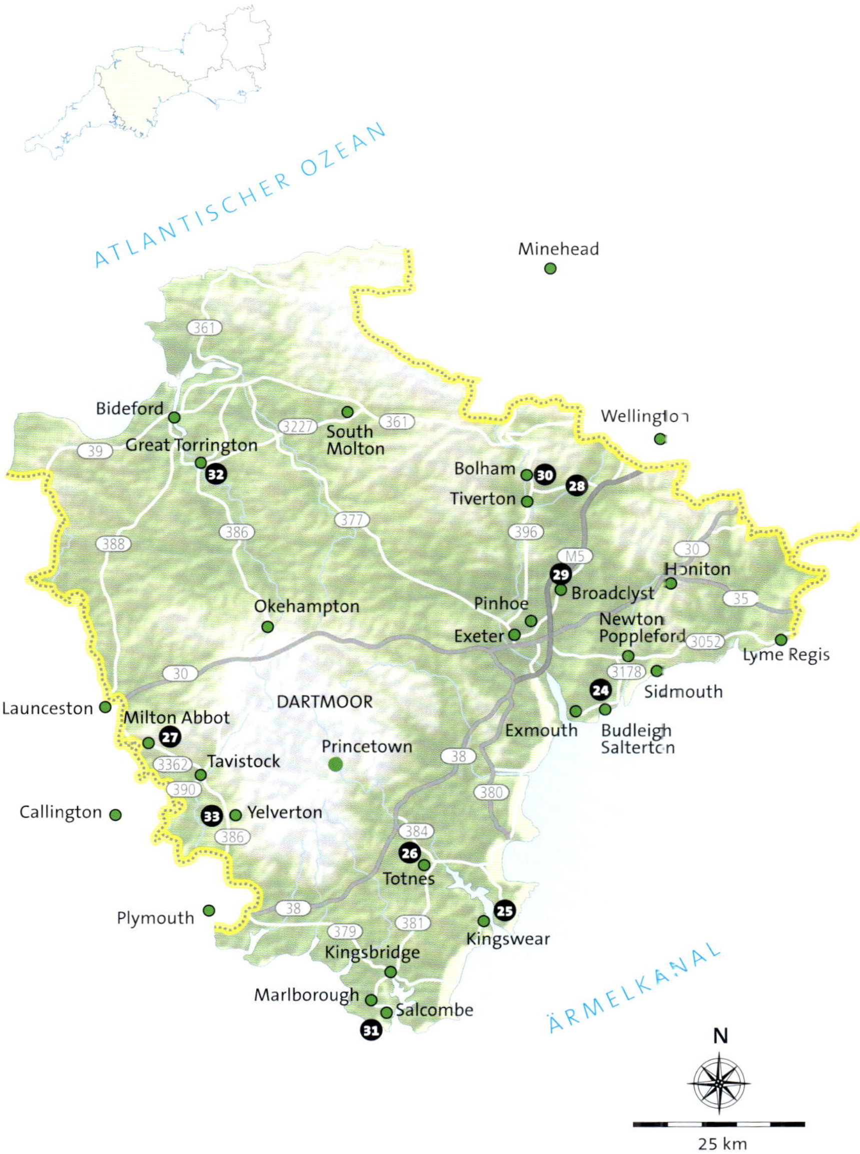
ATLANTISCHER OZEAN
Minehead
Bideford
Great Torrington
South Molton
Wellington
Bolham
Tiverton
Okehampton
Pinhoe
Exeter
Broadclyst
Honiton
Newton Poppleford
Lyme Regis
Sidmouth
Exmouth
Budleigh Salterton
DARTMOOR
Launceston
Milton Abbot
Tavistock
Princetown
Callington
Yelverton
Totnes
Plymouth
Kingswear
Kingsbridge
Marlborough
Salcombe
ÄRMELKANAL
N
25 km
361
3227
39
386
377
396
M5
30
35
388
3052
3178
38
3362
390
380
384
381
379
32
30
28
29
24
27
33
26
25
31

24 Bicton Park Botanical Gardens

East Budleigh, Budleigh Salterton, Devon EX9 7BJ
Telefon +44 (0) 1395 568 465
www.bictongardens.co.uk

Besitzer Simon und Valerie Lister
Der Garten in Stichworten Historisch, Landschaftsgarten, botanischer Garten, Arboretum, Pinetum, Glas- und Gewächshäuser, Muschelhaus, Farngarten, Rosengarten, Mittelmeergarten, Parterre, Wald- und Schattengarten, Frühlingsblüher
Gestalter Verschiedene, zum Teil unbekannt
Entstehungszeit In Etappen ab 1735
Größe 25 ha
Denkmalgeschützt Grade I

Wie so mancher Garten, der über verschiedene Epochen hinweg entstand, ist auch Bicton Park gleichsam ein Stilsammelsurium, zu vergleichen am besten mit einer gut eingewachsenen Landesgartenschau. Er wird vermarktet als Ausflugsziel mit einem umfangreichen Angebot an Aktivitäten für die ganze Familie, einschließlich einer kleinen Bimmelbahn, die durch das Gelände fährt, und so wirkt die Vegetation bisweilen mehr als Kulisse denn als Grund, Bicton Park zu besuchen. Dennoch ist der Garten als Unikum sehenswert. Abgetrennt vom Haus, entfaltet er sich von der großartigen Terrasse der als Café genutzten Orangerie aus. Mehr französisch als englisch, wird er verwirrenderweise als italienischer Garten bezeichnet. Man vermutet sogar, dass André Le Nôtre diesen Teil, angelegt 1735, entworfen hat; mit dem Ausblick bis zum Horizont, mit Spiegelbecken, verstecktem Kanal und modelliertem Gelände trägt die

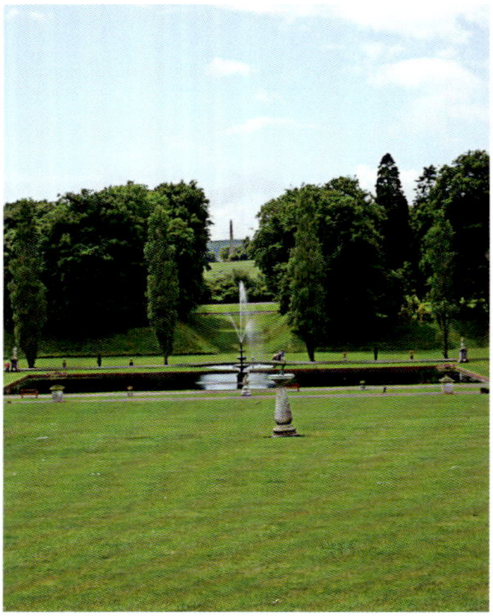

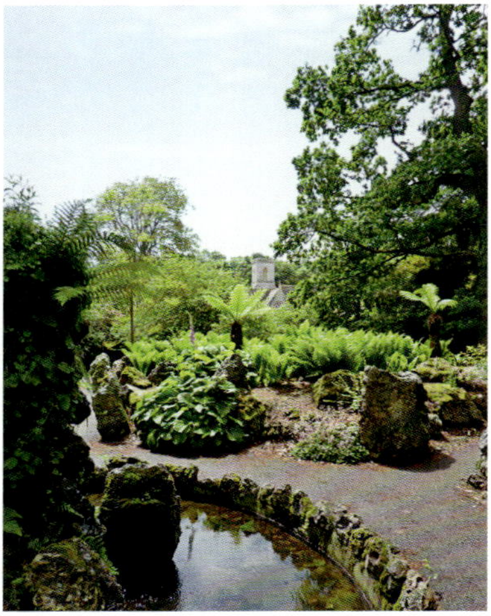

Anlage tatsächlich seine Handschrift. Die Pflanzbeete, wie bunte Blumeninseln verstreut über die obere Terrasse, sind aber viktorianisch, wie auch der Springbrunnen im Wasserbecken. Die Bezeichnung botanischer Garten gibt es erst seit 1999, sie bezieht sich auf die Gewächshäuser und das Sortiment an Gehölzen. Während die gestalterische Seite eher mangelhaft ist – eine Bimmelbahn statt eines Seerundwegs –, ist das Angebot an Pflanzen üppig, vielseitig und in gutem Pflegezustand; an Gärtnern wird nicht gespart. Zu den historischen Teilen gehören neben dem formalen Parterre der amerikanische Garten mit Pflanzen aus der Neuen Welt, der Bachgarten sowie das Pinetum, eine Koniferensammlung, die 1838 angelegt wurde. Aus der Saat und kleinen Ablegern wurden zum Teil riesige Bäume, die heute als Champion Trees gefeiert werden. Früher bezog sich die Pflanzleidenschaft in Bicton nicht nur auf Gehölze, sondern auch auf Farne und andere Exoten. Die Farne stehen im Freiland, die subtropischen Pflanzen im Palmenhaus, einer beeindruckenden Konstruktion aus der Zeit um 1820; hinzu kommen ein Tropenhaus sowie ein Haus für Kakteen und Sukkulenten. Das Angebot des botanischen Gartens runden ein Rosengarten und ein Mittelmeergarten ab. Der Standort von Bicton Park inmitten von Englands touristischen Hochburgen führt dazu, dass der Garten in der Hauptsaison gut besucht ist, aber an seinen Nebenwegen, abseits des Rummels, gibt es ruhige Plätze und viel zu entdecken.

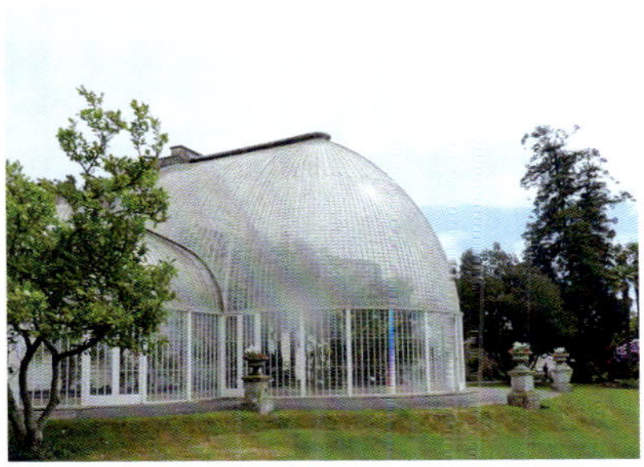

Empfohlene Jahreszeit April bis Oktober
Mindestzeit für einen Besuch 2 Stunden; der direkteste Zugang zum Garten liegt hinter dem Eingangsbereich gleich links, durch das Gartencenter, entlang der Ziegelmauer zur Öffnung in der Ecke (nicht beschildert).
Anfahrt *Öffentliche Verkehrsmittel:* Bus 157 Sidmouth bis Exmouth, fährt direkt zum Eingang
Pkw: Gut beschildert, auf der M 5 Ausfahrt 30, A 3052 bis Newton Poppleford, rechts auf B 3178; 1,6 km hinter Colaton Raleigh auf der rechten Seite
Öffnungszeiten Ganzjährig, im Sommer 10.00 – 18.00 Uhr, im Winter 10.00 – 17.00 Uhr
Eintrittspreise (2017) Erwachsene £ 9,95, Kinder (2–16 Jahre) £ 7,95, unter 2 Jahren frei, Hunde £ 1, RHS-Mitglieder in der Nebensaison frei

WC P *Hunde an der kurzen Leine erlaubt*

In der Nähe Killerton (29)

25 Coleton Fishacre**

Brownstone Road, Kingswear, Devon TQ6 0EQ
Telefon +44 (0) 1803 752 466
www.nationaltrust.org.uk
coletonfishacre@nationaltrust.org.uk

Besitzer National Trust, seit 1982
Der Garten in Stichworten Waldgarten mit subtropischer Vegetation und Gartenräumen in der Nähe des Hauses, Terrassen, Staudenrabatten, Wasserbecken und Bachlauf
Gestalter Oswald Milne, Lady Dorothy D'Oyly Carte
Entstehungszeit 1923–1926 für Rupert D'Oyly Carte
Größe 8,1 ha

Errichtet am Anfang eines kleinen Tals, das sich bis zum Meer erstreckt, ist Coleton Fishacre der Inbegriff eines Ferienhauses; kein Wunder, dass Lady D'Oyly Carte es zu ihrem Hauptwohnsitz machte. Ihr Mann Rupert betrieb die D'Oyly Opera Company, die in den Jahrzehnten um 1900 im Londoner Savoy Theatre vornehmlich Operetten von Gilbert & Sullivan aufführte. Im Haus zeigen Fotografien, wie die Anlage aussah, als die D'Oyly Cartes sie übernahmen: ein neues Haus, kaum Bepflanzung, Felder, aber ein berauschender Ausblick. Geschickt hat man im Tal ein Mikroklima geschaffen, das für empfindliche Pflanzen aus wärmeren Klimazonen geeignet ist. Eine dichte Bepflanzung der Talhänge und ihrer Gipfel schützt vor dem Wind. Die Wärme wird im V-Schnitt des Tals eingefangen, und die Nähe zum Meer hilft, den Frost fernzuhalten. Abgesehen vom oberen Wasserlauf, der als schmaler Graben gefasst und mit diversen Wasserbecken und Brunnen versehen ist, hat man die Gestaltung auf ein Minimum beschränkt. Alles erscheint daher selbstverständlich, fast natürlich, ganz so, als seien Palmen tatsächlich in Südengland heimisch.

Ein ausgedehntes Netz an breiten Hauptwegen und schmal geschwungenen, teils steilen Nebenwegen lässt den Garten wesentlich größer erscheinen als er ist. Wandert man vom zentralen Gartenbereich auf die Anhöhen, wird man von der atemberaubend schönen Aussicht auf die Küste belohnt. Ganz am Ende des Gartens, wo der Wasserlauf in Kaskaden den heutigen Garten verlässt, liegt eine kleine Bucht, in der noch Spuren des einstigen Betonschwimmbeckens zwischen den Steinen und das Badehäuschen zu finden sind. Hier lässt sich die Stimmung jener vergangenen Zeit erahnen.

Empfohlene Jahreszeit März bis Oktober
Mindestzeit für einen Besuch 1 Stunde, für Fans der Zwanzigerjahre ist das Haus empfehlenswert.
Anfahrt *Öffentliche Verkehrsmittel:* keine direkte Verbindung, Bus Stagecoach 120

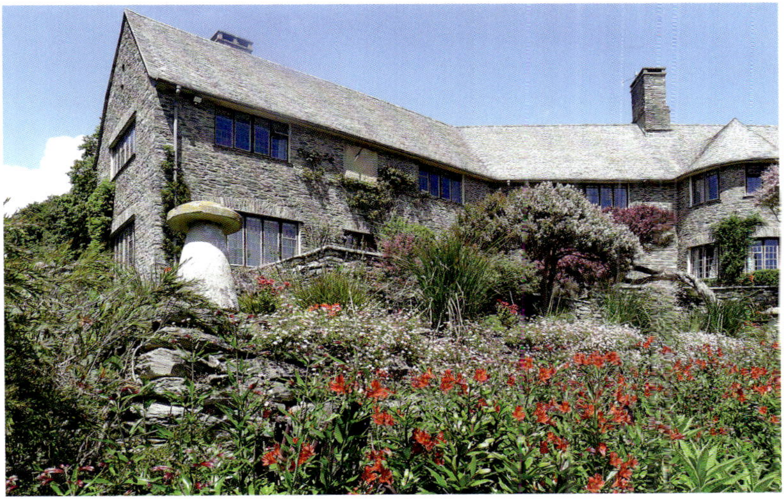

Paignton nach Kingswear, Fahrer nach der Haltestelle fragen, dann 2,4 km zu Fuß
Pkw: Beschildert, A 3022 nach Kingswear, beim Mauthäuschen links (beschildert);
Achtung: Zufahrt über eine schmale Landstraße, in Hauptverkehrszeiten muss man rangieren.
Zu Fuß: Liegt direkt am Südwestküstenweg.
Öffnungszeiten 1. März – 31. Oktober täglich, außer Donnerstag und Freitag 10.30 – 17.00 Uhr
Eintrittspreise (2017) Erwachsene £ 11, Kinder £ 5,50, NT-Mitglieder frei

WC *bedingt, Rampen und Stufen;* P £1 pro Stunde *NT-Ferienhäuser: 1 Coleton Barton (4) und 2 Coleton Barton (4), The Chauffeur's Flat (2), Crockers Cottage (4), Higher Brownstone Farm (12), The Landmark Trust: Kingswear Castle (4), Kingswear;*

In der Nähe Greenway, Dartington Hall Gardens* (26), Dartmouth

In Greenway machte Agatha Christie Urlaub. Da die Parkmöglichkeiten beschränkt sind, müssen Pkws im Vorfeld angemeldet werden. Wesentlich besser ist es, die Fähre ab Dartmouth zu nehmen, www.greenwayferry.co.uk. Der Besucher fühlt sich in die Zeit versetzt, in der Agatha Christie ihre berühmten Krimis schrieb. Greenway Road, Galmpton, Devon TQ5 0ES, greenway@nationaltrust.org.uk

26 Dartington Hall Gardens*

Totnes, Devon TQ9 6EL
Telefon +44 (0) 1803 847 000
www.dartington.org.uk
gardens@dartington.org

Besitzer Dartington Hall Trust
Der Garten in Stichworten Landschaftsgarten, Waldgarten, Kunst im Garten, Staudenrabatten, Wald- und Schattengarten, Frühlingsblüher, japanischer Garten
Gestalter Beatrix Farrand, Avary Tipping, Percy Cane, Preben Jacobsen, Philip Booth
Entstehungszeit Seit 1925
Größe 10 ha

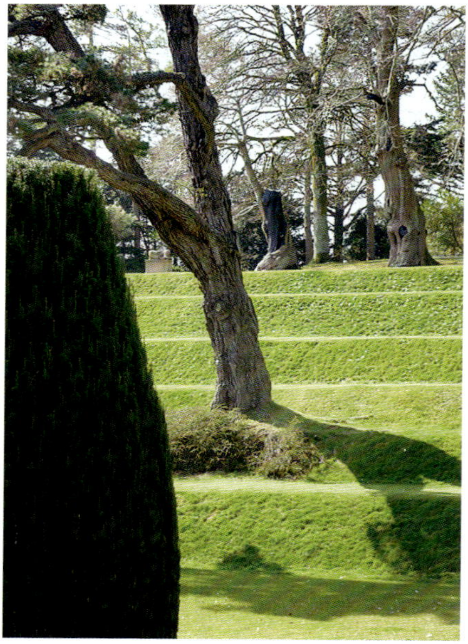

Dartington Hall ist ein Unikum unter den englischen Gärten. Das Anwesen wurde 1925 von dem amerikanischen Ehepaar Dorothy und Leonard Elmhirst erworben, um hier ein Zentrum für ländliche Erholung und die schönen Künste zu gründen. Doch Dartington Hall ist weit mehr als ein altes Haus mit beispielhaftem Garten – lassen Sie sich nicht von den schulartigen Neubauten des Komplexes oder vom Parkplatz irritieren; der Garten ist den Besuch wert. Die Größe wie auch die pädagogischen und künstlerischen Ziele von Dartington sind denen der Gartenanlagen an der Ostküste Nordamerikas vergleichbar. Zudem ist die Anlage die einzige, die Beatrix Farrand, Grande Dame der amerikanischen Landschaftsbewegung und bekannt für großzügige Landschaftsformen und intime Gartenräume, in England gestaltete; der Garten aus den dreißiger Jahren sollte die Landschaft sozusagen komplettieren. Andere Hinzufügungen wie die Stufenanlage, die Lichtung und das Azaleenwäldchen, entworfen 1945 von Percy Cane, einem Vertreter des sachlichen Stils, und die Staudenbeete von Preben Jacobsen nehmen diese Zielsetzung auf. Qualitätvolle Kunstwerke, beispielsweise von Henry Moore oder, eigens für den Ort entworfen, von Willi Soukop und Peter Randall-Page, tragen zum besonderen Flair der Anlage bei.

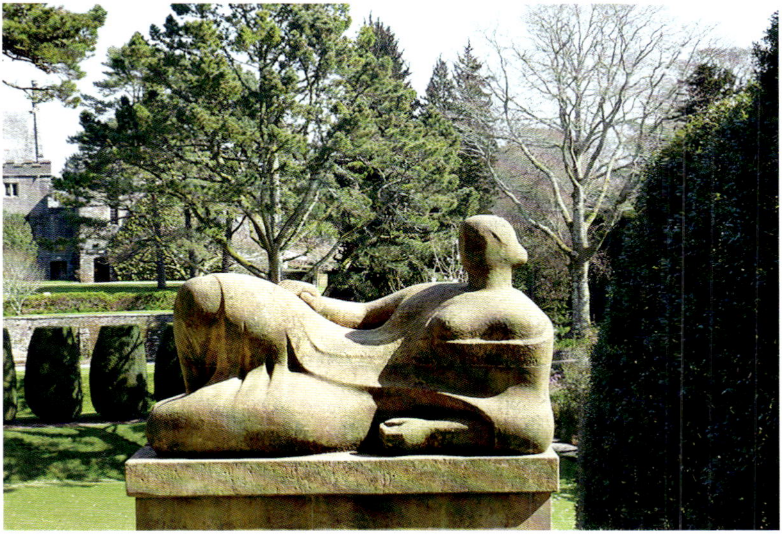

Die markanteste Geländeform ist der Tilt Garden mit seinen riesigen Grasstufen, die wie in den Hang geschnitten wirken. Für Liebhaber der Moderne ist High Cross House, entworfen 1932 von William Lescaze und heute als Archiv genutzt, ein Muss.

Empfohlene Jahreszeit Frühling, wegen der Struktur auch Winter
Mindestzeit für einen Besuch 1 Stunde
Anfahrt *Öffentliche Verkehrsmittel:* Von Totnes Stagecoach Devon Bus 88 oder Country Bus 165 bis Dartington Church, dann zu Fuß
Pkw: A 384, 2,4 km nordwestlich von Totnes; von Totnes kommend hinter dem Verkehrskreisel rechts vor der Kirche abbiegen, schlecht beschildert (beim ersten Besuch habe ich die Zufahrt verpasst, Wenden ist kaum möglich)! Der Straße durch das kleine Dorf bis zum Hauptparkplatz folgen
Zu Fuß: Rundweg Totnes über Dartington, 9,6 km, www.southdevonaonb.org.uk, »Walks and Trails«
Öffnungszeiten Ganzjährig von Sonnenaufgang bis Sonnenuntergang
Eintrittspreise (2017) Frei, es wird um eine Spende gebeten.

The Round House, Restaurant & Pub: The White Hart; *bedingt, Stufen und Rampen;* *Zimmer in Dartington Hall*

In der Nähe Coleton Fishacre** (25), Cider Press Centre mit Läden und Werkstätten, Totnes

27 Endsleigh

Milton Abbot, Tavistock, Devon PL19 0PQ
Telefon +44 (0) 1822 870 000
www.hotelendsleigh.com
mail@hotelendsleigh.com

Besitzer Olga Polizzi
Der Garten in Stichworten Pittoresker Landschaftsgarten, Arboretum, Steingarten, Wildbach, Muschelhaus, Terrasse (Rosengarten, Terrassen-Zutritt nur für Hotelgäste, vom Muschelhaus aus sichtbar)
Gestalter Humphrey Repton
Entstehungszeit Anfang des 19. Jahrhunderts
Größe 43 ha
Denkmalgeschützt Grade I

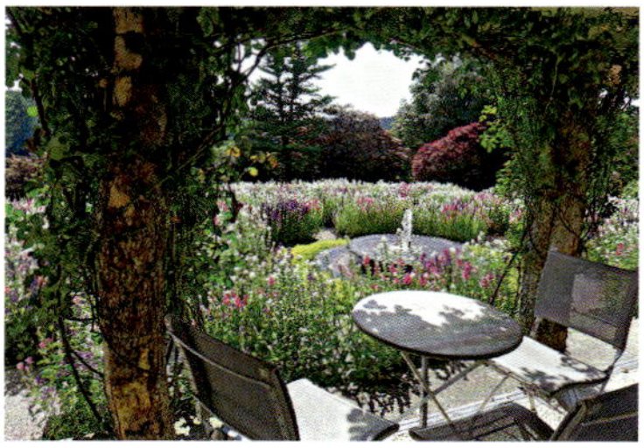

Ein großartiger Landschaftsgarten zeichnet sich dadurch aus, dass die Hand des Gestalters nicht spürbar, geschweige denn sichtbar ist. So ist es bei Endsleigh; freie Landschaft und Garten gehen nahtlos ineinander über und wirken als harmonisches Panorama, in dem auch das Licht mitspielt. Hier hat man mit, nicht gegen die außergewöhnlichen natürlichen Gegebenheiten gearbeitet, um ein Meisterwerk der Pittoreske zu gestalten. Sogar die Fahrt vom Dorf Milton Abbot, an den Cottages und der Schule vorbei, zwischen Hecken den Hang hinab zum Pförtnerhaus und schließlich im Schritttempo über die von mächtigen Rhododendren gesäumte Straße nach Endsleigh, wirkt wie eine Idylle, ein Garten zum Entdecken, zum Träumen, zum Verlaufen und zum Wiederentdecken der Natur. Der Zauber ist wirkmächtig; kein Wunder, dass Georgina, Gemahlin des 6. Herzogs von Bedford, sich in den Ort verliebte. Sie ließ hier 1810 von Jeffry Wyatt (1766–1840, später geadelt als Sir Jeffry Wyatville), einem der bedeutendsten Architekten ihrer Zeit, ein »Cottage« mit Nebengebäuden errichten.

Als wichtiges Mitglied des Planungsteams wurde der renommierte Landschaftsgestalter Humphrey Repton (1752–1818) hinzugezogen. Repton hatte bereits 1804 den Auftrag für die Umgestaltung von Woburn Abbey, dem Hauptwohnsitz der Bedfords, erhalten und war wahrscheinlich von Beginn an in die Überlegungen für Endsleigh einbezogen. Die natürlichen Gegebenheiten wie das Tal mit bewaldeten, zum Teil steilen Hängen, der gemächliche Lauf des Flusses Tamar, ein kleines Seitental und eine offene, leicht abfallende Fläche zum Ufer boten beste Voraussetzungen. Dreizehn Bauten, darunter das langgestreckte Cottage, die Stallung, eine Molkerei und ein scheinbar direkt aus den Alpen hierher versetztes Swiss Cottage, sind in die Landschaft eingebettet. Reptons Pläne, überliefert in seinem »Red Book«, der bebilderten Projektmappe mit Vorher- und Nachher-Zeichnungen, geben einen Eindruck von seiner Vision, die in vielerlei Hinsicht ausgeführt wurde; ein Faksimile befindet sich im heute auf dem Gelände gelegenen Hotel.

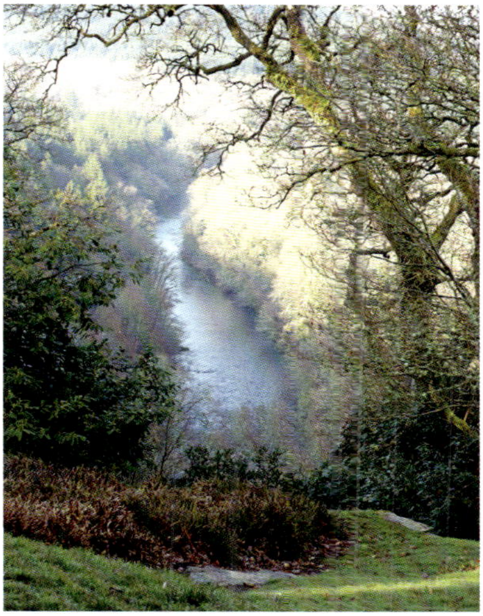

Das Seitental erhielt eine Reihe von Gestaltungselementen: eine Kaskade, eine Brücke, einen kleinen Tümpel und an vielen Stellen mächtige Bäume, deren Äste die Ausblicke rahmen. Der Rundweg endet oder beginnt am Steingarten, durch den ein gepflasterter Trampelpfad zwischen und über die Steine führt. Parallel zur Zufahrt wurde das Arboretum angelegt, in dem heute riesige Rhododendren, darunter 'Endsleigh Park', zwischen anderen Gehölzen stehen.

Empfohlene Jahreszeit Mitte April, Frühsommer und auch Herbst
Mindestzeit für einen Besuch 1, besser 1 ½ Stunden, beschilderter Rundweg
Anfahrt *Öffentliche Verkehrsmittel:* Keine direkte Verbindung, mit Bus von Tavistock nach Milton Abbot, dann zu Fuß
Pkw: Auf der A 30 bis Launceston, dann auf die A 388 Richtung Callington, nach wenigen Kilometern links B 3662 Richtung Tavistock, am Ortsende von Milton Abbot rechts beschildert; von Tavistock B 3362 nach Milton Abbot, bei der Schule an der Ortseinfahrt links, beschildert bis zum Pförtnerhaus, nicht Gartencenter-Einfahrt nehmen, Parkplatz für Gartenbesuch ist gesondert ausgewiesen
Öffnungszeiten Ganzjährig, Dienstag–Sonntag 11.00–16.00 Uhr, gelegentlich wegen einer Veranstaltung geschlossen; es wird empfohlen, vorher anzurufen.
Eintrittspreise (2017) Erwachsene £ 5, Rentner £ 3, zahlbar an der Hotelrezeption oder in »Ehrlichkeitskassette«, Kinder unter 14 Jahren frei, Gartenführer an der Rezeption

WC *bedingt, enge Wege und Stufen;* P *im Hotel, aber auch in Ferienhäusern des Landmark Trust in denkmalgeschützten Bauten: Pond Cottage (6), Swiss Cottage (4), www.landmarktrust.co.uk*

In der Nähe Dartmoor, The Garden House** (33), Cotehele (38), Pinsla Garden & Nursery (47)

28 Holbrook Garden

Sampford Shrubs, Sampford Peverell, Tiverton, Devon EX16 7EN
Telefon +44 (0) 1884 821 164
www.holbrookgarden.com

Besitzer Martin Hughes-Jones und Susan Proud
Der Garten in Stichworten Zeitgenössischer Cottage-Garten, Nutzgarten, Staudenrabatten, Wiesen-, Wald- und Schattengarten, Frühlingsblüher, Nationale Sammlung von Sonnenbraut *(Helenium)*
Entstehungszeit 1980
Gestalter Martin Hughes-Jones und Susan Proud
Größe 1 ha

Holbrook ist ein für England neuartiger Garten, eine moderne Version des Cottage-Gartens, in den offenen, sonnigen Bereichen mit Stauden und Gräsern bestückt, die eher auf dem europäischen Festland zu finden sind und im Spätsommer und Herbst einen Höhepunkt bilden. Es ist ein Garten, in dem Vögel und Insekten leben und der von Zwitschern und Summen erfüllt ist. Der Garten, ein Dreieck, das sich vor dem Wohnhaus erstreckt, ist voll gepackt mit interessanten Pflanzenkombinationen, die nach Standortbedingungen gegliedert sind. Schmale Kieswege und kleine Geröllfelder ziehen sich im oberen Abschnitt des Gartens zwischen den zahlreichen Pflanzen hindurch zum schattigen unteren Teil, wo Rhododendren entlang dem tief eingeschnittenen Bach gedeihen.

Versteckt in der Mitte liegt der Nutzgarten, der ebenso wie die anderen Bereiche nach organischen Prinzipien bewirtschaftet wird. Je länger man durch den Garten wandert, desto mehr entdeckt man, zum Beispiel die kleine artenreiche Blumenwiese, die Bananenstauden, die hier ganz selbstverständlich stehen, Clematis, die über Bäume wächst, und die Schattenbepflanzung in der waldartigen Zone.

Die Anlage wird von den Besitzern stetig weiterentwickelt, die auch mit neuartigen, lang anhaltenden Pflanzenkombinationen experimentieren, welche ohne das übliche Pflanzgerüst stehen und auch mit wenig Wasser auskommen können.

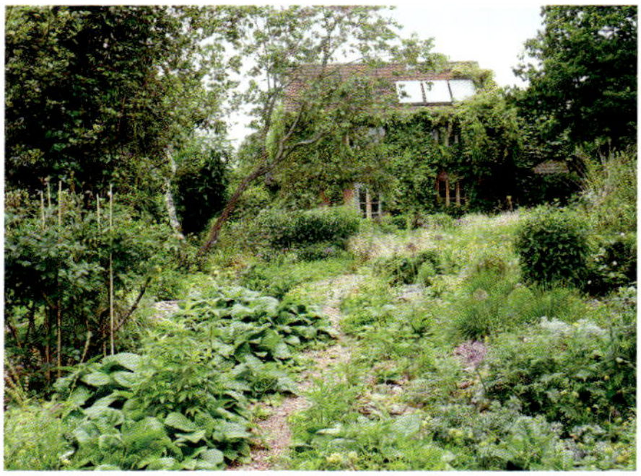

Die angeschlossene Gärtnerei, gut bestückt mit Stauden, Gräsern, Rosen und einem kleinen Sortiment an Gehölzen, bildet den Auftakt wie auch das Ende des Besuchs. Im Gegensatz zu manchem National-Trust-Garten, wo eine derartige Einrichtung als Verkaufs-

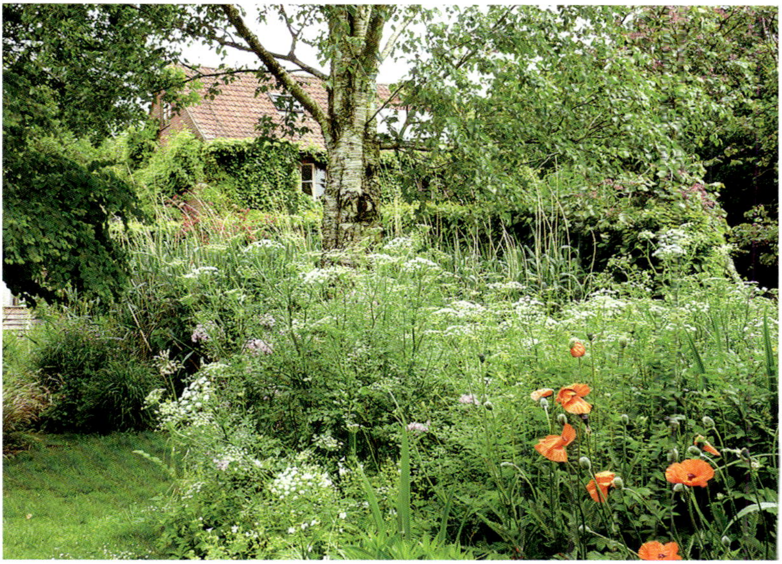

falle wirkt, ist sie hier absolut selbstverständlich und eine Bereicherung denn so kann man bewunderte Pflanzen und Kombinationen gleich für den heimischen Garten erwerben und mitnehmen.

Empfohlene Jahreszeit Frühling und Spätsommer, Herbst
Mindestzeit für einen Besuch 40 Minuten
Anfahrt *Öffentliche Verkehrsmittel:* Bus IA von Exeter nach Tiverton, Ausstieg Weighbridge, dann zu Fuß auf der Holcombe Rogus Road
Pkw: M 5 Ausfahrt 27 auf die A 361 nach Tiverton, gleich die nächste Ausfahrt am Verkehrskreisel rechts (beschildert), aber Achtung: kurz dahinter über die Schnellstraße und am nächsten Verkehrskreisel die zweite Ausfahrt (geradeaus) über den Kanal nehmen, die Straße hinauf, der Garten liegt auf der linken Seite, Einfahrt ist leicht zu übersehen.
Öffnungszeiten 1. April–16. September, Dienstag–Freitag 10.00–17.00 Uhr
Eintrittspreise (2017) Erwachsene £ 4, Kinder bis 14 Jahre und RHS-Mitglieder frei

auch Gehölze unter Sampford Shrubs www.samshrubs.co.uk, Versand nur innerhalb UK; *Seminare;* *nasse überhängende Vegetation*

In der Nähe Broadleigh Gardens and Nursery (18), Cothay Manor and Gardens* (20), Killerton (29), Knightshayes Court Garden* (30), Tiverton

29 Killerton

Broadclyst, Exeter, Devon EX5 3LE
Telefon +44 (0) 1392 88 1345
www.nationaltrust.org.uk
killerton@nationaltrust.org.uk

Besitzer National Trust, seit 1944
Der Garten in Stichworten Historisch, Landschaftsgarten, Rosengarten, Waldgarten mit seltenen Gehölzen, Staudenrabatten, Frühlingsblüher
Entstehungszeit 1770er Jahre und 1900
Gestalter John Veitch, William Robinson
Größe 8,5 ha

Killerton bildet mit dem benachbarten Dorf Broadclyst einen Mikrokosmos in einer Landschaft, die von Autobahnen und Schnellstraßen zerschnitten ist; es gehört zu den weniger bekannten Anwesen des National Trust. Das verputzte, helle Herrenhaus, erbaut 1778 im georgianischen Stil für Sir Thomas Acland, ist elegant und vornehm und bietet einen schönen Blick über die parkartige Landschaft.

Die Krönung der Anlage bildet jedoch der Garten, der sich an einer Seite des Hauses in einem lang gestreckten Dreieck den Hang entlang entwickelt. Hier haben zwei der bedeutendsten Pflanzenzüchter und Landschaftsgärtner Englands gearbeitet, John Veitch (1752–1839) und William Robinson (1838–1935). Die große Terrasse in der Nähe des Hauses, angelegt 1900 als Rosengarten, ist nur der erste Bauabschnitt einer wesentlich größeren Anlage, die Robinson plante. Die Rosen tun sich allerdings auf Devons saurem Boden schwer und wurden teilweise durch andere Pflanzen ersetzt. Was Killerton jedoch auszeichnet, ist Veitchs Waldgarten voller Raritäten und »Riesenbäume« wie dem Mammutbaum *(Sequoiadendron giganteum)*; viele wurden hier erstmals gepflanzt.

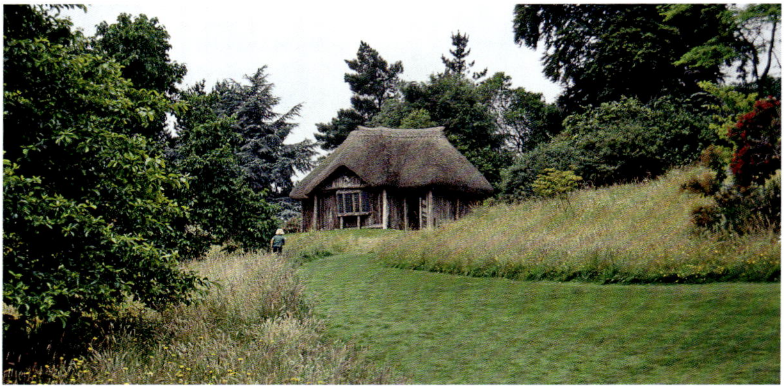

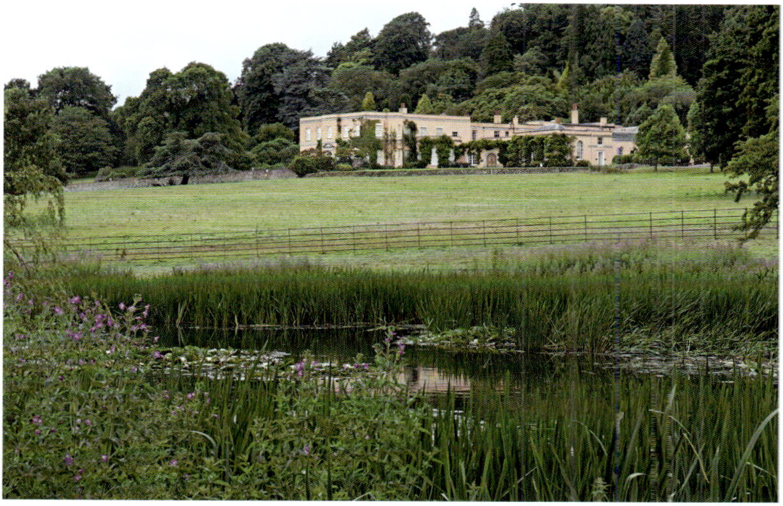

Der Garten wurde gleichzeitig mit dem Bau des Hauses angelegt, er hat etwas Geheimnisvolles und Verwunschenes, ist aber dennoch einladend. Lichtungen, wie etwa die kleine Steingrube, ein von kleineren Wegen durchschnittener Schattengarten mit Farnen oder die etwas größere Fläche um die »Bärenhütte«, eine rustikale Sommerhütte, die aus Astwerk und mit einem ungewöhnlichen und gewöhnungsbedürftigen Bodenbelag aus Knochenresten (nicht betretbar) errichtet wurde, um tatsächlich einen Bär zu beherbergen, sind weitere Besonderheiten dieses Gartens.

Empfohlene Jahreszeit Frühling
Mindestzeit für einen Besuch 1 ½ Stunden
Anfahrt *Öffentliche Verkehrsmittel:* Bus Exeter nach Tiverton Parkway, ab hier Stagecoach 1/A/B bis Killerton Turn (Busfahrer fragen), dann ca. 1 km zu Fuß
Pkw: Von M 5 Ausfahrt 30 (von Norden kommend) B 3181 über Pinhoe nach Broadclyst, M 5 Ausfahrt 28, parallel zu M 5 bis Broadclyst; von A 30 vor Exeter B 3185 Dog Village nach Broadclyst
Öffnungszeiten Park und Garten ganzjährig 10.30–19.00 Uhr bzw. bis Sonnenuntergang
Eintrittspreise (2017) Garten Erwachsene £ 11, Kinder £ 5,50, NT-Mitglieder frei

Kunstmuseum im Haus; Ferienhäuser des NT, alle in Broadclyst: Broadley Cottage (6), Mattress Cottage (5), Longmeadow Cottage (4), Forest Cottage (6), Hollis Head Cottage (6);

In der Nähe Holbrook Garden (28), Knightshayes Court Garden* (30)

30 Knightshayes Court Garden*

Bolham, Tiverton, Devon EX16 7RQ
Telefon +44 (0) 1884 254665
www.nationaltrust.org.uk
knightshayes@nationaltrust.org.uk

Besitzer National Trust, seit 1973
Der Garten in Stichworten Historisch, Landschaftsgarten, Waldgarten, Nutzgarten, Gartenräume, Formschnitt, Staudenrabatten, Plattengarten, Wasserbecken, Frühlingsblüher
Entstehungszeit Seit 1869
Gestalter Familie Heathcoat-Amory
Größe 20 ha

Mitten in der sanften Landschaft Nord-Devons mit Blick über das Exe-Tal zur Kleinstadt Tiverton steht eines der besten Beispiele in England für ein neugotisches Herrenhaus mit weitläufigem Garten. Erbaut 1869 für den Industriellen Sir John Heathcoat-Amory nach einem Entwurf von William Burges, verkörpert Knightshayes Court die Viktorianische Zeit mit ihrem Streben nach Neuem und Neuartigem und gleichzeitig mit ihrer Sehnsucht nach der Vergangenheit. Die Aufteilung des Gartens in formale Terrassen, gesäumt von Blumenbeeten in der Nähe des Hauses, und intimere Gartenräume, teilweise mit witzigen Details wie Topiary-Figuren versehen, ist in ihrer eklektischen Mischung typisch für die Zeit.

Die große Überraschung ist der »Garten im Wald« mit vielerlei Ziergehölzen, neben Rhododendren und Magnolien auch Hortensien und Japanischer Ahorn, die für ein Farbspektakel im Herbst sorgen. Was Knightshayes Court von anderen Gärten unterscheidet, sind die Kontinuität der Entwicklung und die sorgfältige Pflege unter Respektierung des Gartenstils. Ein neues Projekt ist der Wiederaufbau des viktorianischen Walled Garden, des 1,6 Hektar umfassenden Nutzgartens mit Obst, Gemüse und Schnittblumen.

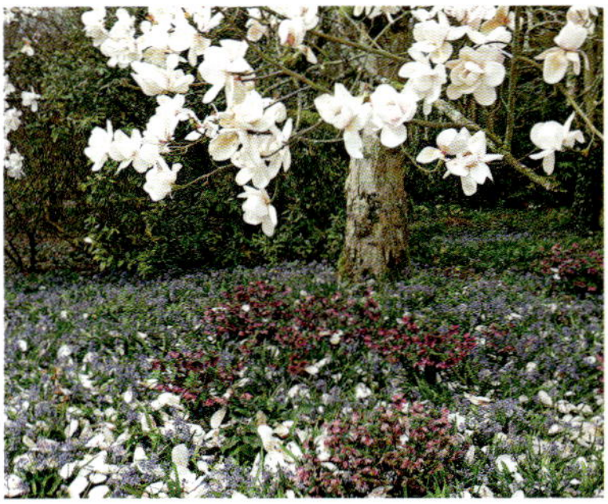

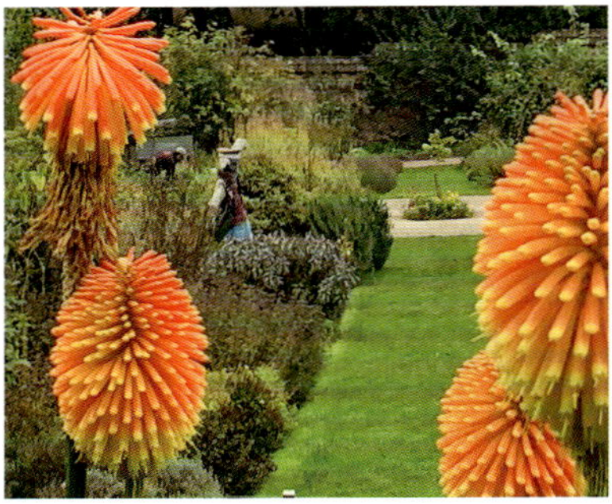

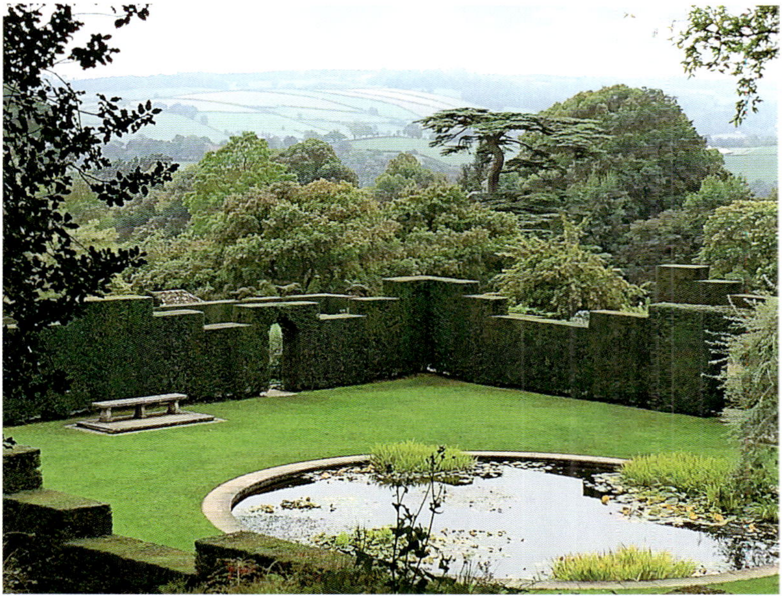

Empfohlene Jahreszeit Frühling, Sommer, für den Nutzgarten Herbst
Mindestzeit für einen Besuch 1 ½ Stunden
Anfahrt *Öffentliche Verkehrsmittel:* Von Tiverton Parkway Bus 55 A/B nach Tiverton-Stadt, von hier Bus First 398 Richtung Minehead, bei Bolham aussteigen, 1,2 km Fußweg
Pkw: M 5 Ausfahrt 27 Tiverton, A 373 Richtung Tiverton, beim Verkehrskreisel A 396 nach Minehead, beim ersten Dorf Botham der Beschilderung nach Knightshayes Court folgen
Öffnungszeiten Hauptsaison 13. März – 31. Oktober täglich 11.00 – 17.00 Uhr, Januar geschlossen, andere Zeiten laut Webseite
Eintrittspreise (2017) Park und Garten Erwachsene £ 11, Kinder £ 5,50, NT-Mitglieder frei

Das Stables Café wurde umgestaltet. Das kleinere, aber stimmungsvolle Conservatory Café direkt am Haus mit Blick auf den Garten ist wesentlich authentischer, leider nur im Sommer geöffnet. *NT-Ferienhaus 2 Back Lodge (4);*

In der Nähe Holbrook Garden (28), Killerton (29)

31 Overbeck's Museum and Garden*

Sharpitor, Salcombe, Devon TQ8 8LW
Telefon +44 (0) 1548 842 893
www.nationaltrust.org.uk
overbecks@nationaltrust.org.uk

Besitzer National Trust, seit 1937
Der Garten in Stichworten Subtropischer Garten am Hang, Terrassen, Orangerie, Waldgarten, Frühlingsblüher
Entstehungszeit 1901
Gestalter Edric Hopkins, Capt. George Medlicott Vereker, Otto Overbeck
Größe 2,75 ha

Die Südküste Devons mit ihrem ausgesprochen milden Klima wird auch die englische Riviera genannt. Overbecks Garten, benannt nach dem Forscher Otto Overbeck, Besitzer des Anwesens von 1928 bis 1937, hat tatsächlich Ähnlichkeit mit den Gärten an der französischen Riviera. In Abschnitten sehr steil, mit schmalen, in den Hang geschnittenen Terrassen, ist der Garten mit Raritäten gefüllt, die andernorts im englischen Klima nicht gedeihen würden, wie etwa Flaschenputzer *(Callistemon citrinus)*, Baumfarne *(Dicksonia ant-arctica)*, Samtpalme *(Abutilon)* oder Bananenstauden.

Das hoch über der Bucht liegende Haus ist nur auf abenteuerliche Weise über schmale, kurvenreiche, steile Straßen zu erreichen und bietet eine einmalige Aussicht, meisterhaft umrahmt von Vegetation. Während so mancher Hanggarten nur wegen des Ausblicks den Elementen ausgesetzt angelegt wird, ist Overbeck's Garden intim, geschützt und weitläufig zugleich. Drei Hauptterrassen ziehen sich um den Hang, eine jede ein Gartenbereich für sich: der Statuengarten mit formalen Beeten, der Geheime Garten mit einer Palme als Mittelpunkt auf der mittleren Ebene und mit Blick von ausgewiesenen Standorten auf das Parterre, und das Orangenhaus auf der untersten Ebene. Zwar ist der Garten nach ihm benannt, doch hat Otto Overbeck ihn von seinem Vorbesitzer übernommen und weiter gepflegt; die Anordnung der Anlage stammt von Edric Hopkins.

Empfohlene Jahreszeit Vorfrühling und Spätsommer außerhalb der Ferienzeit
Mindestzeit für einen Besuch 45 Minuten
Anfahrt *Öffentliche Verkehrsmittel:* Keine direkte Verbindung, jedoch vom Südwestküstenweg gut zu erreichen
Pkw: Ab Kingsbridge A 381 Richtung Salcombe; ab Salcombe ist die Zufahrt gut beschildert. Für die Fahrt zu Overbecks sind gute Nerven und alpine Erfahrung von Nutzen. Die Strecke ist schön, führt an zwei Sandstränden vorbei, aber auch über kurvenreiche, enge, steile Straßen, die Fahrt ist daher langwierig. Von Marlborough (vor Salcombe) aus ist der Weg kürzer und einfacher, aber nicht beschildert; in der

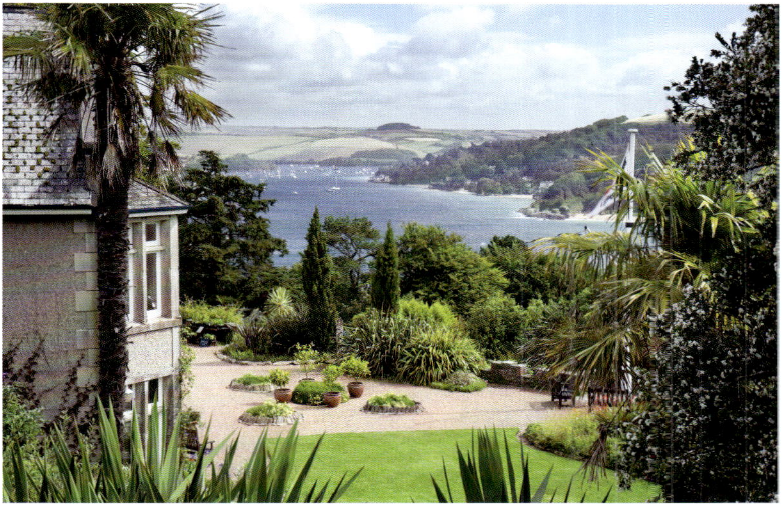

Ortsmitte rechts, bei Plymton Cross rechts nach Plympton Farm, hier rechts durch Combe bis South Sands, an der Kreuzung rechts den Hügel hinauf zum Haus. Die Zahl der Parkplätze am Haus ist beschränkt, aber es ist möglich, den Wagen an der Zufahrtsstraße abzustellen.
Öffnungszeiten 1. Februar – 11. März, Montag – Donnerstag von 11.00 – 16.00 Uhr; 13. März – 15. Juli und 6. September – 31. Oktober täglich außer Freitag, 11.00 – 17.00 Uhr; 17. Juli – 5. September täglich 11.00 – 17.00 Uhr; 1. November – 30. Dezember Montag – Donnerstag 11.00 – 16.00 Uhr
Eintrittspreise (2017) Erwachsene £ 8,80, Kinder £ 4,40, NT-Mitglieder frei

bedingt, Garten am Hang, teilweise sehr steil; P *eingeschränkt; Jugendherberge;*

In der Nähe Salcombe

Landhaushotel mit Garten und Charakter Ein Country-House-Hotel ist der ideale Ort, den vornehmen englischen Lebensstil kennenzulernen und ein Wochenende auf dem Land in erlesenem Ambiente, »so very English«, zu erleben. Feinschmecker kennen Gidleigh Park mit seinen zwei Michelin-Sternen als die Adresse Englands; weniger bekannt ist der Garten, Teil der insgesamt 43 Hektar großen Anlage. Führungen des Head Gardener durch den Garten mit anschließendem Mittagessen und anderem mehr werden an bestimmten Tagen angeboten.
www.gidleigh.co.uk

32 RHS Garden Rosemoor**

Great Torrington EX38 8PH
Telefon +44 (0) 1805 624 067
www.rhs.org.uk/rosemoor
rosemooradmin@rhs.org.ok

Besitzer The Royal Horticultural Society
Der Garten in Stichworten Sichtungsgarten, Arboretum, Waldgarten, zeitgenössischer Lehrgarten mit zahlreichen Themenbereichen, u. a. Rosengarten, Nutzgarten, Kräutergarten, Cottage-Garten, Wintergarten, Alpinum, Formschnitt, Glashaus, Gewächshaus, Staudenrabatten, Wald- und Schattengarten, Frühlingsblüher
Entstehungszeit Seit 1959 aus der Struktur eines Gartens des 19. Jahrhunderts, Themengärten 1988
Gestalterin Lady Anne Palmer, RHS, mit unterschiedlichen Gestaltern
Größe 26 ha

Manche Lehrgärten haben etwas Trocken-Sachliches an sich, doch Rosemoor steckt voller Ideen und Individualität, und das zu jeder Jahreszeit. Es ist das Verdienst der Royal Horticultural Society (RHS), dass jeder ihrer regionalen Schaugärten seine Identität hat. Rosemoor ist relativ jung, hat zwei ganz unterschiedliche Teile und ist daher eine wahre Fundgrube für Gärtner und Pflanzenliebhaber. Am Hang vom Wohnhaus zur Landstraße erstreckt sich der 3,2 Hektar große Lady Annes Garden. Er wird seit 1959 auf der Grundlage eines typisch viktorianischen Gartens mit imposanten Bäumen und Wegen entwickelt, »neuere« Ergänzungen wie ein Zierkirschgarten, ein exotischer Garten mit Ingwerlilien *(Hedychium)* und ein Mittelmeergarten fügen sich nahtlos ein. Als die Anlage 1988 samt angrenzendem Land der RHS überschrieben wurde, begann eine zweite Phase der Entwicklung.

Durchaus gewagt war die Entscheidung, den Garten im Sinne von Lady Anne weiterzuentwickeln. Das 13 Hektar große Wiesengrundstück auf der anderen Seite der Talstraße wurde in eine Folge von Themengärten mit Besucher- und Schulungszentrum umgestaltet. Aus der Vielfalt sind der Wintergarten, eine über 200 Meter lange Prachtrabatte, die quer durch den zentralen, formalen Garten verläuft und einen würdigen Übergang zu den Rosengärten bildet, sowie auch der Nutzgarten zu erwähnen. Ein Fußgängertunnel verbindet den »alten« mit dem »neuen« Garten.

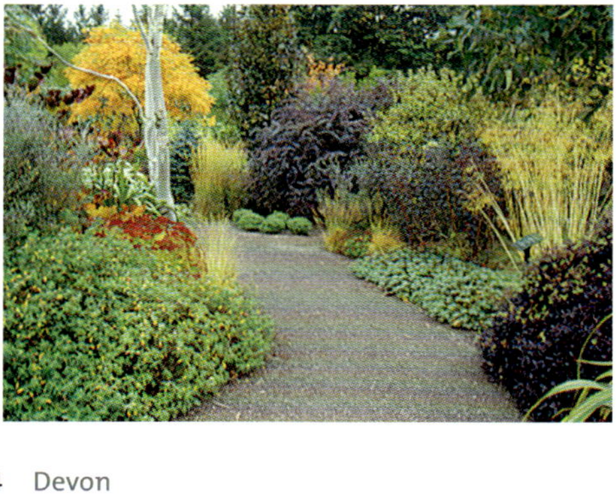

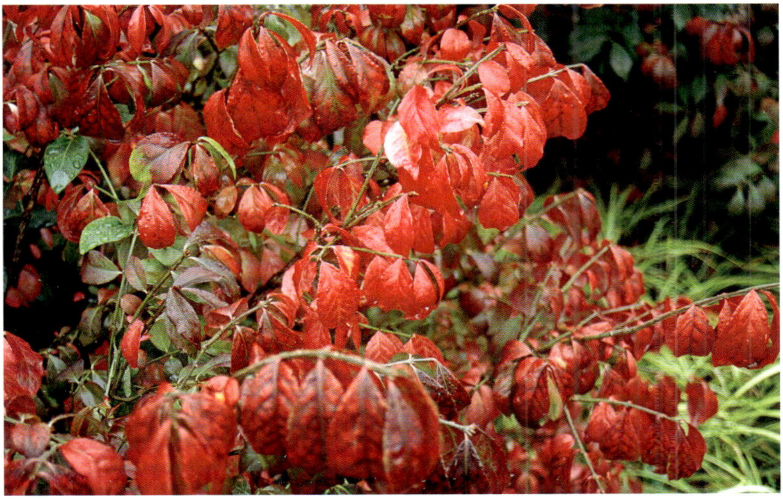

Empfohlene Jahreszeit Ganzjährig
Mindestzeit für einen Besuch 2 ½ Stunden. Wegen der Fülle an Pflanzen und Ideen empfiehlt es sich, in den neuen Themengärten zu beginnen und eine Pause im ruhigen Lady Annes Garden einzulegen.
Anfahrt *Öffentliche Verkehrsmittel:* Stagecoach Bus 315 von Exeter bis Barnstaple und zurück, hält direkt bei Rosemoor Garden, 01392 427711
Pkw: 1 Stunde von M 5 Ausfahrt 27 Tiverton, A 361 und B 3227 nach Great Torrington (teilweise enge Straßen); von Süden A 30 vor Okehampton, A 386 Richtung Bideford, in Great Torrington Schilder beachten
Öffnungszeiten Ganzjährig, täglich 10.00–17.00 Uhr
Eintrittspreise (2017) Erwachsene £ 11, Kinder (6–16 Jahre) £ 5,50, RHS-Mitglieder frei

nur in Lady Annes Garten, Hanglage; *RHS-Ferienwohnungen, Magnolia (2), Camellia (4), Azalea (4)*

In der Nähe Dartington Crystal, Torrington Devon EX38 7AN, www.dartington.co.uk, gegründet 1967 unter dem Namen Dartington Glass, um neue Industrie und Arbeitsplätze in Nord-Devon einzurichten,. Ein Projekt des Dartington Hall Trust.

Mitglied bei Royal Horticultural Society (RHS) werden Für einen Jahresbeitrag bekommt man nicht nur freien Eintritt zu den RHS-Gärten und Partnergärten sowie Prioritätenbuchung bei der RHS-Schauen, sondern auch die informative monatliche Zeitschrift *The Garden*. www.rhs.org.uk

33 The Garden House**

Buckland Monachorum, Yelverton, Devon PL20 7LQ
Telefon +44 (0) 1822 854 769
www.thegardenhouse.org.uk
office@thegardenhouse.org.uk

Besitzer The Fortescue GardenTrust, seit 1961
Der Garten in Stichworten Cottage-Garten, Sammlergarten, Wald- und Schattengarten, Terrassen, Gartenräume, Staudenrabatten, Blumenwiese, Steingarten mit Teich, Frühlingsblüher (der Head Gardener ist ein Blumenzwiebelfan)
Gestalter Lionel Fortescue, Keith Wiley
Entstehungszeit Ab 1945
Größe 2,8 ha

Die meisten Gärten führen nach dem Tod ihres Gründers ein museales Dasein, doch The Garden House hat sich unter der Führung der Head Gardener weiterentwickelt. Der Garten ist ein Paradies für Pflanzenliebhaber, mit Raritäten und ungewöhnlichen Pflanzen- und Gestaltungskombinationen. Kleinteilig im Aufbau, mit einem an Spaghetti erinnernden Wegenetz und willkürlich eingestreuten Themenbereichen, erscheint der Garten zunächst ohne Zusammenhalt. Der größere Teil des Gartens erstreckt sich wie ein Plateau seitlich des Hauses über die Zufahrt nach Westen. Eine lange, locker mit Gehölzen gesäumte Achse zieht sich bis ans Gartenende und verbindet die seitlich angeordneten Themenbereiche; nur zu rasch kann man hier etwas übersehen, sich ablenken lassen und die Zeit vergessen.

Im älteren, terrassierten Gartenteil unterhalb des Wohnhauses fällt die Orientierung leichter, sobald man den Eingang gefunden hat. Es gibt den romantischen Zutritt, eine Lücke zwischen den Gehölzen und erreichbar über die Rasenfläche vor dem Haus, den sachlichen Eingang von der Zufahrt aus in den unteren ummauerten Garten oder den Durchschlupf zu den Terrassen in der Nähe der Toiletten. Das alte Mauerwerk und der Turm, der einen Blick auf den Garten aus der Vogelperspektive erlaubt, wurden integriert; sie unterstreichen die lockere, romantische Stimmung.

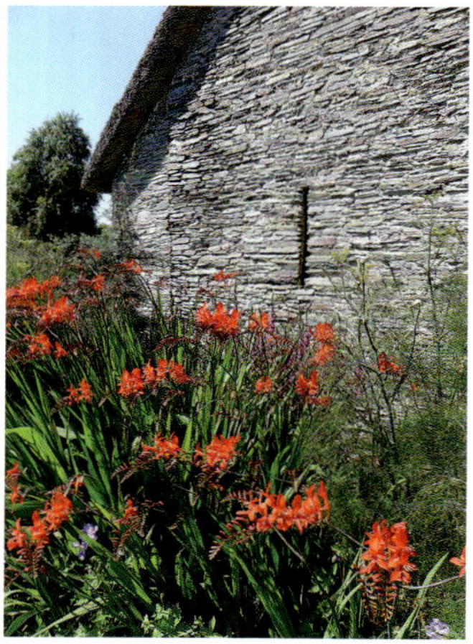

Begonnen 1945 und über einen Zeitraum von vierzig Jahren entwickelt, spiegelt The Garden House die Pflanzenleidenschaft des Ehepaars Fortescue wider. Die Bodenverhältnisse auf dem Grundstück des ehemaligen Pfarrhauses,

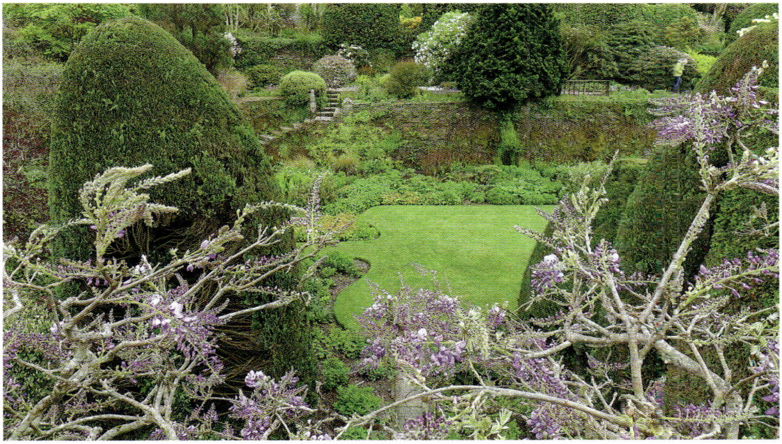

saure Böden um das Haus und kalkhaltige im Tal auf dem Standort des alten Küchengartens, waren ideal für ihr Vorhaben. So konnten neben Rhododendren und Azaleen auch Stauden und Rosen standortgerecht gepflanzt werden.

Was den Garten zusammenhält, ihm seine *raison d'être* gibt, sind die Pflanzen. Hier und da werden Gäste auf der Suche nach beispielgebender Gestaltung mit vorbildlichen Motiven belohnt: dem Ovals Garden neben dem ummauerten Garten, dem Blick den Long Walk hinunter, eine Achse, unterbrochen und gefiltert von seitlichen Gehölzen, sowie dem Magic Circle, der tatsächlich etwas Zauberhaftes hat.

Empfohlene Jahreszeit Frühjahr, Frühsommer und auch Herbst
Mindestzeit für einen Besuch 1 ½ Stunden, besser aber mehrere Stunden mit Mittagspause oder Afternoon Tea im Café
Anfahrt *Öffentliche Verkehrsmittel* erschwert: Bis Yelverton Bus 83 von Plymouth bis Tavistock, zwischen Yelverton und Buckland Monachorum schlechte öffentliche Verkehrsverbindung
Pkw: Von Tavistock A 386 Richtung Plymouth, ab Yelverton beschildert, Straße nach Crapstone und Buckland Monachorum über Roborough Down, offenes Weideland (Vorsicht! Schafe)
Öffnungszeiten 27. Februar – 31. Oktober, 10.30 – 17.00 Uhr, letzter Einlass 16.30 Uhr
Eintrittspreise (2017) Erwachsene £ 7,50, Kinder £ 3,30

bedingt, enge Wege und Stufen, oberer Garten besser zugänglich, Zugang zum Walled Garden von der Zufahrtsstraße; P

In der Nähe Dartmoor, Endsleigh (27)

Cornwall, vom Golfstrom verwöhnt

Kontraste und Extreme

Wenn man durch die weite, scheinbar endlose Hochland-Landschaft von Bodmin Moor in den sonnigen Süden fährt, glaubt man kaum, dass es fruchtbare, grüne Täler, geschweige denn Gärten in unmittelbarer Nähe geben könnte. Aber so ist Cornwall, voller Extreme, ein Nebeneinander von einsamen, verlassenen Landschaften, Relikten industrieller Vergangenheit – und wunderschönen Gärten. Im Ferienparadies mit einigen der teuersten Immobilien Großbritanniens herrschen Armut und Arbeitslosigkeit; Cornwall gehörte zu den Entwicklungsgebieten der EU. Cornwall ist ein Land für sich, vom Meer geprägt und mit einer keltischen Vergangenheit, die in dem alten Namen für Cornwall, Kernow, wie auch in den Ortsnamen weiterlebt.

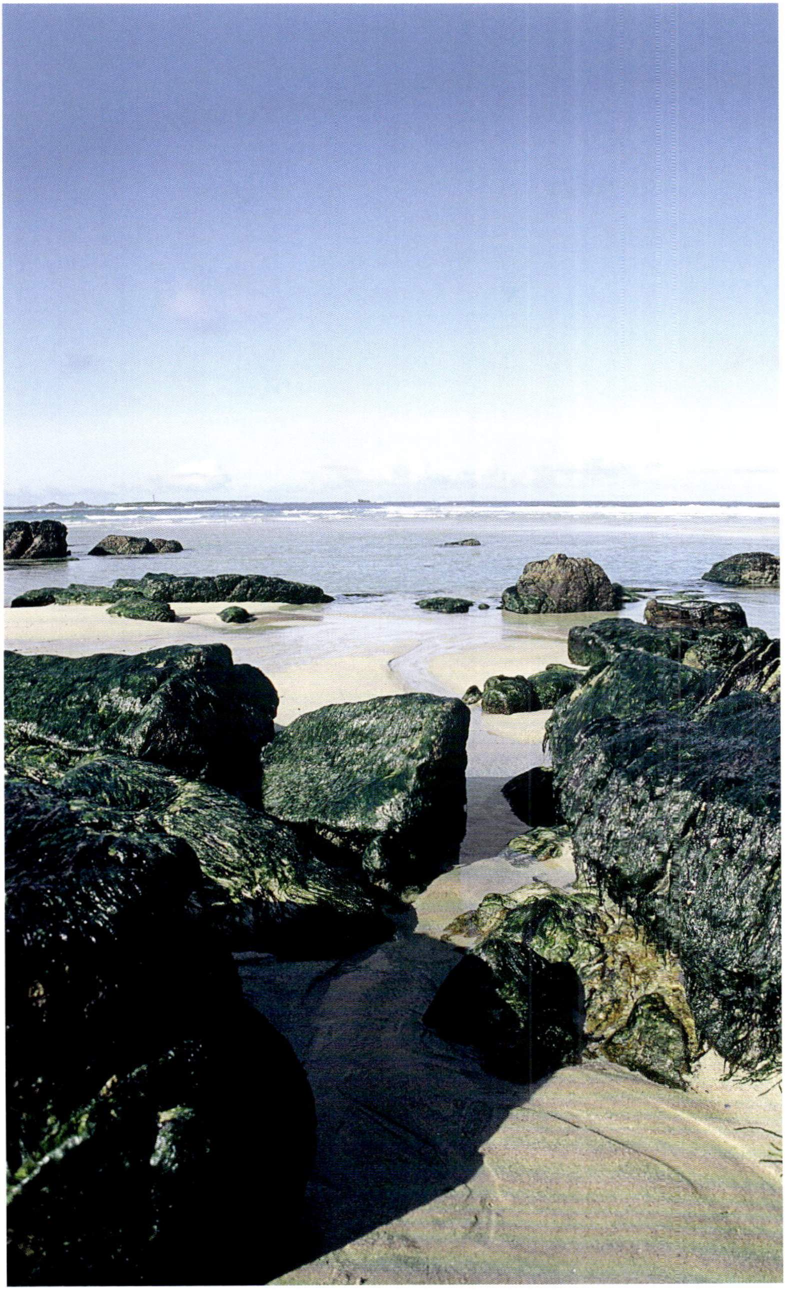

Die Gärten von Cornwall

Waldgärten par excellence

Cornwall ist ein Paradies für Liebhaber von Rhododendren, Kamelien, Magnolien und Narzissen. Lange bevor der Frühling sich im restlichen Land durchsetzt, hat er in Cornwalls geschützten Lagen bereits begonnen und setzt Farbtupfer in eine sonst triste Winterlandschaft. Genauso eigen wie die Grafschaft sind auch die Gärten. Sie haben eine andere Gestalt als die sonst bekannten englischen Cottage-Gärten mit ihren Stauden und Rosen. In Cornwall bestimmen Gehölze und Geophyten das Bild. Sie fügen sich in die Landschaft ein, schmiegen sich in die langen, schmalen Täler, die sich fingerartig zum Fluss oder Meer ziehen, und bilden einen scheinbar nahtlosen Übergang zu den stark bewaldeten Creeks, den Seitentälern und -armen der Flüsse, die direkt ins Meer fließen. Dschungelartig, undurchdringlich wirkend, aber hochromantisch und einst eng mit dem Schmuggelwesen verbunden, sind die Creeks eine Welt für sich. Diese verwunschene Atmosphäre kennzeichnet auch die Gärten, in denen man das Gefühl hat, auf Entdeckungsreise zu sein, selbst wenn man sie gut kennt.

Dank des Golfstroms herrscht in den geschützten Lagen der Täler an der südöstlichen Küste ein ideales Mikroklima für Pflanzen aus subtropischen Gegenden. Hohe Luftfeuchtigkeit (durchschnittlich 80 Prozent), mäßige Temperaturen zwischen 5 °C im Winter und 24 °C im Sommer, selten anhaltender Bodenfrost, kaum Schneefall und viele Sonnentage, dazu ein saurer Boden bieten die besten Voraussetzungen für das Gedeihen von Rhododendren, Magnolien und Kamelien. Diese günstigen Verhältnisse finden sich aber lokal nur sehr begrenzt, ansonsten sind in Cornwall winterliches Schneetreiben und Bodenfrost auf den exponierten Hochmooren, beispielweise Bodmin Moor, gang und gäbe.

Maßgeblich für die Entwicklung der Gartenkultur im 19. Jahrhundert waren die florierende Wirtschaft und das Interesse an Botanik. Das Geld kam aus den Bergwerken, den Kolonien, der Schifffahrt und dem Handel. Das Interesse wurde befeuert durch die von den Überseeexpeditionen mitgebrachten Pflanzen; in ihm spiegelt sich der Geist der Viktorianischen Zeit als Offenheit für Neuheiten und Entwicklungen aller wissenschaftlichen Zweige. Neues und Exotisches waren gefragt, und genau das lieferte das neuartige Pflanzmaterial. So wurde Cornwall zu einem einzigartigen Experimentierfeld. Der große Einbruch kam nach dem Ersten Weltkrieg, als Tausende Menschen auf den Feldern von Flandern starben und mit ihnen auch das Wissen und die Arbeitskraft, derer die pflegeintensiven Gärten bedürfen. Von einstmals Hunderten von Gärten ist heute nur noch ein Bruchteil vorhanden, und man fragt sich, wie viele noch unter Lianen verborgen sind. Was aber Cornwall auszeichnet, abgesehen von den historischen oder restaurierten Gärten, ist die Tatsache, dass jene Begeisterung für Gärten und Pflanzen auch in neuen Gärten wie Lamorran oder The Eden Projekt fortlebt.

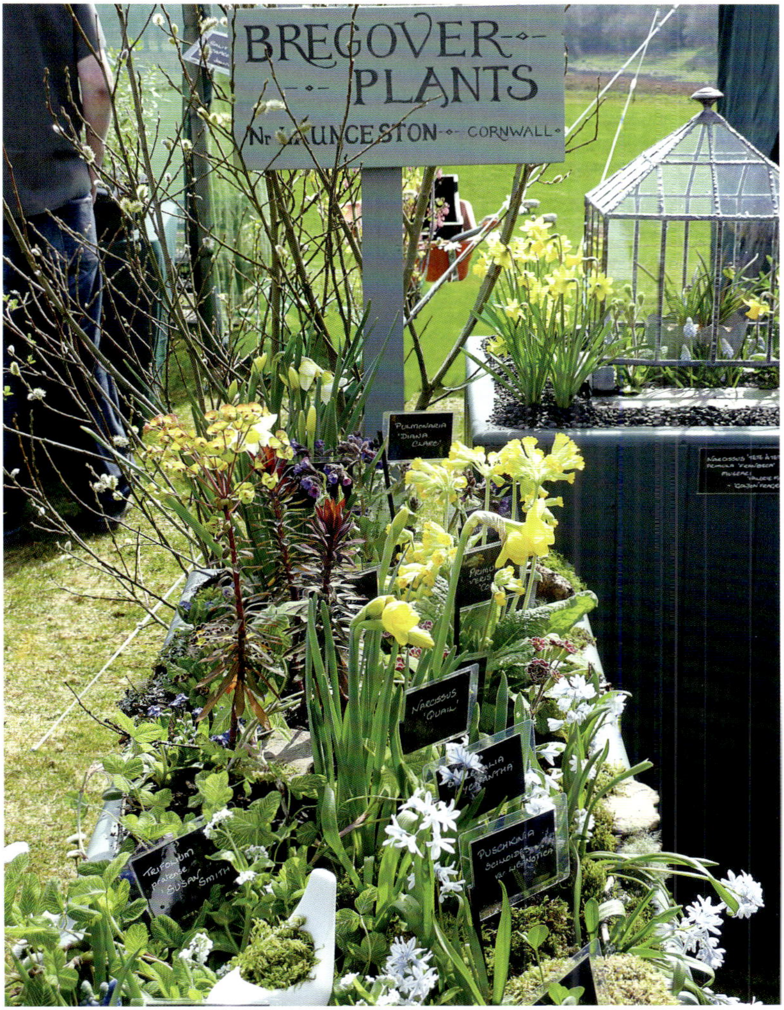

Ein Höhepunkt des Gartenkalenders ist die Cornwall Spring Show

The Cornwall Spring Flower Show, veranstaltet von der Cornwall Garden Society, findet jährlich Anfang April statt. Hier trifft sich die Gartenwelt von Cornwall, zeigt Neuheiten, tauscht Ideen aus und erwirbt neue Pflanzen.
www.cornwallflowershow.co.uk

Typisch Cornwall

Die Hecken von Cornwall

Wer auf den schmalen Landstraßen Cornwalls, die von übermannshohen Erdwällen gesäumt sind und wie tiefe Furchen wirken, unterwegs ist, würde nie auf die Idee kommen, diese Einfriedungen als Hecken zu bezeichnen. Aber so werden sie hier genannt, denn in Cornwall gilt die Regel: Alles, was nicht aus bearbeitetem Naturstein errichtet wurde, ist eine Hecke, auch wenn keine Gehölze dabei sind.

Für die Bauern ist eine Einfriedung wichtig, nicht nur um ihren Grundbesitz zu kennzeichnen, sondern auch als Windschutz. Ein windstiller Tag auf der exponierten Landzunge zwischen dem Ärmelkanal und dem Atlantik ist etwas sehr Seltenes, wie die kleinwüchsigen Bäume erkennen lassen, die der vorherrschende Südwestwind in die Schräge gebogen hat. Als Baumaterial kam nur infrage, was zur Hand war: Erde, Feld- und Bruchsteine sowie Steine vom Strand. Angesichts des bescheidenen Materials ist die Vielfalt an Verlegemustern der Steine, die zur Befestigung der Erdmauern einfach eingedrückt wurden, erstaunlich; sie reichen vom Fischgrätmuster aus Schiefer, örtlich als »Jack & Jill« bezeichnet, bis zu massiven, in den Mauerverlauf eingebundenen Granitblöcken. Jeder Wanderer kennt nur zu gut die Variationen an Durchlässen und Überstiegen, von schmalen Treppen bis zu fast brückenartigen Konstruktionen oder engsten Spalten, durch die man sich nur mit Mühe quetschen kann und die Kühen und Schafen keine Chance geben, einen zu verfolgen.

Auch wenn Pflanzen nicht die Hauptkomponenten der Heckenstruktur ausmachen, sind sie doch aus botanischen, weniger aus konstruktionstechnischen Gründen ein wichtiger Bestandteil. Diese kleinen wilden Gärten sind eine Fundgrube für Botaniker; mit Farnen und Aronstab auf der Schattenseite sowie Narzissen, Primeln und vielen anderen Pflanzen mehr auf der der Sonne zugewandten Seite sind sie im Frühling einfach bezaubernd.

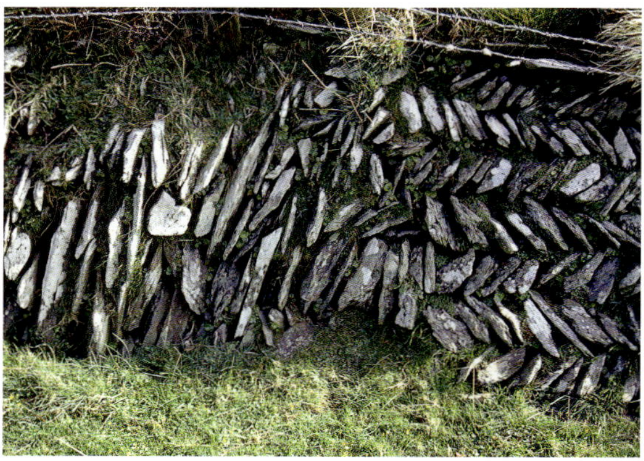

Eine typische »Hecke« in Cornwall mit im Fischgrätmuster verlegten Steinen

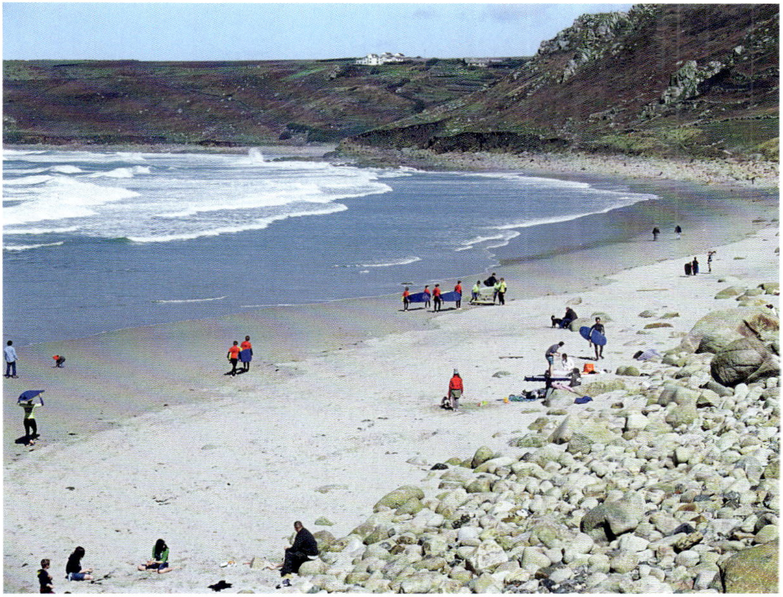

Sand und Surfer; Whitesand Bay, Sennen Cove

Sennen Cove und Surfer Selbst bei schlechtem Wetter ist Sennen Cove eine Bucht wie aus dem Bilderbuch. Lange atlantische Wellen brechen sich auf dem fast weißen Granitsandstrand; Surfer, wie kleine schwarze Punkte am Horizont, warten geduldig auf die großen Wellen.

Surfen für alle Altersgruppen: www.sennensurfingcentre.com, oder einfach von der Terrasse des Beach Restaurants aus zuschauen und die einzigartige, lässige, kalifornisch angehauchte Atmosphäre von Cornwall genießen, www.thebeachrestaurant.com. Eine deftige, aber gute Alternative: Fish and chips im Blue Lagoon – beim Essen im Freien auf die gierigen Monster-Möwen achten!

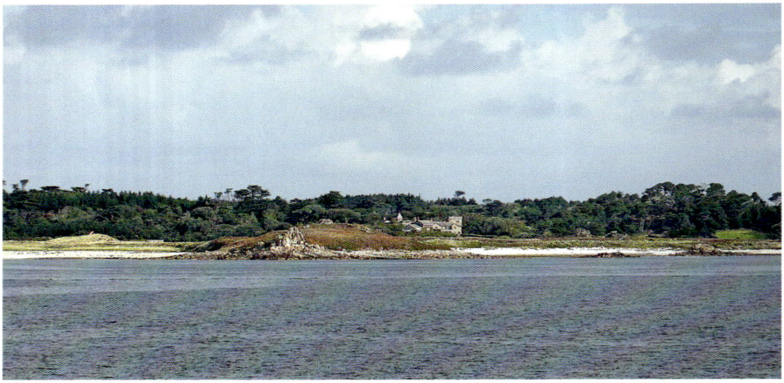

Insel Tresco

Die »Sonnen«-Inseln

Flach, mild und vom Wind geprägt liegen die Scilly-Inseln wie eine Brandung an der Schwelle des Ärmelkanals zum Atlantik, etwa 45 Kilometer südwestlich von Land's End. Von den Seefahrern wegen der zahlreichen Unterwasserfelsen gefürchtet, sind nur sechs der insgesamt über 140 Inseln des Archipels bewohnt. In früheren Zeiten, als der Meeresspiegel 100 Meter tiefer lag, war Scilly eine einzige Insel. Heute schauen nur die höheren Landmassen aus dem Wasser hervor und bilden eine Kette um die mittige geschützte Bucht The Roads. Das Leben auf den Inseln ist schwer, fast alles muss über den Luft- oder Seeweg herbeigeschafft werden. Man lebt mit dem Wasser; nicht der Pkw, sondern das Boot ist das Fortbewegungsmittel (unten). Schnittblumen und der Ruhm von Tresco Abbey Gardens (Seite 164) sind die Exportartikel. Darüber hinaus ziehen aber auch die raue Schönheit der Inseln, die langen einsamen Sandstrände, die gedrungene Vegetation in einem Patchwork von Farben, die bescheidenen Bauten und der unendliche Horizont sowie das ganz besondere Licht Jahr für Jahr die Touristen an. Wer die Natur liebt, gern wandert und Wellen beobachtet, ist hier am richtigen Platz. www.islesofscilly-travel.co.uk/routes

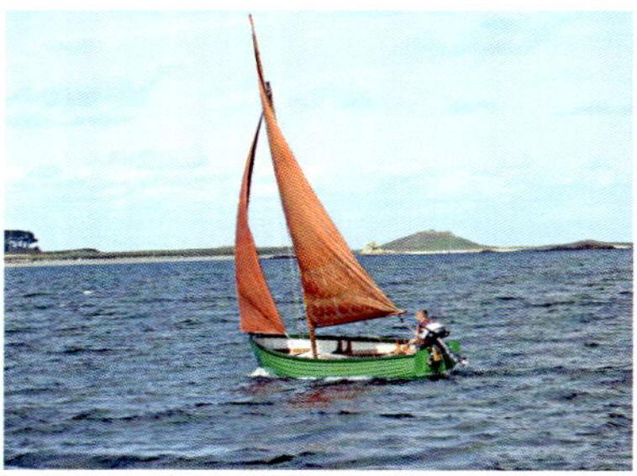

CORNWALL

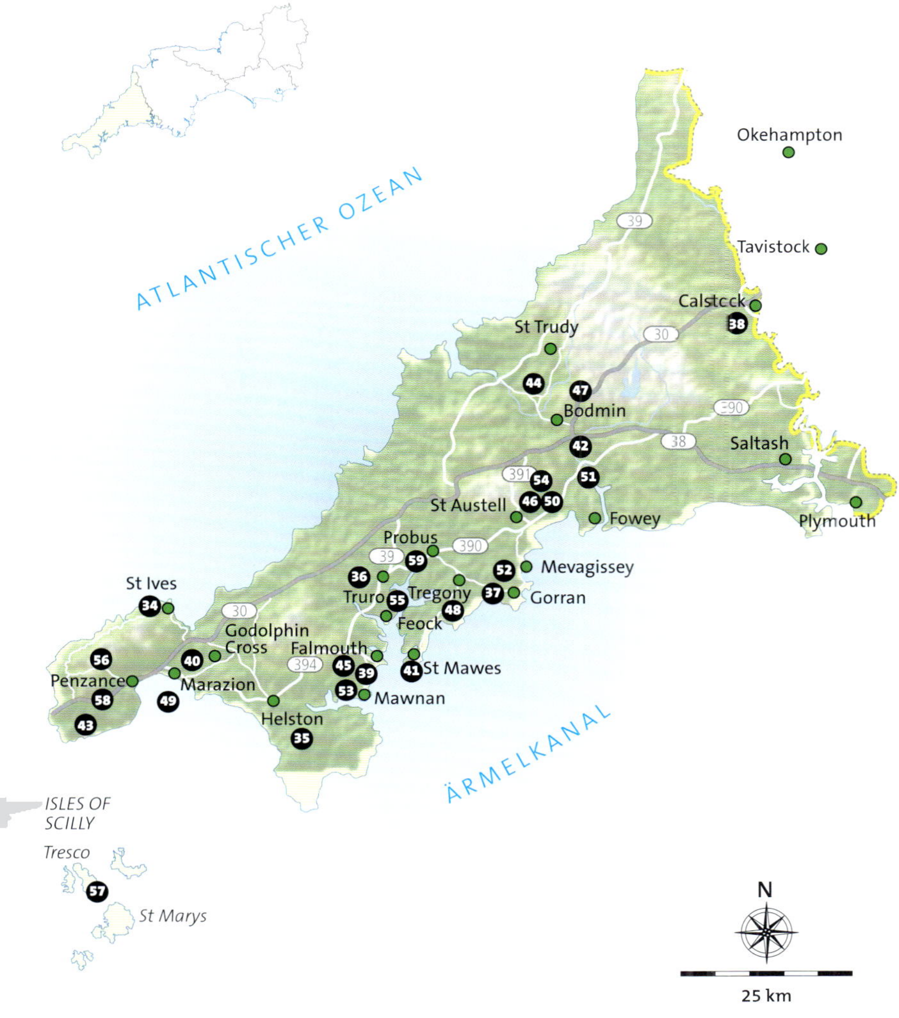

ATLANTISCHER OZEAN
ÄRMELKANAL
Okehampton
Tavistock
Calstock
St Trudy
Bodmin
Saltash
Plymouth
St Austell
Fowey
Probus
Mevagissey
Tregony
Gorran
Truro
Feock
St Ives
Godolphin Cross
Falmouth
St Mawes
Penzance
Marazion
Mawnan
Helston
ISLES OF SCILLY
Tresco
St Marys
39
30
390
38
391
394
34
35
36
37
38
39
40
41
42
43
44
45
46
47
48
49
50
51
52
53
54
55
56
57
58
59
N
25 km

34 Barbara Hepworth Museum and Sculpture Garden**

Barnoon Hill, St Ives, Cornwall TR26 1AD
Telefon +44 (0) 1736 796 226
www.tate.org.uk

Besitzer Tate Britain, Hepworth Estate
Der Garten in Stichworten Kunstsammlung und Werkstatt im Hausgarten, Plastiken, Blattschmuckstauden und Gehölze, Gewächshaus
Entstehungszeit 1949–1975
Gestalterin Barbara Hepworth
Größe 0,2 ha

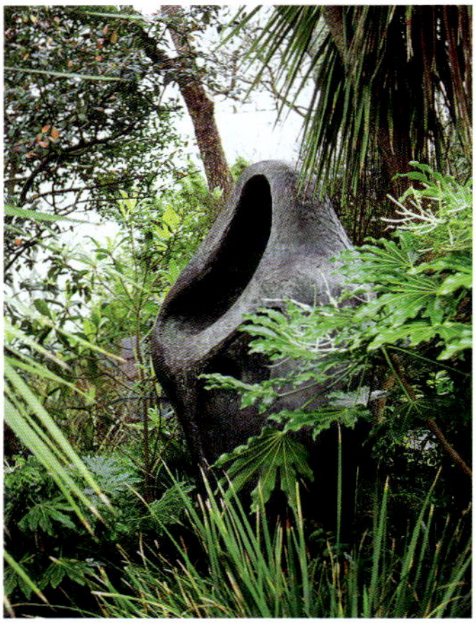

In keinem anderen Garten wird das Thema Kunst im Garten so beispielhaft behandelt wie im Garten von Barbara Hepworth, der direkt an das Atelier der Künstlerin grenzt. Wer die Landschaft von Süd-Cornwall, vor allem die Granitgestalten auf den Hügeln kennt, wird sie in den Arbeiten der Bildhauerin wiedererkennen. Fast vierzig Jahre wohnte und arbeitete Dame Barbara Hepworth in St Ives, inspiriert vom Licht, von der Landschaft und den Ausblicken.

Der Garten spielte eine wichtige Rolle, nicht nur als Bühne für ihre Plastiken, sondern auch als Hintergrund und Kontrast. Hepworth erwarb ihn 1949; sie legte die Wege an, wählte starke Pflanzen mit architektonischen Formen und setzte ihre Arbeiten so, dass sie nicht nur untereinander im Dialog, sondern auch in Wechselwirkung mit dem Gepflanzten stehen. Jede Skulptur wirkt für sich, aber auch in Verbindung mit der benachbarten. Öffnungen bieten dem Besucher einen immer anderen, neuen Blick; Licht und Schatten stehen im Wechselspiel, ebenso wie Gestaltetes und Natürliches.

Empfohlene Jahreszeit Frühling und Herbst; vermeiden Sie die Zeit von Ende Juli bis Ende August und die Hauptbesuchszeit über Mittag.
Mindestzeit für einen Besuch 30 Minuten
Anfahrt *Öffentliche Verkehrsmittel:* Bahn oder Bus bis St Ives, dann zu Fuß; dies ist ein Teil des Erlebnisses.
Pkw: Direkte Zufahrt nicht möglich. Park-and-ride-Plätze am Rande von St Ives (teilweise sehr teuer, mit Zubringerbus, der gesondert zu zahlen ist), steile Straßen und Gassen innerhalb der Altstadt; gut beschildert.

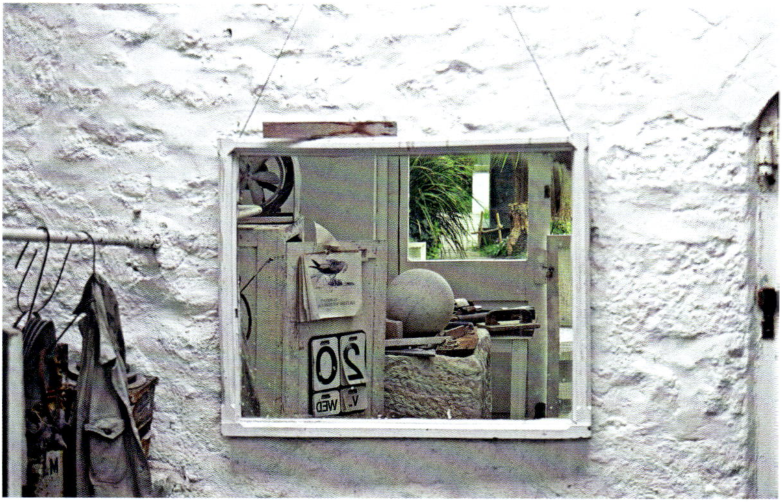

Öffnungszeiten März–Oktober täglich 10.00–17.20 Uhr; November–Februar, Dienstag–Sonntag 10.00–16.20 Uhr, letzter Einlass 20 Minuten vor Schluss; in der Hauptsaison muss mit Wartezeiten gerechnet werden.
Eintrittspreise (2017) Erwachsene £ 6, Kinder frei, Rentner £ 5, Mitglieder der Tate bei Vorlage der Mitgliedskarte frei

Garten/Kunstführer; Führungen nach Anmeldung; nur Postkarten und Führer, größere Auswahl in Tate St Ives; bedingt, enge Wege und Stufen, vorher anmelden

In der Nähe Trengwainton Garden** (56)

Café im Tate St Ives, der Blick von hier über Porthmeor Beach ist bezaubernd. Ebenso empfehlenswert sind das Porthminster Beach Cafe, www.porthminstercafe.co.uk, und die kleinere Schwester Porthwidden Beach Cafe; beide liegen direkt am Strand. Für unterwegs: Cornish Pasties, gefüllte Teigwaren, heiß oder kalt.
Art Pass: Siebentagepass für £ 15, ermäßigt £ 10 (2017) zum beliebigen Besuch der Tate St Ives, Barbara Hepworth Museum and Sculpture Garden, Leach Pottery und Penlee House Gallery & Museum.

35 Bonython Manor Gardens*

Bonython Estate, Cury Cross Lanes, Helston, Cornwall, TR12 7BA
Telefon + 44 (0) 1326 240 550
www.bonythonmanor.co.uk
info@bonythonmanor.co.uk

Besitzer Richard und Sue Nathan
Der Garten in Stichworten Zeitgenössischer Landhausgarten mit Nutzgarten, Sumpfgarten, Teiche, Blumenrabatten, Wiesen und Waldpartien
Entstehungszeit Seit 1999
Gestalterin Sue Nathan
Größe 8 ha

Als Sue Nathan und ihr Mann Richard 1999 auf Bonython, inmitten der Lizard-Halbinseln stießen, fanden sie ein Anwesen mit enormem Potential. Haus wie Garten waren renovierungsbedürftig, aber statt historische Vorbilder nachzuahmen, ging Sue Nathan ihren eigenen Weg, der zum Ort, ihrem Lebensstil und ihren Vorlieben passt. Der neue Garten entstand Stück für Stück und sollte nach Vorstellung von Sue Nathan wie eine Reise sein, mit interessanten und überraschenden Höhepunkten. Als gebürtige Südafrikanerin brachte sie eine Vorliebe für Ziergräser und Präriepflanzen mit, die sie in einem Areal an einer Böschung des mittleren Teichs ansiedelte. Während warme Farben diese Zone kennzeichnen, ist der restliche Bereich um die Teiche und den Bach von subtilen Grüntönen und Blattschmuckstauden wie großblättrigem Schaublatt *(Rogersia)* und riesigem Mammutblatt *(Gunnera manicata)* bestimmt. Grün zieht sich im anschließenden Wald bis zum unteren Teich, geformt in einer alten Steingrube, deren Felswände senkrecht aus dem Wasser steigen.

Im Vorgarten des Hauses ließ Sue Nathan ein ovales Spiegelbecken nach Art eines Barockgartens anlegen. Betrachtet im Zusammenhang mit der Landschaft und dem Meer, das in der Ferne zu sehen ist, ist die Wirkung exzeptionell, denn das Becken scheint aus der Entfernung rund zu sein.

Immer wieder trifft man auf zeitgenössische und traditionelle Elemente in diesem doch jungen Garten. Der ummauerte Garten, der in einen oberen und unteren Bereich geteilt ist, zeigt eine erstaunliche Reife. Während der obere Garten von Blumen bestimmt ist, ist der untere Gartenteil Obst und Gemüse gewidmet. In unmittelbarer Nachbarschaft zum ummauerten Garten befindet sich auf freiem Feld eines der neuesten Projekte: ein Birkenhain mit 140 *Betula utilis* var. *jacquemontii*, gepflanzt als großer Kreis um eine leicht erhöhte Lichtung, bekrönt von einer Skulptur von Alex Coode.

Auch am Haus hat sich einiges getan, seit die Nathans Bonython übernommen haben. Die alten Stallungen auf der Rückseite des Haupthauses wurden als großzügiger Gartenraum ausgebaut. Zu einer Seite liegt der zeitgenössische Innenhof und zur anderen ein kleiner, aparter Gartenraum. Hier befinden sich die zarten Pflanzen,

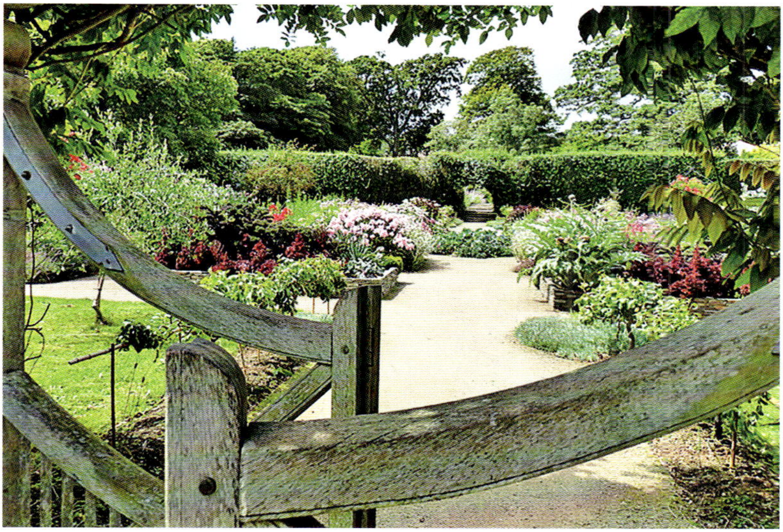

die Blumenzwiebeln, Tulpen und feinen Ziergräser. Sue Nathan mag beim Thema Gartengestaltung Autodidaktin sein, aber sie geht die Sache wie ein Profi an: alles wird maßstabsgetreu geplant und gezeichnet, bevor sie und ihr Team die Arbeiten in Angriff nehmen. Die Ideen gehen ihr nicht aus, und so ist Bonython ein Garten, den man immer wieder besuchen kann.

Empfohlene Jahreszeit Mai bis September
Mindestzeit für einen Besuch 1 ½ Stunden
Anfahrt *Öffentliche Verkehrsmittel:* Regelmäßiger Busverkehr zwischen Honiton und Coverack, ab Bushaltestelle dann zu Fuß.
Pkw: A 3083 von Honiton beschildert.
Öffnungszeiten Anfang April – Ende September, Montag – Freitag 10.00 – 16.30 Uhr, an gesetzlichen Feiertagen geschlossen
Eintrittspreise (2017) £ 8 Erwachsene, Kinder £ 2

WC *Tee und Kuchen (Selbstbedienung mit Ehrlichkeitskassette);* P
5 Cottages für 2 bis 10 Personen; *gut erzogene Hunde an der Leine erlaubt;*

In der Nähe Coverack, Fischerdorf mit Laden, Hotel und geologisch interessanter Bucht

36 Bosvigo*

Bosvigo Lane, Truro, Cornwall TR1 3NH
Telefon +44 (0) 1872 275 774
www.bosvigo.com

Besitzer Michael und Wendy Perry
Der Garten in Stichworten Villengarten mit Waldpartien, Gartenräumen, Staudenbeeten mit jeweils farblich abgestimmten Pflanzenkombinationen, Glashaus, Schattengarten mit u. a. Helleboren und Azaleen, Frühlingsblüher
Entstehungszeit Seit 1979
Gestalter Michael und Wendy Perry
Größe 1,2 ha

Bosvigo Garden ist ein Sonderfall unter Cornwalls Gärten, ein Blumengarten mit Höhepunkten im Sommer, in einer Grafschaft, in der Waldgärten dominieren. Unter der Leitung von Wendy Perry haben hier die Stauden das Sagen: weißblühende Sorten im Vean Garden, Rot, Gelb und Orange im Hot Garden und vieles mehr, alles um das georgianische Haus gruppiert. Wendy Perry ist eine begeisterte und begabte Gärtnerin mit einer Vorliebe für einen lässigen, zufällig wirkenden, aber dennoch sorgfältig komponierten Stil, der ebenso elegant wie rustikal wirkt. Die Anlage der Schattenpartien ist besonders geglückt, gleiches gilt für die Hofgestaltung mit verschiedenen Formschnittpflanzen in Töpfen. Wo früher der Tennisplatz war, befindet sich jetzt eine kleine Gärtnerei mit selbst gezüchteten Pflanzen.

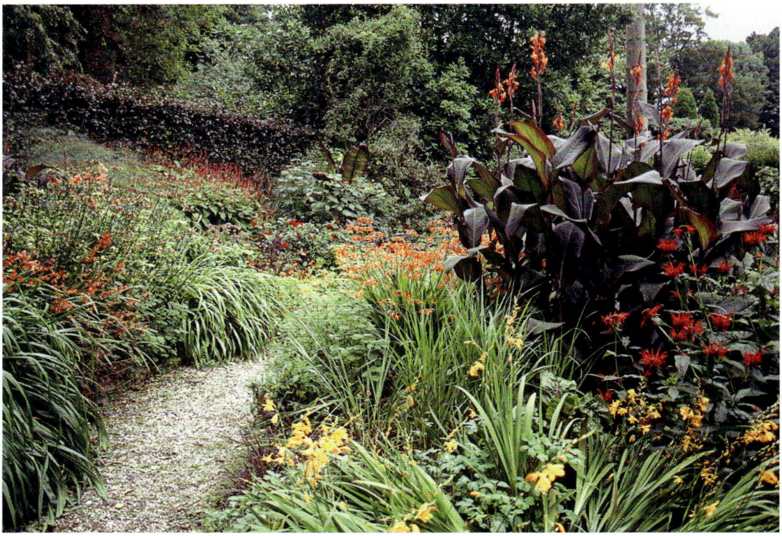

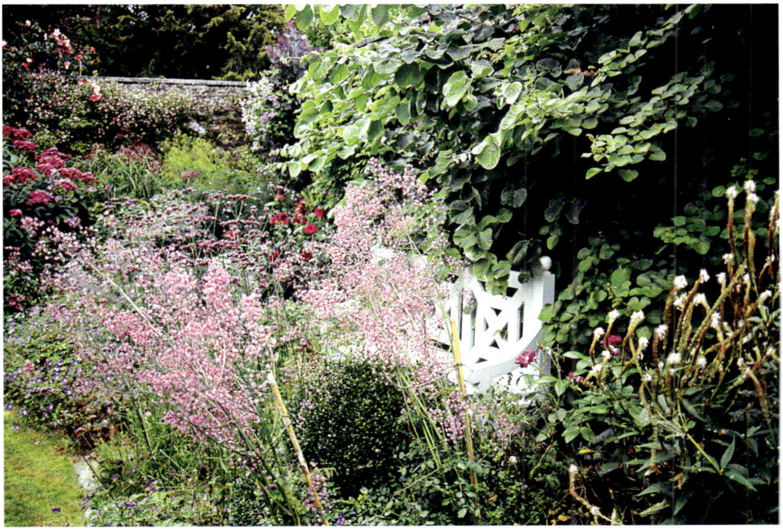

Empfohlene Jahreszeit März bis September, beste Zeit für die Stauden August bis September

Mindestzeit für einen Besuch 30 Minuten; Pfeile im Garten beachten, Gartenbereiche teilweise unübersichtlich

Anfahrt *Öffentliche Verkehrsmittel:* Zu Fuß vom Bahnhof Truro stadtauswärts die Station Road hinauf, rechts Highertown Road (Ringstraße um Truro), erste Straße rechts Dobbs Lane hinunter

Pkw: In Truro A 390 erste Straße links, Dobbs Lane hinter dem Sainsburys-Kreisel, Wohnstraße mit Verkehrshindernissen, Bosvigo liegt in der Kurve, bitte hier weder anhalten noch parken, Pkws können direkt vor dem Haus oder in einer Seitenstraße parken

Öffnungszeiten März – Ende September, Mittwoch, Donnerstag und Freitag 11.00–18.00 Uhr

Eintrittspreise (2017) Erwachsene £ 5, Kinder (5–15 Jahre) £ 2, unter 5 Jahren frei

Führungen für Gruppen mit Voranmeldung; für Gruppen bietet Frau Perry gegen Aufpreis Haus- und Gartenführungen mit Tee und Kuchen, serviert in der »Servants Hall«; WC P *nur bedingt*

In der Nähe Trelissick Garden** (55)

Nebenbei bemerkt Das Haus kommt in Rosamunde-Pilcher-Filmen vor und soll von Geistern bewohnt sein.

37 Caerhays Castle Gardens**

Gorran, St Austell, Cornwall, PL26 6LY
Telefon +44 (0) 1872 501 310/501 144
www.caerhays.co.uk
estateoffice@caerhays@co.uk

Besitzer Julian Williams
Der Garten in Stichworten Wald- und Sammlergarten, umfangreiches Sortiment an Kamelien, Nationale Sammlung von Magnolien, Frühlingsblüher
Entstehungszeit Seit 1880
Gestalter Familie Williams
Größe 24 ha
Denkmalgeschützt Grade II

Caerhays Castle Gardens ist der Geheimtipp in Cornwall. Weit mehr als nur ein zauberhafter Waldgarten, folgt Caerhays, seit fünf Generationen im Besitz der Familie Williams, der großartigen Tradition viktorianischer Pflanzensammler und Experten. In beispielhafter Art und Weise wird hier eine Gehölzsammlung präsentiert, die sogar eingefleischte Staudenfans von der Schönheit geballter Blütengehölze überzeugen kann. Einzigartig aber macht den Garten, abgesehen von seiner Vielfalt, die Einbindung in die Landschaft, in ein natürliches Amphitheater direkt an der Küste.

Bereits bei der Anfahrt wird deutlich, dass sich hier, auf der Roseland Peninsula an der Südostküste Cornwalls zwischen St Austell und Truro etwas Besonderes tut. Fährt man die typisch enge, von einer steilen Böschung eingefasste Landstraße weiter, ist die Überraschung komplett, sobald das etwas zurückgesetzt vor dem blühenden Waldrand liegende Herrenhaus mit seinen parkartigen Wiesen, die fast bis zur Bucht reichen, ins Blickfeld gerät. Ein Schloss wie aus dem Bilderbuch, entworfen am Anfang des 19. Jahrhunderts von dem bekannten Architekten John Nash, zu dessen Werken Regent Street und Regent Park in London sowie der Royal Pavilion in Brighton zählen.

Der Garten ist nur zur Hauptblütezeit der Frühlingsblüher geöffnet und zieht trotz seines abgelegenen Standorts Rhododendren-, Kamelien- und Magnolienfreunde aus der ganzen Welt an. John Charles Williams legte zwischen 1880 und 1939 einen Garten an, der Kennern als beispielhaft für das Genre der »naturhaften Waldgärten« galt. JCW, wie er von seinem Nachfolger genannt wird, war äußerst bescheiden und öffentlichkeitsscheu, er widmete sich seinen Pflanzen und züchtete neben Rhododendren und Kamelien auch Narzissen, von denen manche noch im Handel sind. Die Sammlung wird von Julian Williams und seinem Sohn Charles fortgeführt.

Empfohlene Jahreszeit März bis Mai
Mindestzeit für einen Besuch 2 Stunden, 4 farblich gekennzeichnete Rundgänge unterschiedlicher Länge und Dauer werden angeboten

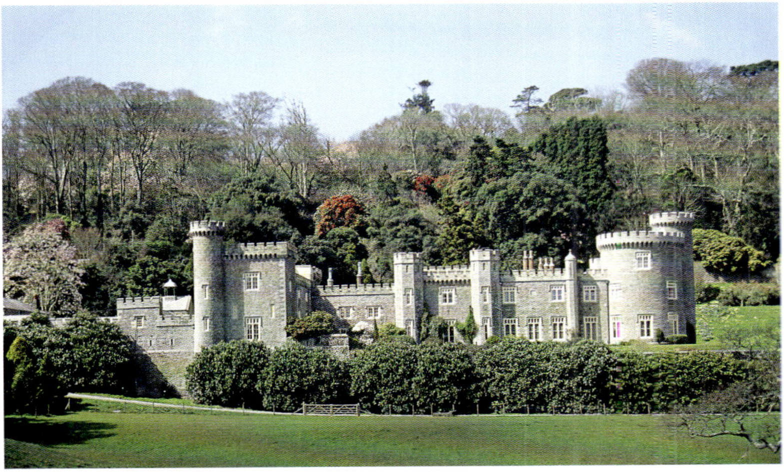

Anfahrt *Mit öffentlichen Verkehrsmitteln* schwierig zu erreichen, liegt jedoch direkt am Südwestküstenweg
Pkw: Es gibt verschiedene Routen, allerdings sind alle abenteuerlich, da die Sicht durch hohe Feldmauern zu beiden Seiten der engen Landstraßen beeinträchtigt ist. Am einfachsten von Truro A 39 nach Grampound die Straße (rechts), beschildert nach Tregony und St Mawes, nehmen; Beschilderung nach Caerhays folgen nach etwa 5 Minuten, nach Verlassen der Hauptstraße links abbiegen (Schild), an weiteren Kreuzungen den Schildern nach Caerhays folgen, durch das kleine Dorf, an der Kirche vorbei, die Straße hinab durch eine Schlucht zum Strand von Caerhays.
Öffnungszeiten 15. Februar – 31. Mai, täglich 10.00 – 17.00 Uhr
Eintrittspreise (2017) Erwachsene £ 8,50, Kinder £ 4,50, Rentner £ 7, RHS-Mitglieder frei

Gartenführer und Plan; *verschiedene Angebote für Gruppen;* *Angebot für Kinder: Strand, jedoch nicht bewacht;* *8 Ferienhäuser;*

In der Nähe Poppy Cottage Garden (48), The Lost Gardens of Heligan** (52)

Burncoose Nursery Direkt an der Straße zwischen Falmouth und Redruth liegt die Baumschule, ein Muss für alle Kamelien- und Magnolienfans, denn hier werden die Pflanzen angeboten, die in Caerhays wachsen und zum Teil gezüchtet werden. Die Pflanzen werden auf Wunsch und gegen Aufpreis sorgfältig verpackt ins Ausland verschickt. www. burncoose.co.uk

38 Cotehele

St Dominick, Saltash, Cornwall PL12 6TA
Telefon +44 (0) 1579 351 346
www.nationaltrust.org.uk
cotehele@nationaltrust.org.uk

Besitzer National Trust, seit 1947
Der Garten in Stichworten Historisch, Waldgarten, formaler Garten am Haus mit Blumenwiesen, Wald- und Schattengarten am Hang
Entstehungszeit Haus aus dem 15. Jahrhundert, Garten 18. bis 20. Jahrhundert
Gestalter Unbekannt
Größe 5,6 ha
Denkmalgeschützt Grade II

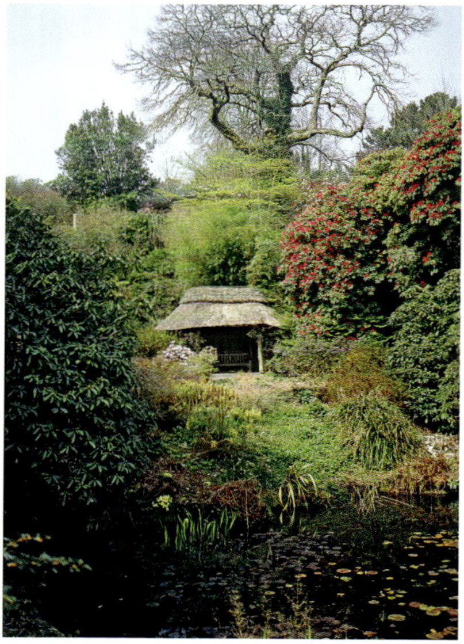

Cotehele gehört nicht zu den bekannten Gärten Cornwalls, ist aber von ganz besonderem Charme. Die Anreise auf engen, malerischen Landstraßen, die wie in guten alten Zeiten nur dezent mit Hinweisschildern versehen sind, ist abenteuerlich. Wie Busse dorthin finden, ist ein Rätsel. Der Garten und das Haus sind eine Überraschung; sie verkörpern alles, was man sich von einer Anlage dieser Art wünscht: einen formalen Garten mit englischem Rasen und Staudenbeeten am Haus, prächtige Blicke ins Tamar-Tal, wunderschöne Frühlingsblüher, unter anderem Teppiche von Schachbrettblumen und Narzissen, Rhododendren noch und noch. Der Garten entfaltet sich ins Seitental hinunter zum Fluss Tamar und zu der kleinen Werft, wo man erahnen kann, wie die Landschaft früher einmal gewesen sein muss. Als Belohnung für den Abstieg gibt es einen netten Tea Room und ein Informationszentrum zur industriellen Vergangenheit der Gegend.

Empfohlene Jahreszeit März bis Mai, wegen der Lage und Nebenbauten aber die gesamte Saison
Mindestzeit für einen Besuch Mit Abstecher zum Cotehele Quay: 90 Minuten

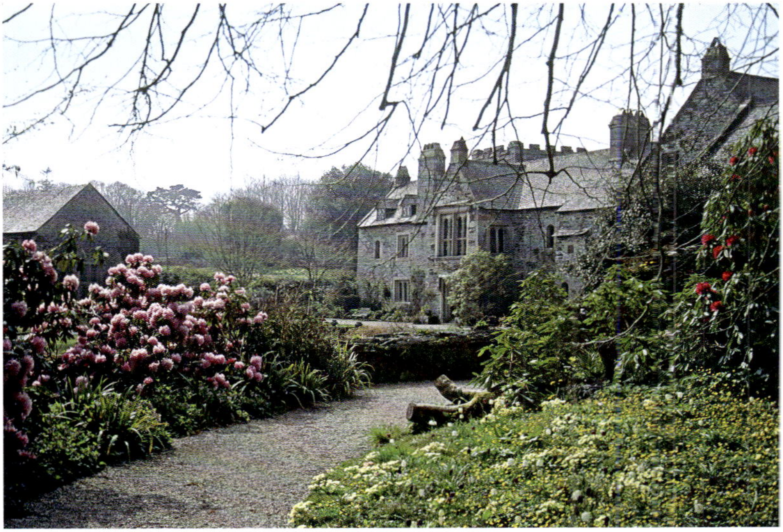

Besonderheit Einblick in die industrielle Vergangenheit und den Lebensstil der Region

Anfahrt *Öffentliche Verkehrsmittel:* Zu Fuß von Calstock, 1,6 km, www.firstgreatwestern.co.uk; Fähre von Plymouth nach Calstock im Sommer. *Pkw:* Zum Teil enge, steile Landstraßen; von A 386 Richtung Plymouth bei Tavistock auf die A 390 Richtung Callingford, beim Hinweisschild Rising Sun, Harrowbarrow links abbiegen, der Straße durch die Orte folgen, nach Cleave den kleinen braunen »Eichenblatt«-Hinweisschildern folgen, Straße führt direkt nach Cotehele

Öffnungszeiten Garten ganzjährig 10.00 Uhr bis Sonnenuntergang; Edgcumbe Arms (Tea Rooms) 2. Februar–11. März 11.00–16.00 Uhr, 12. März–31. Oktober 11.00–17.00 Uhr, im Winter nur an Wochenenden, im Januar geschlossen

Eintrittspreise (2017) Garten und Mühle Erwachsene £ 11, Kinder £ 5,50, NT-Mitglieder frei

Gartenführer; WC *Tea Rooms, Edgcumbe Arms am Hafen;* P *gebührenpflichtig; große Auswahl an NT-Ferienhäusern: Hall Court (2), Retainer's Court (3), Mill Cottage (3),Tremletts 4 (2), Orchard Cottage (4), Sawmill Cottage (4), Danescombe Cottage (3), Engine (2) und Elbow (4) Cottage;*

In der Nähe Cotehele Mill und Werkstätten, Endsleigh (27), Pinsla Garden & Nursery (47)

39 Glendurgan Garden*

Mawnan Smith, Falmouth, Cornwall TR11 5JZ
Telefon +44 (0) 1326 252 020
www.nationaltrust.org.uk
glendurgan@nationaltrust.org.uk

Besitzer National Trust, seit 1962
Der Garten in Stichworten Historischer Wald- und Sammlergarten, Frühlingsblüher, Irrgarten
Entstehungszeit Ab 1820
Gestalter Alfred Fox und Nachkommen
Größe 8,1 ha
Denkmalgeschützt Grade II

Gartenliebhaber kennen das Foto des Irrgartens von Glendurgan Garden, auch wenn sie den Garten nie besucht haben. Die markante Form aus wulstartigen Lorbeerhecken mit einer rustikalen strohbedeckten Hütte in der Mitte stammt aus dem Jahr 1833; sie war das Freiluftklassenzimmer für die zwölf Kinder von Alfred Fox. Angelegt ab 1820 mit dem Ziel, »ein Stück Himmel auf Erden zu schaffen«, wurde der Garten dann von Alfred Fox' Nachfolgern kontinuierlich weiterentwickelt. Er fällt mit teilweise steilen Wegen zum Fluss Helford ab und ist ein typischer kornischer Waldgarten im Landschaftsstil, mit »Wäldern« von Rhododendren, Magnolien und Kamelien sowie Lichtungen voller Narzissen im Frühling. Nicht übergehen sollte man die kleine historische Siedlung Durgan direkt am Fluss, wo der National Trust auch Ferienhäuser hat. Das im Garten liegende Haus ist bewohnt und kann nicht besichtigt werden.

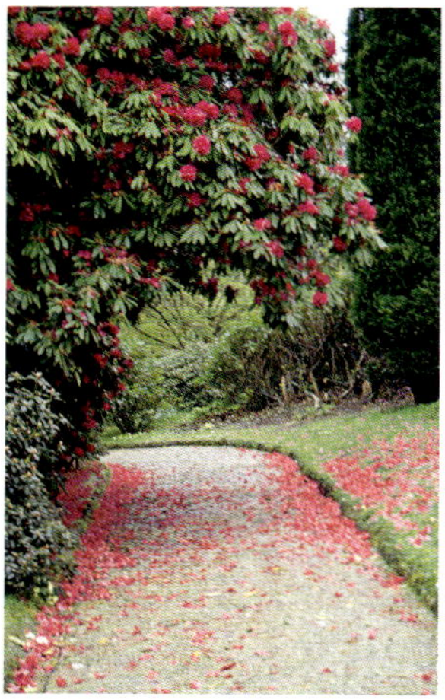

Empfohlene Jahreszeit März bis Mai
Mindestzeit für einen Besuch 45 Minuten
Anfahrt *Öffentliche Verkehrsmittel:* Von Falmouth am Südwestküstenweg Bus First 35 Falmouth–Helston
Pkw: Bei Falmouth A 394, von Truro kommend, 2. Verkehrskreisel, Ausfahrt nach Mawnan Smith, beschildert nach Glendurgan, an den kleinen Stauseen vorbei durch Mawnan Smith, kurz hinter Ortsende auf linker Seite nach Glendurgan beschildert
Öffnungszeiten Mitte Februar–Ende Oktober 10.30–17.30 Uhr,
Montag und Sonntag geschlossen, im August auch Montag offen

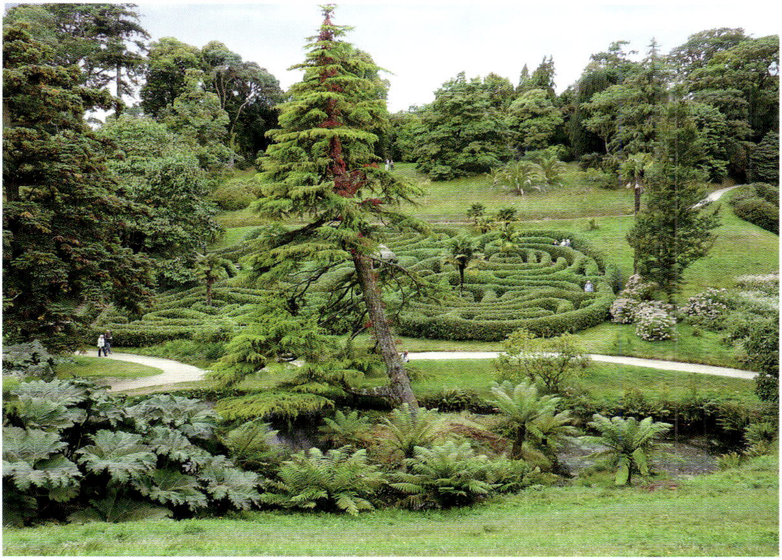

Eintrittspreise (2017) Erwachsene £ 9, Kinder £ 4,50, NT-Mitglieder frei

Rollstuhlverleih, jedoch teilweise steile Wege; P £ 2 pro Pkw; *4 National Trust Cottages: Quay Cottage (3), The Old School House (4), Beach Cottage (4) und Wood Cottage (2) in Durgan unterhalb des Gartens, großes Ferienhaus bei Durgan mit Blick auf den Fluss Helford, aufgeteilt in: Bosveal (10), Court (10) sowie Chatham (8) und The Bothy (2);*

In der Nähe Godolphin (40), Penjerrick (45), Trebah Garden*(53, Nachbar), Trelissick Garden**(55)

40 Godolphin

Godolphin Cross, Helston, Cornwall TR13 9RE
Telefon +44 (0) 1736 763 194
www.nationaltrust.org.uk
godolphin@nationaltrust.org.uk

Besitzer National Trust, seit 2000
Der Garten in Stichworten Grundzüge eines historischen Gartens mit Apfelwiese, umgeben von Park- und Kulturlandschaft und Wäldern
Entstehungszeit 14. Jahrhundert, ergänzt im 15. und 16. Jahrhundert
Größe 225 ha Ländereien und Wald, 16 ha Land ums Haus
Godolphin bietet einen interessanten Kontrast zu den anderen touristischen Zielen in Cornwall. Das Anwesen ist nicht leicht zu finden. Es wird Stück für Stück, dafür aber mit großem Enthusiasmus, renoviert; der Besucher muss jedoch viel Fantasie mitbringen. Doch gerade in seinem verwunschenen Zustand vermitteln Haus und Garten die Stimmung vergangener Zeiten auf den Landsitzen in Cornwall – abgelegen, vom Zeitgeschehen abgeschirmt, eine Welt für sich. Im Jahr 2000 konnte der National Trust einen Großteil der Ländereien und 2005 die restlichen 16 Hektar mit Haus und Garten erwerben. Erbaut und ergänzt ab dem 15. Jahrhundert an der Stelle einer ehemaligen Burg, war Godolphin Mitte des 17. Jahrhunderts das größte und imposanteste Haus in Cornwall. Der Reichtum der Region beruhte auf Kupfer- und Zinnvorkommen, die inzwischen erschöpft sind. Auf dem ganzen Landsitz stößt man auf historische Relikte, auf Godolphin Hill sogar auf Spuren prähistorischer Siedlungen und im Garten auf Reste eines formalen Gartens aus dem 14. Jahrhundert. Der National Trust ist dabei, Haus und Garten zu renovieren; ein langfristiges Projekt, das jeder Cornwall- und Gartenfan mit Interesse verfolgt.

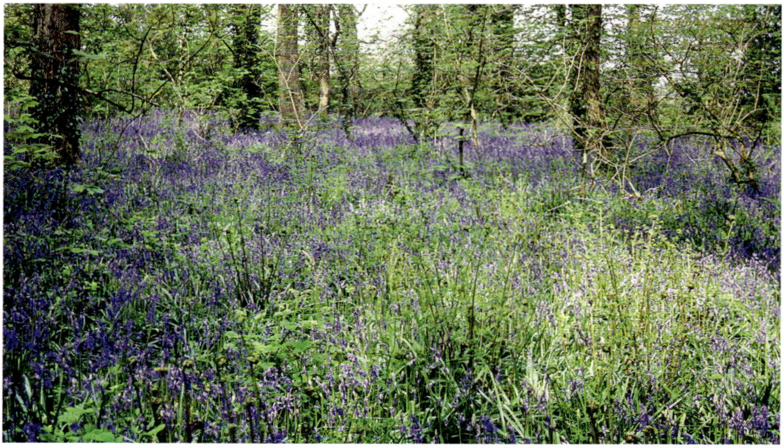

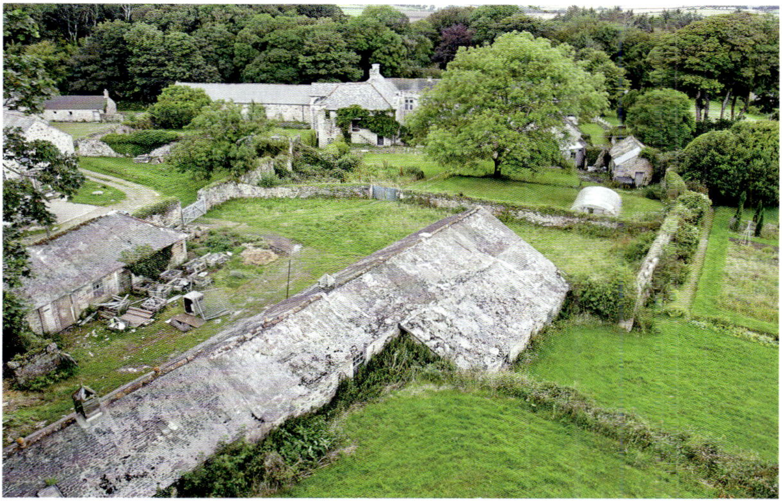

Empfohlene Jahreszeit März bis Oktober, besonders beeindruckend zur Bluebell-Blüte Ende April/Mai

Mindestzeit für einen Besuch 45 Minuten für den Kernbereich, einen halben Tag für die umliegende Landschaft und die Waldwege

Anfahrt *Öffentliche Verkehrsmittel:* Schwierig, derzeit keine direkte Verbindung; Bus Nr. 39 Helston–Camborne nur bis Godolphin Cross, www.firstgroup.com, ab hier zu Fuß

Pkw: A 394 Penzance–Falmouth, nach Marazion, beim Kreisel B 3280 beschildert nach Godolphin über Goldsithney, Sunny Corner, Relubbus, an der Townshend Kreuzung nach rechts Richtung Godolphin Cross, Einfahrt zum Garten beschildert; von Helston A 394 bis Sithney Common, beim Toyota-Autohändler rechts abbiegen, B 3302 Richtung Leedstown, links nach Godolphin Cross, Godolphin House beschildert

Öffnungszeiten Ländereien und Wald ganzjährig, Garten 13. März–31. Oktober 10.00–16.00 Uhr, Donnerstag und Freitag geschlossen

Eintrittspreise (2017) Erwachsene £ 6,80, Kinder £ 3,60, NT-Mitglieder frei

Gartenführer: nur als Flyer; WC *bedingt;* P *Haus von Zeit zu Zeit offen, Übernachtungsmöglichkeit im NT-Ferienhaus (12);*

In der Nähe Glendurgan Garden*(39), Penjerrick (45), St Michael's Mount (49), Trebah Garden* (53), Trelissick Garden** (55), Trengwainton Garden** (56)

41 Lamorran House Gardens**

Upper Castle Road, St Mawes, Truro, Cornwall TR2 5BZ
Telefon +44 (0) 1326 270 800
www.lamorrangardens.co.uk
info@lamarrongardens.co.uk

Besitzer und Gestalter Mr und Mrs Robert Dudley-Cooke
Der Garten in Stichworten Zeitgenössisch, inspiriert von italienischen Gärten, Terrassen, Mittelmeergarten, Wasserläufe und Becken, Ausblicke, seltene Pflanzen
Entstehungszeit Seit 1982
Größe 1 ha

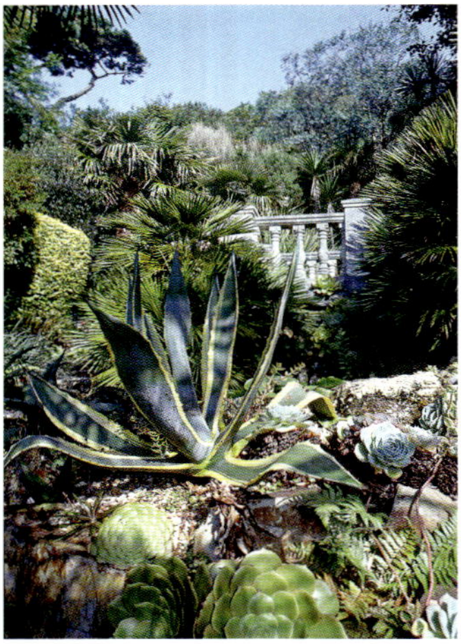

Wenn es einen Garten gäbe, in dem man sich freiwillig gern verlaufen würde, dann wäre das der Garten von Lamorran. Das Zusammenspiel von beeindruckend üppiger Vegetation und atemberaubenden Ausblicken, die sich scheinbar zufällig vor einem auftun, ist einmalig. Der Garten wurde mit Liebe und Zuneigung gebaut, ein persönliches Reich mit versteckten Ecken, durchwoben mit Reminiszenzen an Italien. Die Wärme staut sich im Garten und erzeugt ein Mikroklima, in dem eine erstaunliche Vielfalt von Pflanzen, auch aus subtropischen Gebieten und aus Südafrika, gedeiht, darunter Palmen und Baumfarne, Mimosen *(Acacia dealbata)* und Klebsame *(Pittosporum)*.

Seit 1992 wird der Garten verfeinert, ergänzt und von Head Gardener Mark Brent meisterlich gepflegt. Neben italienischen Einflüssen finden sich auch japanische Elemente, zusammen machen sie die sehr persönliche Note aus. Was den Garten zudem auszeichnet, sind die Aussichtspunkte an prägnanten Punkten in Gestalt einer Laube oder auch einer einfachen Sitzbank. Manche findet man nur per Zufall, andere liegen gut sichtbar am Ende einer Achse; alle aber geben den Blick frei auf die malerische, von Vegetation gerahmte Bucht. Von außen wirkt der Garten wie ein dichter Wald, von innen wie ein privates Paradies.

Empfohlene Jahreszeit April bis September
Mindestzeit für einen Besuch 45 Minuten
Anfahrt *Öffentliche Verkehrsmittel:* Von Falmouth mit der Fähre (www.kingharry.com), wohl der beste Weg zum Garten, 10–15 Minuten Fußweg an St Mawes Castle vorbei

Pkw: In St Mawes bei der Ortseinfahrt rechts abbiegen, Lamorran Garden und St Mawes Castle sind beschildert, der Garten liegt an der linken Seite. Begrenzte Parkmöglichkeiten direkt am Grundstück, öffentlicher Parkplatz in St Mawes, teilweise steiler Weg zum Garten
Öffnungszeiten April–September, Mittwoch und Freitag 10.00–17.00 Uhr
Eintrittspreise (2017) Erwachsene £ 8,50, Kinder unter 16 Jahren frei

Faltblatt; WC *nur bedingt, steile und enge Wege;* P *begrenzt;*

In der Nähe St Mawes Castle, St Just in Roseland, Poppy Cottage Garden (48), Trelissick Garden** (55)

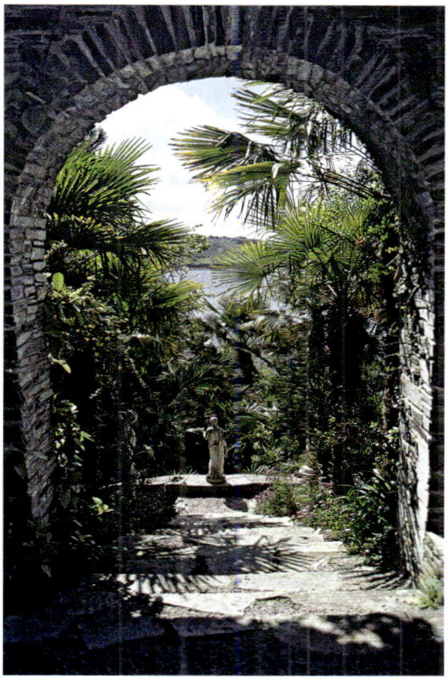

Wohnen wie Gott in Cornwall: Hotel Tresanton In den Räumlichkeiten des ehemaligen Segelclubs von St Mawes untergebracht, ist das Hotel Tresanton das perfekte englische Luxushotel, *understated*, vornehm, aber gediegen, fein, aber wohnlich, mit perfektem, aber unaufdringlichem Service, Meeresblick und Gummistiefel-Ausleihe. Die in den Hang eingebetteten Häuser sind über Stufen und Treppen erreichbar, was zum Charme des Orts beiträgt. Olga Polizzis erstes Projekt als Hotelinhaberin zeigt ihre inzwischen bekannte Vorliebe für die Verbindung von Alt und Neu; sie ersetzte die einst modrige Anmutung des Strandhotels durch neues Flair. St Mawes, Cornwall TR2 5DR, Telefon 01326 270055, www.tresanton.com

St Mawes Direkt gegenüber von Falmouth über den Carrick Roads liegt der kleine Fischerort St Mawes auf der Halbinsel Roseland. Deren Name hat nichts mit Blumen zu tun, sondern ist eine Abwandlung des keltischen Worts Rhos für Heide oder Stechginster. St Mawes wurde als Kulisse mehrerer Filme, vor allem nach Rosamunde-Pilcher-Romanen, bekannt. Heute ist St Mawes ein exklusiver Ferien- und Wohnort; wo früher Fischer gewohnt haben, sind jetzt Notare und Geschäftsleute ansässig. Die markante kleeblattförmige Burg aus dem Jahre 1543, von English Heritage verwaltet, ist eine von drei Burgen, die Heinrich VIII. geplant hat, um den Naturhafen der Falmündung zu verteidigen.

42 Lanhydrock*

Bodmin, Cornwall PL30 5AD
Telefon +44 (0) 1208 265 950
www.nationaltrust.org.uk
lanhydrock@nationaltrust.org.uk

Besitzer National Trust, seit 1953
Der Garten in Stichpunkten Formaler historischer Garten, formales Parterre, Formschnitt, Staudenrabatten, Wald- und Schattengarten mit seltenen Gehölzen, Bachlauf mit Begleitpflanzen, Frühlingsblüher, Parklandschaft
Entstehungszeit Haus ab Mitte, Garten ab Ende des 17. Jahrhunderts
Gestalter Familie Robarte mit George Gilbert Scott
Größe 12,1 ha
Denkmalgeschützt Grade II

Aufgrund seiner Lage direkt an der Hauptzubringerstraße durch Cornwall ist Lanhydrock ein beliebter Rastplatz für Urlauber; an Feiertagen und Wochenenden von Ostern bis Ende August ist der Parkplatz gerammelt voll. Die Anlage ist jedoch weitläufig genug, um die vielen Besucher aufzunehmen. Nur Gehbehinderte mit Ausweis dürfen bis zum Eingangstor des Hauses vorfahren, alle anderen müssen gut zehn Minuten durch den Park gehen und können sich so gewissermaßen auf das Anwesen vorbereiten. Als Belohnung erhalten sie einen prächtigen Blick auf das Haus und den dahinterliegenden Waldgarten. Beide Teile des Gartens, der formale, einem Parterre

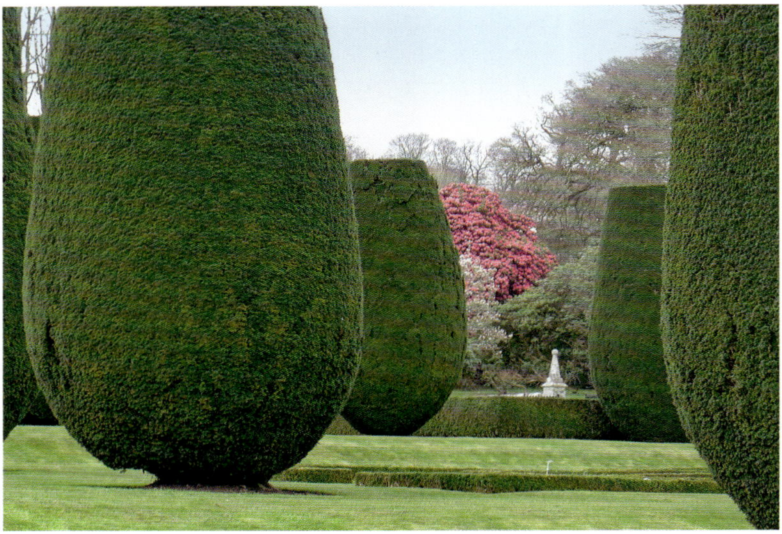

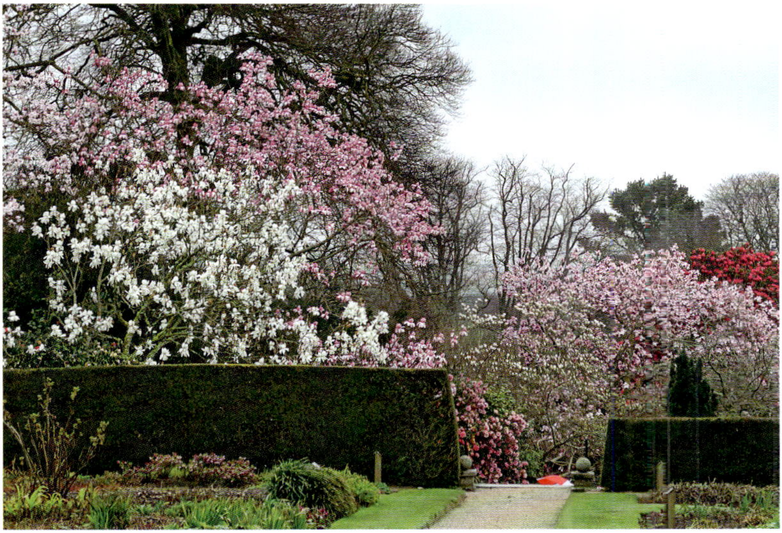

ähnliche Vorgarten und der sortenreiche Waldgarten, zeigen die viktorianische Vorliebe für Farben und Formen. Der englische Rasen, gesäumt von streng geschnittenen Eiben, ist ein idealer Vordergrund für die mächtigen Magnolien und Rhododendren, darunter 'Cornish Red', die im oberen Garten wachsen. Schmale Wege winden sich durch den Garten, am Bächlein und den kleinen Bauten vorbei; an ihnen wird der Pflanzenkenner die eine oder andere Kostbarkeit finden. Stauden haben ihren Platz in einem eigens angelegten, leicht erhöhten kreisförmigen Gartenraum mit Sitzbänken, die Ausblick auf den Hang und die Parklandschaft bieten.

Auch wenn die Außenanlagen das Hauptziel eines jeden Gartenfans sind, ist ein Besuch des Hauses, vor allem des Küchentrakts und der Kinderzimmer, zu empfehlen.

Empfohlene Jahreszeit März bis Mai, für Park und Haus auch ganzjährig
Mindestzeit für einen Besuch 1 Stunde
Anfahrt *Öffentliche Verkehrsmittel:* Bodmin Parkway
Pkw: Von der A 30 bei Bodmin Ausfahrt zur A 38 Richtung Liskeard, beschildert nach Lanhydrock
Öffnungszeiten Ganzjährig 10.00–18.00 Uhr
Eintrittspreise (2017) Erwachsene £ 13,55, Kinder £ 6,75, NT-Mitglieder frei

P £ 1 pro Stunde; *NT-Ferienhaus: Cutmadoc (6);*

In der Nähe Bodmin Moor, Pencarrow (44), Pinsla Garden & Nursery (47)

43 Minack Theatre Garden

Porthcurno, Penzance, Cornwall, TR19 6JU
Telefon +44 (0) 1736 810 694
www.minack.com/a-living-theatre/minack-gardens

Besitzer The Minack Theatre Trust CIO
Der Garten in Stichpunkten Subtropischer Hanggarten
Entstehungszeit 1932, ab 1989
Gestalter Rowena Cade (1893–1983), Niall und Jill Milligan
Größe 0,6 ha

Ein Freilichttheater auf eine Klippe zu bauen, ist eine Leistung; es dann mit einem Garten zu umgeben, gewagt. Granitklippen kennzeichnen diesen Abschnitt der Küste zwischen Penzance und Land's End. Sie fallen fast senkrecht zum Meer ab, wo sie in Felsriffe übergehen, gegen die die Wellen unablässig anbranden. Die Klippen bei Minack House bilden jedoch ein natürliches Amphitheater mit vorgelagerter Zwischenebene nach Südwesten, bevor sie weiter zum Meer hinabfallen. Für Rowena Cade, die 1929 mit ihrer Mutter hierher zog, war das die perfekte Kulisse, um das Stück »Der Sturm« zu spielen. Rowena Cades Leidenschaft war das Theater, und wer damals in dieser abgelegenen Ecke von Cornwall, weit ab von der Metropole Unterhaltung suchte, war auf sich selbst gestellt. Aus diesen laienhaften Anfängen hat sich das Minack Theatre zu einem etablierten und angesehenen Veranstaltungsort entwickelt. Bei dieser Naturkulisse erübrigt sich ein Bühnenbild. Zusammen mit ihrem Gärtner Billy Rawlings verwandelte Rowena Cade eigenhändig den Hang in ein Freilichttheater. Terrassen wurden gebaut, Sand vom darunterliegenden Strand hochgeschleppt, Beton gemischt und gegossen, Stufen geformt, Sitze gebaut und deren Rückenlehnen wie auch die Stufen mit Ornamentik verziert. Das Ergebnis ist erstaunlich, und gäbe es nicht die sehr informative Ausstellung, würde man nie auf die Idee kommen, dass die zierliche Miss Cade für das Ganze verantwortlich war.

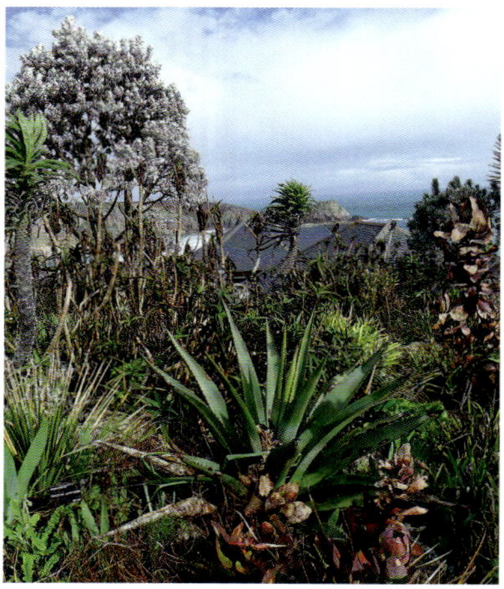

Als 1989 ein Café seitlich des Amphitheaters gebaut wurde, wurden Niall and Jill Milligan beauftragt, einen Garten auf den oberen Hängen als Bindeglied zwischen dem oben liegenden Parkplatz, dem Café und dem Theater anzulegen. Offen nach Südwesten gerichtet, kaum Bodenfrost ausgesetzt und bedeckt von einer spärlichen, aber dafür gut drainie-

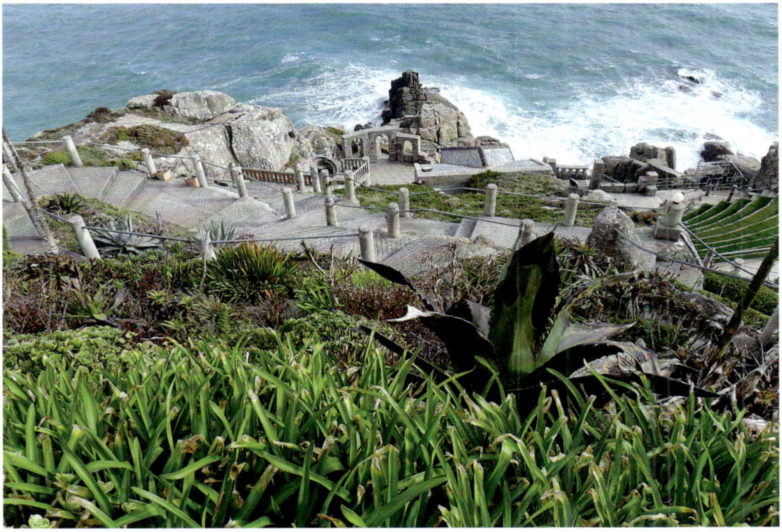

renden Bodenschicht, herrschen hier ideale Bedingungen für eine Palette an Pflanzen, die man für gewöhnlich in wesentlich südlicheren Klimazonen findet. Sukkulenten wie Aloe und Aeonium, Bodendecker wie Gazinia, Blumenzwiebeln wie Nerinen und Gehölze wie *Leucadendron argenteum*, der Silberbaum aus Südafrika, gedeihen hier prächtig und halten den Salzwinden stand. Geschwungene, eingetiefte Wege führen in Serpentinen den Hang hinab und vermitteln das Gefühl, in einer anderen Welt zu sein.

Empfohlene Jahreszeit: März bis September
Mindestzeit für einen Besuch ½ Stunde
Anfahrt *Öffentlicher Verkehr:* Bus 1 und 1A von Penzance nach Land's End, Ausstieg Porthcurno, 10 Minuten zu Fuß
Pkw: Achtung mit GPS durch St Buryans schmale Straßen, besser die A30 Richtung Land's End nehmen und bei Trevescan links nach Porthcurno abbiegen
Öffnungszeiten (2017) 1. März – 30. September 09.30 – 17.30 Uhr (letzter Einlass 17.00 Uhr). Bei Theateraufführungen ggf. andere Öffnungszeiten, vorher prüfen.
Eintrittspreise (2017) Erwachsene £ 5, Kinder bis 15 Jahre £ 2.50, Kinder unter 11 Jahren 50 p, Kinder unter 2 Jahren frei
Wiedereinlass-Karte, fragen Sie an der Kasse nach dem kostenlosen »re-admission ticket«, das eine beliebige Anzahl an weiteren Besuchen während der Saison erlaubt.

WC *bedingt;* P *nicht zu Vorstellungen;* Ausstellung

In der Nähe Trengwainton Garden** (56), Land's End

44 Pencarrow

Washaway, Bodmin, Cornwall PL30 3AG
Telefon +44 (0) 1208 841 369
www.pencarrow.co.uk
info@pencarrow.co.uk

Besitzer The Molesworth-St Aubyn Family
Der Garten in Stichworten Historischer Wald- und Sammlergarten mit Sumpfgarten, umgeben von Parkland, Frühlingsblüher
Entstehungszeit 1831–1855, restauriert ab 1946
Gestalter Sir William Molesworth, Lt.-Col. Sir Arscott Molesworth-St Aubyn
Größe 20 ha
Denkmalgeschützt Grade II

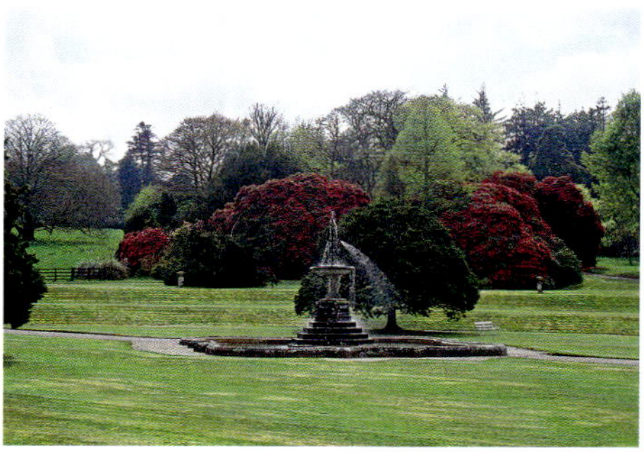

Pencarrow bietet sich wunderbar an als Auftakt zu einer Reise durch die Gärten Cornwalls. Leicht zu erreichen von der Hauptzubringerstraße A 30 bei Bodmin, ist der Garten mit einem kleinen Tea Room ein idealer Rastplatz, und er eignet sich für ein erstes Kennenlernen des typischen kornischen Gartens. Zu Haus und Garten gelangt man über eine beeindruckende 1,6 Kilometer lange Zufahrt, die 1842 angelegt wurde; ihre Fahrspur ist von erlesenen Rhododendren und Koniferen gesäumt, die heute erstaunliche Proportionen haben.

Nach der Enge dieses Wegs wirkt das Herrenhaus umso großzügiger und heller. Seine Lage wie auf einer Lichtung, umgeben von Wald, aber mit Blickschneisen in die Landschaft, ist ebenso typisch wie der Garten selbst: ein verfeinerter Waldgarten mit Magnolien zwischen heimischen Laubbäumen sowie Rhododendren und Kamelien als Unterbewuchs und am Waldrand. Der Garten von Pencarrow wurde zwischen 1831 und 1855 von Sir William Molesworth angelegt und in den fünfziger Jahren des 20. Jahrhunderts von seinen Nachkommen restauriert. Während in Viktorianischer Zeit über dreißig Gärtner angestellt waren, pflegen heute zwei Vollzeit- und drei Teilzeitkräfte die Anlage. Beeindruckend sind die prächtigen Rhododendren 'Cornish Red', die wie riesige rote Bälle wirken, und die großgewachsenen Solitäre von *Magnolia campbellii*.

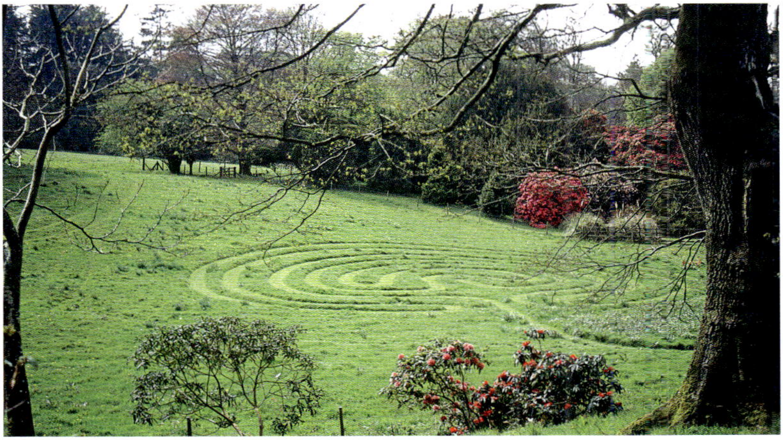

Empfohlene Jahreszeit März bis Mai
Mindestzeit für einen Besuch 45 Minuten
Anfahrt *Öffentliche Verkehrsmittel:* Bus 555 Bodmin nach Padstow über Wadebridge, Busfahrer nach Ausstieg fragen, dann den Schildern zur Zufahrt folgen. www.cornwallpublictransport.info
Pkw: Von Bodmin A 389 Richtung Wadebridge, bei Mount Charles rechts B 3266 nach St Trudy, erste Straße links nach Pencarrow (beschildert)
Öffnungszeiten 1. März bis 31. Oktober täglich 09.30–17.30 Uhr, Haus, Café und Shop ab 5. April Sonntag bis Donnerstag 11.00–17.00 Uhr
Eintrittspreise (2017) Garten Erwachsene £ 5,75, Kinder frei, Rentner £ 5,25

bedingt;

In der Nähe Lanhydrock* (42), Pinsla Garden & Nursery (47), Bodmin Moor, Padstow

Gourmet-Zentrum Padstow Bei Fans und Einheimischen als Padstein bekannt, liegt das kleine Fischerdorf Padstow an der Camelmündung an Cornwalls Atlantikküste. Gegründet vor dreißig Jahren unter dem Motto »Fangfrischer Fisch«, ist das Seafood Restaurant (eine Reservierung ist dringend zu empfehlen) einer von vier gastronomischen Betrieben, darunter ein gehobenes Fish-and-Chips-Restaurant, am Ort. Eine Kochschule, spezialisiert auf Fisch und Meeresfrüchte, und ein Delikatessenladen runden das Angebot ab. Rick Steins Aktivitäten rückten Padstow ins Rampenlicht, Arbeitsplätze wurden geschaffen und auch die kulinarischen Besonderheiten Cornwalls bekannt gemacht. Winter und Frühling sind die besten Zeiten für einen Besuch, bevor die richtige Urlaubszeit beginnt. www.rickstein.com

45 Penjerrick

Penjerrick House, Budock Water, Falmouth, Cornwall TR11 5ED
Telefon +44 (0) 1872 870 105
www.penjerrickgarden.co.uk

Besitzerin Rachel Morin
Der Garten in Stichworten Waldgarten mit seltenen Gehölzen
Entstehungszeit 1839–1880
Gestalter Barclay Robert Fox, Robert Were Fox II
Größe 4 ha in zwei Teilen

Penjerrick ist der Inbegriff eines geheimen, vergessenen Gartens. Im 19. Jahrhundert viel besucht und gelobt, treibt es heutzutage nur wenige Besucher hierher. Es ist nicht so, dass dieser Garten abgelegen oder schwierig zu finden wäre, er geht jedoch mit seinem unscheinbaren Auftritt einfach in der Fülle der Gärten dieser Gegend unter. Alles was man sieht, wenn man an der Zufahrt entlang fährt, sind Wiese und Wald, kein Haus, kein offensichtlicher Garten, kein großer Parkplatz, nur angedeutete Parkbuchten. Den Eingang, eine schmale Pforte im zarten Gitter um den »Wald«, der auf der linken Seite liegt, muss man erst suchen; Eintritt zahlt man im dort hängenden Ehrlichkeitskasten.

Wagt man es einzutreten, ist die Artenvielfalt der Vegetation erstaunlich: Kamelien, Rhododendren, Pieris und chilenische Myrte *(Luma apiculata)*, um nur einiges zu nennen. Weiter den Hang hinab sind ein Taschentuchbaum *(Davidia involucrata)* und ein Mammutbaum *(Sequoia giganteum)* nicht zu übersehen. Wer meint, dies sei alles, dem steht die größte Überraschung noch bevor. Denn getrennt vom Obergarten und nur über eine Holzbrücke erreichbar, liegt der geheime Garten von Penjerrick. Ein Garten, der allmählich von der Natur zurückerobert wird, der aber von unbeschreiblicher Stimmung und Schönheit ist. Die schmalen Wege sind wie Trampelpfade, uneben und manche von Vegetation versperrt. Das Gefühl, an einem anderen Breitengrad zu sein, verstärkt sich, je weiter man in das Tal vordringt. Teiche und Lichtungen sind stufenweise den Hang hinunter angeordnet. Baumfarne wachsen frei vor sich hin; kein Wunder, dass hier Filme gedreht werden.

Von unten führt der Weg seitlich hinauf Richtung Brücke und Haus. In den 1930er-Jahren erbaut, ist das Anwesen jetzt in Wohnungen aufgeteilt. Bitte respektieren Sie die Privatsphäre der Mieter, denn der Rundweg führt am Haus vorbei. Eine gepflegte Unordnung zieht sich durch die Anlage. Der Garten wird betreut, aber es fehlt an finanziellen Mitteln, um Penjerrick wieder instand zu setzen. Dennoch ist die Hand des Gestalters noch zu spüren. Als Barclay Robert Fox das Anwesen 1839 von seinem Vater Robert Were Fox II überschrieben bekam, beschäftigte er sich sofort mit der Umge-

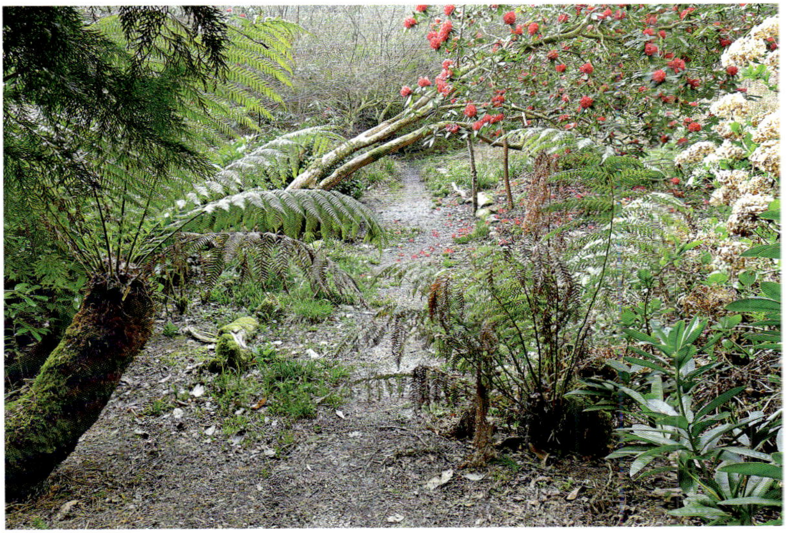

staltung des Grundstücks, das sich bis zum Meer erstreckte. Bäume wurde gerodet, Blickschneisen geöffnet, die Zufahrt zum Haus erstellt, Teiche ausgehoben, Steine geschichtet und das damalige Haus als Sommerresidenz für ihn, seine Eltern und Schwestern ausgebaut. Barclay starb 1855; sein Vater setzte seine Arbeit fort. Eine Grotte und ein Farngarten wurden in der Nähe des Hauses angelegt und zahlreiche Koniferen gepflanzt. Der Garten wurde dem National Trust angeboten, aber nicht von ihm übernommen. So bleibt es Mrs Morin überlassen, den Garten so gut wie möglich zu erhalten.

Empfohlene Jahreszeit März bis Mai
Mindestzeit für einen Besuch 1 ½ Stunden
Anfahrt *Öffentliche Verkehrsmittel:* Bus Nummer 35 verkehrt stündlich zwischen Falmouth and Penjerrick.
Pkw: von Falmouth A39, dann Schildern nach Glendurgan und Trebah folgen; nach etwa 5 km Schildern nach Penjerrick folgen
Öffnungszeiten 1. März – 30. September, Sonntag, Mittwoch und Freitag 13.30 – 16.30 Uhr oder nach Vereinbarung
Eintrittspreise (2017) Erwachsene £ 3, Kinder bis 15 Jahre £ 1,50

P *nicht ausgewiesen, seitlich der Zufahrt;* *festes Schuhwerk erforderlich;* ♿ *nicht behindertengerecht*

In der Nähe Glendurgan Garden* (39), Trebah Garden* (53)

46 Pine Lodge Gardens and Nursery*

Holmbush, St Austell, Cornwall PL25 3RQ
Telefon +44 (0)1726 73500
www.pine-lodge.co.uk
office@pinelodgegardens.co.uk

Besitzer Shirley und Raymond Clemo
Der Garten in Stichworten Zeitgenössischer Sammlergarten mit Themenbereichen, u. a. Arboretum, Pinetum, japanischer Garten, Wassergarten, Senkgarten, Cottage-Garten, Wintergarten, Schattenbepflanzung, Park und See, Frühlingsblüher, Staudenrabatten, Gartencenter
Entstehungszeit Seit 1948
Gestalter Verschiedene, auch Shirley und Raymond Clemo
Größe 2 ha, 12 ha Park und Wald

Begeisterung und die Liebe zu Pflanzen sind in Pine Lodge Gardens am Stadtrand von St Austell spürbar. Für Gartengestalter und Freunde guten Designs mag der Garten zu kleinteilig und niedlich sein, dennoch hat Pine Lodge ein besonderes Flair und weist beispielhafte Bereiche auf. Man darf sich nicht von den nostalgischen Hinweisschildern, den Holzhütten im Eingangsbereich und auch nicht von der Gartenornamentik irritieren lassen. Einige der neueren Themenbereiche, beispielsweise das Pinetum und das Arboretum, müssen noch reifen, aber sie sind schon heute Ausweis der botanischen Begeisterung des Ehepaars Clemo.

Die meisten Themengärten gehen ineinander über, doch der Wintergarten, der starke Ähnlichkeit mit einer riesigen Grabbepflanzung hat, befindet sich scheinbar willkürlich mitten auf der Wiese, ohne Bezug zu den anderen Bereichen. Außergewöhnlich ist der japanische Garten. Weder übertrieben noch überpflanzt, ist er eingebettet in die Landschaft und strahlt Ruhe und Besinnlichkeit aus, die guttun. Auch der Wassergarten, 1989 im reiferen Teil des Gartens mit einer parkartigen Randbepflanzung mit unterschiedlichen Magnolien angelegt, zeigt den gekonnten Umgang mit Pflanzenmaterial. Hier kann der Besucher wirklich etwas lernen.

Empfohlene Jahreszeit Mai bis September
Mindestzeit für einen Besuch 1 ½ Stunden
Anfahrt *Öffentliche Verkehrsmittel:* Bus 527 von Busstation St Austell Richtung Eden Project, verkehrt zwischen Newquay und Eden Project über St Austell, www.westerngreyhound.com
Pkw: Gut beschildert, auf der A 390 kurz hinter der Kreuzung mit der A 391, am Ortsrand von St Austell
Öffnungszeiten Ganzjährig, außer 24. und 25. Dezember, 10.00–18.00 Uhr, letzter Einlass 17.00 Uhr

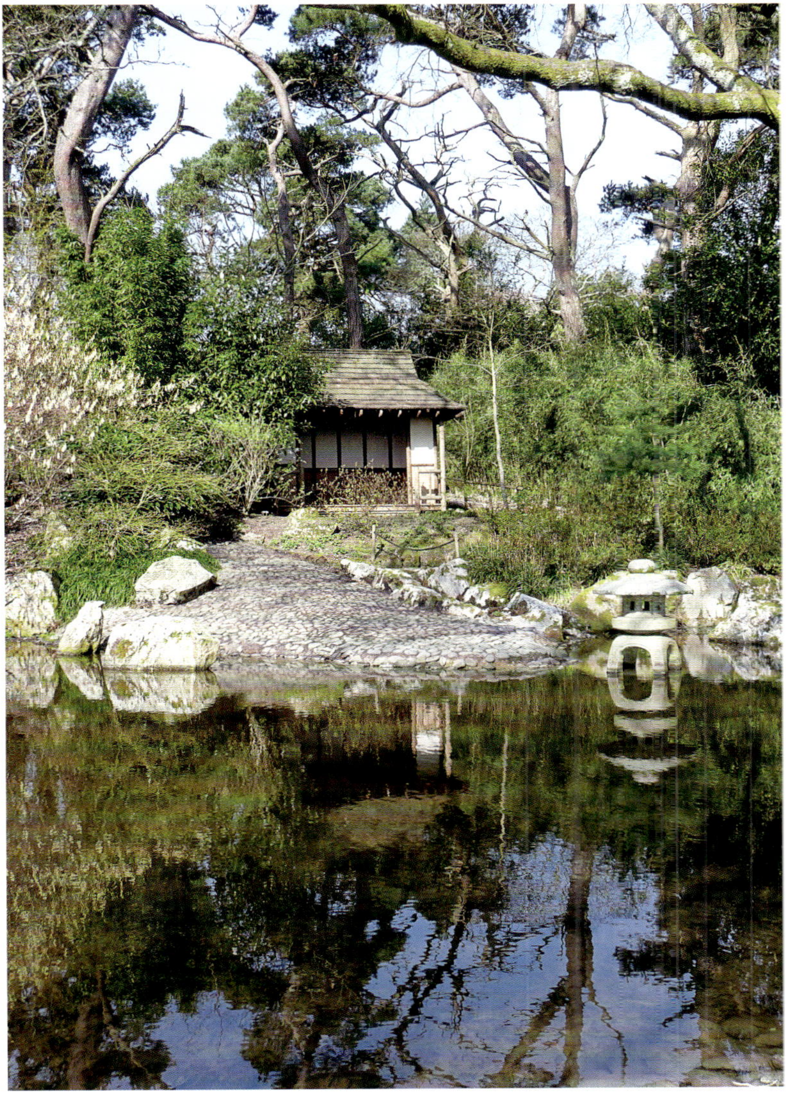

Eintrittspreise Erwachsene £ 8,50, Kinder ab 5 Jahren £ 4,50, Rentner £ 8

Gartenführer und Plan;

In der Nähe The Eden Project* (50), The Hidden Valley Gardens* (51), The Lost Gardens of Heligan** (52), Tregrehan (54)

47 Pinsla Garden & Nursery

Pinsla Garden & Nursery, Cardinham, Bodmin, Cornwall PL30 4AY
Telefon +44 (0) 1208 821 339
www.pinslagarden.net
cwoodbine@btinternet.com

Besitzer Mark und Claire Woodbine
Der Garten in Stichworten Cottage-Garten
Entstehungszeit Seit 1982
Gestalterin Claire Woodbine
Größe 6000 m²

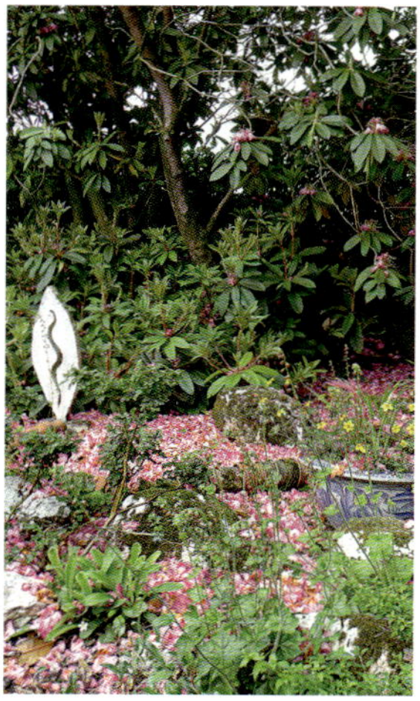

Sanfte Hügel mit bewaldeten Tälern, schmale Brücken über rauschenden Bächen und für kornische Verhältnisse breite Straßen, gesäumt von Erdwällen und bekrönt mit Buchenhecken, prägen die Landschaft um Pinsla Garten. Als Mark und Claire Woodbine 1982 hierher zogen, dominierte die mit immergrünem Kirschlorbeer *(Prunus laurocerasus)* bepflanzte Einfahrt. Der Garten war klein und schattig, und das niedrige Haus, erbaut 1768 in pittoreskem Stil aus örtlichem Granit mit Schieferdach, war renovierungsbedürftig.

Für Stadtbewohner ohne gärtnerische Vorkenntnisse und mit eingeschränktem Budget war es eine steile Lernkurve. Claire stieß auf Joachim Wolschke-Bulmahns Buch *Nature & Ideology, Natural Garden Design in the Twentieth Century* und fand hier ihre Wünsche und Vorstellungen hinsichtlich der Gestaltung ihres Gartens bestätigt. Das Ergebnis ist ein individueller Garten mit naturhaftem Charakter, der dennoch Platz für Besonderheiten bietet. Der Wald wurde zurückgedrängt; Wege wurden dort angelegt, wo sie passen: ein schwungvolles Netz, das durch Baumgänge, an Pflanzinseln vorbei und über kleine Hügel führt. Altes Material fand eine neue Verwendung: Ziegelsteine am Boden, Edelstahlbänder als Wildabsperrung an der Grenze zum Wald, Blumentöpfe wurden zu einer Schlange geformt und Metallteile in Mobiles verarbeitet. Diese Gegenstände und Objekte verstärken das individuelle Flair des Gartens ebenso wie die Feen und Maskenbilder, die in der Nähe des Eingangs zum Garten angeboten werden und ab und an zwischen der Vegetation auftauchen.

In den Anfangsjahren war das Geld knapp, und das Ehepaar lernte, wie man Stauden zieht, aussät, teilt und züchtet. Aus diesem bescheidenen Anfang entwickelte sich die kleine Gärtnerei mit einem erlesenen Angebot an Schatten- und Halbschat-

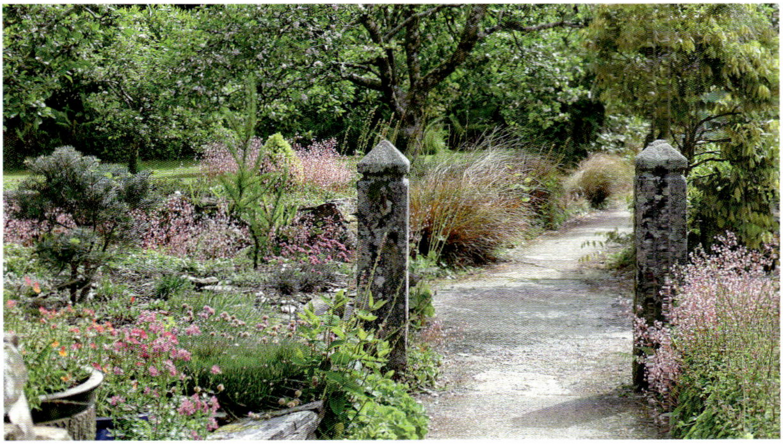

tenstauden, die Claire Woodbine inzwischen auf Pflanzenbörsen im Südwesten von England und im Garten selbst anbietet. Es sind die Pflanzen, die den Garten auszeichnen: eine spannende Abfolge von Stauden, Gehölzen und Geophyten, eng gepflanzt in den organisch fließenden, amorphen Beeten. Das Halbmondbeet, der Grasgarten und der Cottage-Garten vor dem Haus verschmelzen zu einem harmonischen Mosaik an Farben und Formen. Etwas abseits vom Haus befindet sich ein Kreis stehender Steine. Tief in die Erde eingebettet, haben die Steine etwas Ursprüngliches und Mystisches, als würden sie seit jeher dort stehen und nicht erst seit wenigen Jahren. Gerade weil Pinsla Garden mit seiner spielerischen Art und den beispielhaften Pflanzpartien aus der Reihe fällt, ist ein Besuch wohltuend und erfrischend. Die Stimmung dieses verborgenen Gartens berührt das Gemüt und bringt den besonderen Charakter von Cornwall besonders schön zum Ausdruck.

Empfohlene Jahreszeit April bis Juni
Mindestzeit für einen Besuch ¾ Stunde
Anfahrt *Öffentliche Verkehrsmittel:* Mit öffentlichen Verkehrsmitteln nicht erreichbar. *Pkw:* Von A30 kommend Ausfahrt A38 Richtung Liskeard, am Verkehrskreisel von Lanhydrock braunen Schildern nach Cardinham Woods und Crematorium folgen, danach beschildert nach Pinsla Garden & Nursery, Anwesen befindet sich auf der rechten Seite.
Öffnungszeiten Ab letzter Februarwoche bis Ende Oktober täglich 10.00–17.00 Uhr
Eintrittspreise (2017) Erwachsene £3, Kinder frei, Eintritt zur Staudengärtnerei frei

Tee & Kuchen; *bedingt behindertengerecht;* *Hunde an der Leine erlaubt;*

In der Nähe Lanhydrock* (42)

48 Poppy Cottage Garden

Poppy Cottage, Ruan High Lanes, Truro, Cornwall TR2 5JR
Telefon +44 (0) 1872 501 411
www.poppycottagegarden.co.uk

Besitzer Dave and Tina Primmer
Der Garten in Stichworten Cottage-Garten
Entstehungszeit Seit 1982
Gestalterin Tina Primmer
Größe 4000 m²

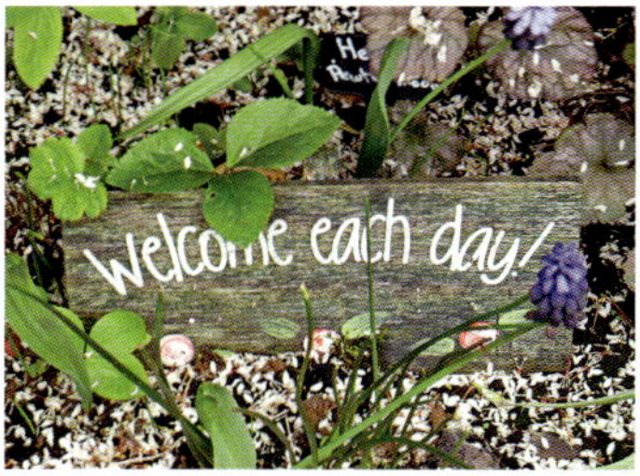

In einer Gegend, die sonst von weitläufigen Landhausgärten mit zugehörigen Waldgärten geprägt ist, erwartet man nicht, einen blumenreichen Cottage-Garten zu finden. Als Tina und Dave Primmer 1998 hierher zogen, waren das über zweihundert Jahre alte Feldarbeiter-Cottage verwahrlost und der etwa vier Meter breite und siebzig Meter lange Gartenstreifen seitlich vom Haus und parallel zur Straße überwuchert. Für das Ehepaar, beide gelernte Gärtner, war es eine Herausforderung hier einen Garten anzulegen, aber Dank ihres Fachwissens und ihrer Intuition haben sie es gemeistert. Der Garten wurde in drei aufeinander folgende Räume unterteilt, was die schlauchartige Wirkung überspielt, aber den beiden auch die Möglichkeit gab, ihre Leidenschaft für Stauden und Geophyten sowie ihren Sinn für Farbgebung voll umzusetzen. Ein schmaler geschwungener Weg zwischen den Beeten führt den Besucher durch ein Meer von Blumen: Im ersten Abschnitt befinden sich die Blautöne, von hier geht es durch einen Bogen zur nächsten Partie, gefüllt mit warmen Farben, der dritte Bereich bietet feurige Rottöne, gesprenkelt mit Gelb und Orange und abgesetzt durch saftige Grüntöne.

2003 ist es den Primmers gelungen, einen weiteren Streifen Land parallel zu ihrem Grundstück zu erwerben. Fast doppelt so lang wie der ursprüngliche Garten und um ein Fünffaches breiter, folgt der neue Gartenplan einem Konzept, in das die alten Gartenpartien, die über einen Meter tiefer lagen, integriert wurden. Das Geflügel, früher im letzten Gartenraum untergebracht, bekam ein eigenes Areal mit Teich und passender naturnaher Bepflanzung am Ende des Grundstücks, groß genug, um die »Pompon«-Enten, »Silkies« und mehr aufzunehmen. Im Anschluss an diesen Bereich wurde eine kleine Verkaufsfläche angelegt. Statt in einer Abfolge von dicht bepflanzten Beeten, wurde der »neue« Garten in vier aufeinanderfolgenden Gartenräumen angelegt. Großzügig, parkartig und mit fließenden Konturen entstand nicht nur mehr Fläche für ausgesuchte Staudenpartien und Bodendecker, sondern auch für Gehölze und sogar für einen kleinen Brunnen mit Bach. Ziergehölze, abgestimmt in ihrer Farbe und Blüte auf die Bodendecker zu ihren Füßen, und eine große Zahl von immergrünen Spezies wurden als raumbildende Elemente eingesetzt; in der Mitte befindet sich ein englischer Rasen als neutrale Fläche.

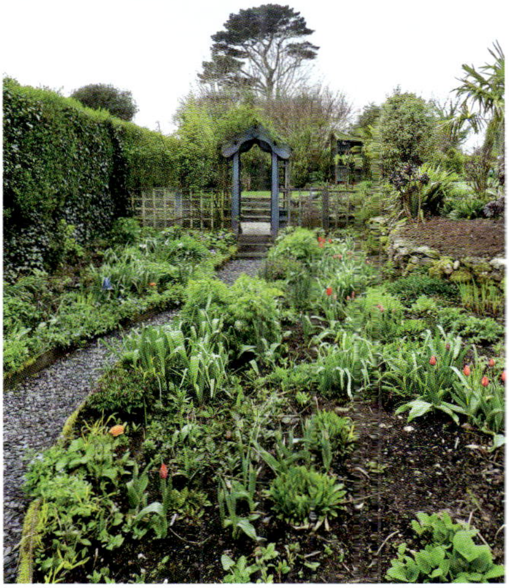

Die Stärke des Gartens liegt eindeutig in der Pflanzenkombination und farblichen Abstimmung. Auf die Frage, woher sie ihre Inspirationen hole, erklärt Tina Primmer, sie stelle die Pflanzen so zusammen, als würde sie sie malen. Poppy Cottage, benannt nach ihren Lieblingspflanzen, Mohnblumen, die an prägnanten Stellen im Garten verteilt sind, ist ein Sonderfall unter den Gärten in Cornwall und ein Beweis dafür, was mit Fachkenntnis, Teamarbeit, Enthusiasmus und Energie möglich ist.

Empfohlene Jahreszeit Mai – Anfang August
Mindestzeit für einen Besuch ¾ Stunde
Anfahrt *Öffentliche Verkehrsmittel:* Bus 50 von Truro nach St Mawes, Haltestelle Ruan High Lanes, Wayside, bitte fragen.
Pkw: Liegt an der A3078 nach St Mawes, beschildert
Öffnungszeiten März – September, Sonntag – Donnerstag sowie an gesetzlichen Feiertagen in England 14.00 – 17.30 Uhr oder mit Voranmeldung
Eintrittspreise (2017) Erwachsene £ 4, Kinder frei

WC *Tee & Kuchen;* *bedingt behindertengerecht;* P *Hunde an der Leine erlaubt*

In der Nähe Lamorran House Gardens** (41), Caerhays Castle Gardens** (37), The Lost Gardens of Heligan** (52)

49 St Michael's Mount

Marazion, bei Penzance, Cornwall TR17 0EF
Telefon +44 (0) 1736 710 507
www.nationaltrust.org.uk
stmichaelsmount@nationaltrust.org.uk
www.stmichaelsmount.co.uk

Besitzer James und Mary St Aubyn, mit National Trust, seit 1964
Der Garten in Stichworten Historischer Hanggarten mit teilweise zeitgenössischen Ergänzungen, Steingarten, Terrassen
Entstehungszeit 18. Jahrhundert, ergänzt im 20. Jahrhundert
Gestalter Lord St Levan
Größe Garten 2 ha
Denkmalgeschützt Grade II

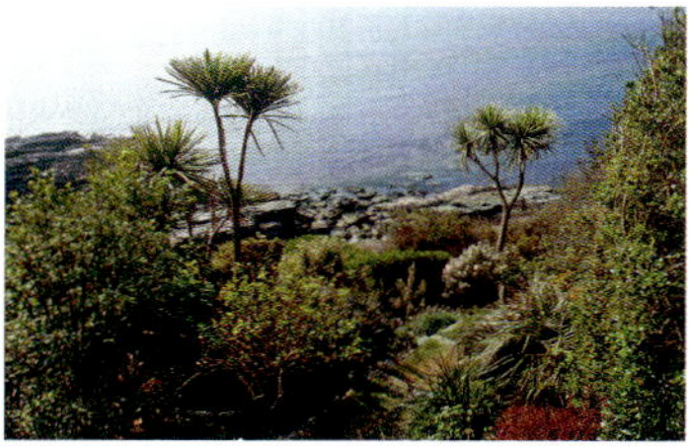

Die fast 70 Meter aus dem Meer aufsteigende Gezeiteninsel St Michael's Mount, das Wahrzeichen Cornwalls, dominiert die Bucht von Mount's Bay. Dass sich hier auch ein beispielhafter Garten verbirgt, wird nur von wenigen Besuchern wahrgenommen. Angelegt auf einer Vielzahl von Terrassen an der südöstlichen Flanke des Inselbergs, hat er mehr Ähnlichkeit mit einem mediterranen Garten als mit einem typisch englischen. Die schmalen Terrassen wirken wie aus dem Granitfelsen gemeißelt, mit zum Teil steilen, unebenen Stufen zwischen den Ebenen. Im Schutz von Mauern wächst ein reiches Sortiment an Steingewächsen wie Yuccas, Heben und Fuchsien. Verwilderte Fackellilien *(Kniphofia)* tauchen überall an den Hängen zum Meer hinunter auf. Teil des Besuchserlebnisses ist der Zugang zur Insel, der von den Gezeiten und der Witterung bestimmt ist. Wenn man zu Fuß auf dem sehr schönen, erhöhten und gepflasterten Damm auf die Insel gelangt, muss man davon ausgehen, den Rückweg mit dem Boot (1 £ pro Person) anzutreten, oder umgekehrt.

Empfohlene Jahreszeit Mai bis September
Mindestzeit für einen Besuch 2 ½ Stunden, einschließlich Hin- und Rückweg beziehungsweise -fahrt, 4 Stunden mit Burg
Anfahrt *Öffentliche Verkehrsmittel:* Bus First 2A/B ab Penzance nach Helston
Pkw: Vor Penzance, von A 394 von Falmouth durch Marazion (verkehrsberuhigt), von A 30 Ausfahrt beschildert zu den gebührenpflichtigen Parkplätzen, dann zu Fuß oder per Boot (nur Sommer) zur Insel
Zu Fuß: Ab Penzance auf dem Küstenweg, ca. 4,8 km

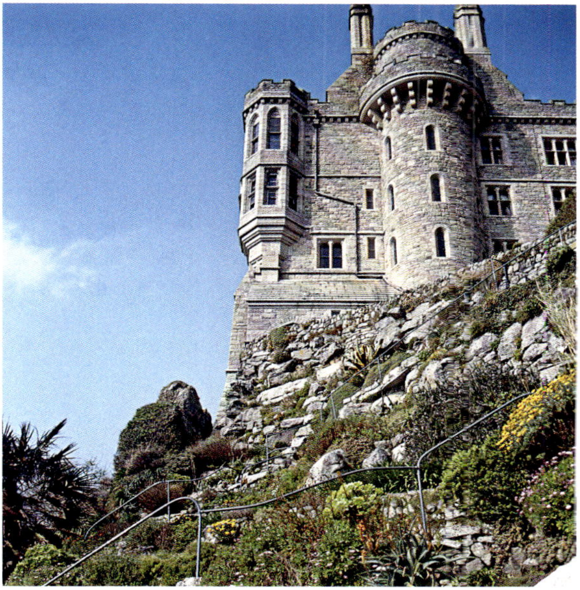

Öffnungszeiten Garten (anders als St Michael's Mount) Mai–Juni Montag bis Freitag 10.30–17.00 Uhr, Juli–Oktober Donnerstag und Freitag 10.30–17.00 Uhr; vorher unbedingt informieren (+44 (0)1736 710507), Besuch wetterabhängig
Eintrittspreise (2017) Garten £ 6, Kinder £ 3; zu berücksichtigen sind die Gebühren für Bootsfahrt und Parkplatz

erschwert für Behinderte wegen Übergang/Überfahrt sowie der steilen und unebenen Stufen auf der Insel; gutes, wasserfestes Schuhwerk;

In der Nähe St Ives, Barbara Hepworth Museum and Sculpture Garden** (34), Godolphin (40), Trengwainton Garden** (56)

Gezeiten An der gesamten Küste Cornwalls erfolgt der Wechsel zwischen Ebbe und Flut sehr schnell. Kenner haben daher stets den regionalen Gezeitenplan (Tide Table) bei sich, der in Zeitungsläden und bei Fährstationen erhältlich ist und auch in den Häfen aushängt. Richtwert ist ein Sechs-Stunden-Takt zwischen Ebbe und Flut und eine Höhendifferenz von bis zu 6 Metern. In den Ordnance-Survey-Karten ist die Höhe der Flut mit einem blauen Strich markiert. Weitere Informationen unter www.bbc.co.uk/weather/coast_and_sea/tide_tables/10 oder www.metoffice.gov.uk/public/weather/tide-times

50 The Eden Project*

Bodelva, St Austell, Cornwall PL24 2SG
Telefon +44 (0) 1726 811 911
www.edenproject.com

Besitzer Eden Trust
Der Garten in Stichworten Tropische und mediterrane Lebensbereiche in den Gewächshäusern »Biomen«, Themengärten im Freigelände, Kunstwerke, umweltbewusst, nachhaltig, von großem pädagogischem Wert
Entstehungszeit 2001
Gestalter Tim Smit, Landuse Consultants, Architekt Biomen Nicholas Grimshaw
Größe 14,9 ha

Als man sich die ersten Gedanken zum Eden Project machte, hielten es viele für wahnsinnig, bestenfalls gewagt, ein lebloses Abbaugebiet in einer der ärmsten Gegenden Europas durch einen Garten wieder zum Leben erwecken zu wollen. Das Projekt wurde im Frühling 2001 eröffnet und ist heute für Tausende von Menschen ein Grund, nach Cornwall zu reisen; die Dimensionen und die Vielfalt sind beeindruckend. Das Areal mit der Größe von 35 Fußballfeldern wurde in einem 50 Meter tiefen Krater angelegt, der beim Abbau von China Clay, Kaolin oder Porzellanerde, entstanden war. Die futuristische Architektur der kugeligen Glashäuser, die wie Pilze aus dem Boden zu wachsen scheinen, dominiert die Anlage. In diesen Biomen genannten Wundern der Bauingenieurskunst aus über achthundert sechseckigen Stahlteilen werden Lebensbereiche dargestellt, in einem aus den Tropen, in einem anderen aus dem Mittelmeerraum. Ziel ist es, ein besseres Verständnis für die Wechselwirkung zwischen Mensch, Flora und Fauna wie auch Kulturlandschaft zu vermitteln.

Das Thema Nachhaltigkeit wird großgeschrieben, was man trotz der guten Informationstafeln erst durch eine sachkundige Führung (mindestens 1 Stunde) so richtig begreift. Erklärt werden das Wechselspiel zwischen Pflanzen, Vögeln, Insekten und, wenn auch nur andeutungsweise, der Kulturlandschaft in Form des Anbaus von Kaffee, Tee oder Gummi und die auch damit verbundenen Probleme. Das Freigelände hat eine gewisse Ähnlichkeit mit einer Bundesgartenschau. Es wurde großflächig angelegt, wenn auch thematisch gegliedert und mit Kunstwerken bereichert. Im Gegensatz zu den Biomen fehlt es den Außenanlagen jedoch oft an menschlicher Maßstäblichkeit. Das Eden Project entwickelt sich kontinuierlich, ist dynamisch, spannend und andersartig.

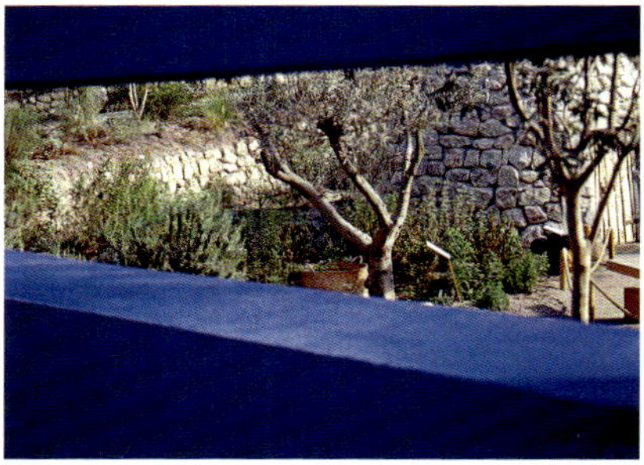

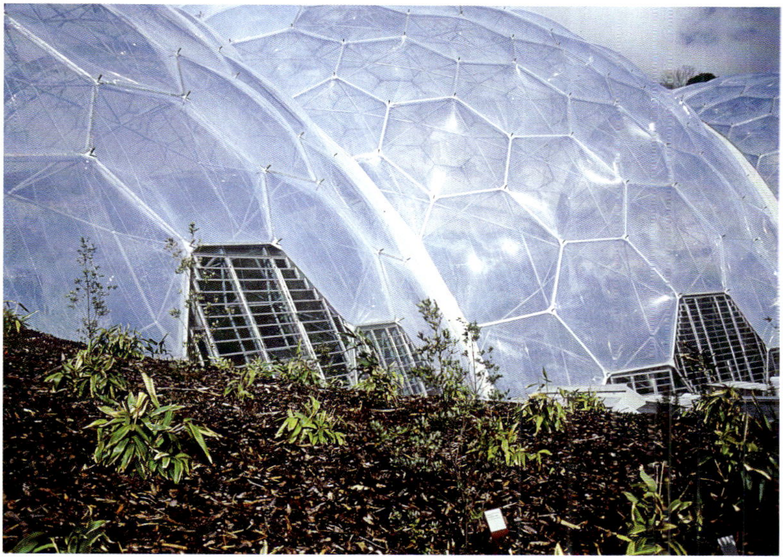

Empfohlene Jahreszeit Ganzjährig, wegen des Andrangs während der Sommerferien (Ende Juli bis Ende August) meiden oder vor 11.00 Uhr besuchen

Mindestzeit für einen Besuch 3 Stunden

Anfahrt *Öffentliche Verkehrsmittel:* Bahn bis St Austell, Truronian Bus 19, auch Bus 527 nach Newquay; weitere direkte Busse von Newquay Bus 527, www.westerngreyhound.com, Helston, Falmouth und Truro bis zum Banana-Parkplatz. Telefon Truronian +44 (0)1872 273453 oder First on +44 (0)870 6082608

Pkw: Nördlich von St Austell, gut beschildert ab A 30 Ausfahrt St Austell

Öffnungszeiten Ganzjährig, täglich ab 10.00 Uhr, im Winter bis 16.30 Uhr, im Sommer bis 18.00 Uhr; Achtung: letzter Einlass 90 Minuten vor Schluss

Eintrittspreise (2017) Erwachsene £ 25, Kinder (5–16 Jahre) £12,50, unter 5 Jahren frei; 10 % Rabatt auf im Voraus gebuchte Karten; Radfahrer und Besucher zu Fuß erhalten Ermäßigung.

In der Nähe Caerhays Castle Gardens** (37), Pine Lodge Gardens and Nursery* (46), The Lost Gardens of Heligan** (52), Poppy Cottage Garden (48), Tregrehan (54)

51 The Hidden Valley Gardens*

Hidden Valley Gardens, Treesmill (nr Par), Cornwall PL24 2TU
Telefon +44 (0) 1208 873 225
www.hiddenvalleygardens.co.uk
hiddenvalleygardens@yahoo.co.uk

Besitzer Peter und Tricia Howard
Der Garten in Stichworten Schaugarten mit Blumenrabatten, Sumpfgarten, Parterre, japanischer Garten, Farngarten
Entstehungszeit Seit 1999
Gestalterin Tricia Howard
Größe 1,6 ha

The Hidden Valley Garden ist die Verwirklichung von Tricia Howards Traum, einen romantischen Blumengarten samt Themenbereichen, Gärtnerei und Teehäuschen in Cornwall anzulegen. Er ist die Verschmelzung aller ihrer Ideen und eine Art Schaugarten, in dem Gartenliebhaber sich Inspirationen holen können. Während andere den Umzugswagen mit häuslichen Gegenständen vollpacken, ließen die Howards im November 1999, als sie aus Yorkshire im Norden von England hierher zogen, Pflanzen und ein Glashaus mit aufladen. Damals gab es keine Spur von einem Garten auf dem etwa 1,6 Hektar großen, rechteckigen Grundstück, lediglich eine Obstwiese, Feldhecken und einzelne Bäume. Die Verwandlung ist enorm und bewundernswert, wenn man bedenkt, dass Tricia in den ersten Jahren alles eigenhändig anlegte. Peter pendelte damals und konnte seine Ehefrau nur am Wochenende unterstützen.

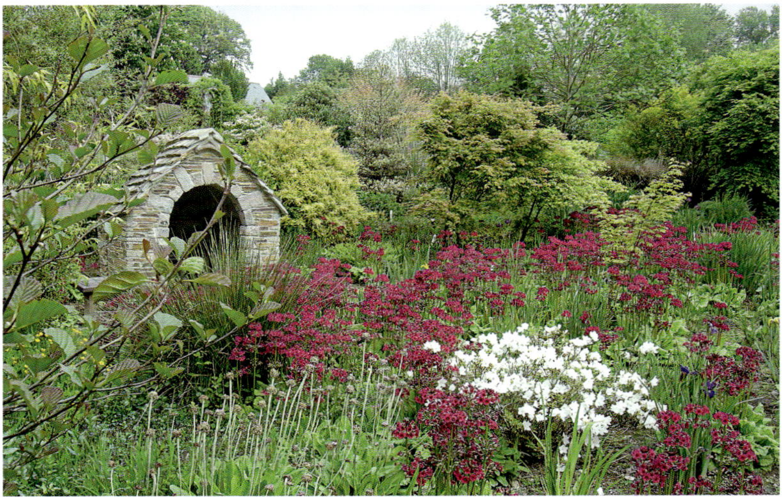

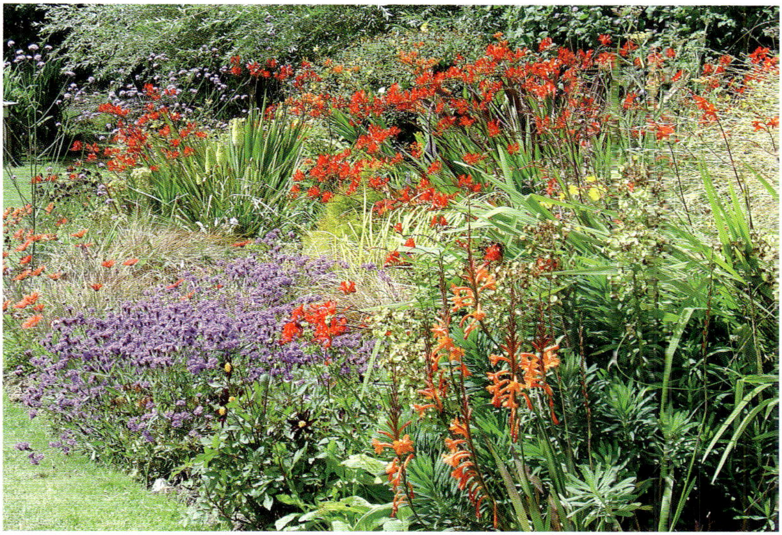

Begrenzt an der östlichen Seite von einem Bahndamm, den man kaum wahrnimmt gliedert sich der Garten in drei Bereiche: in den Hang oberhalb des Wohnhauses, in die Gartenpartie seitlich vom Eingang, abfallend zu einem kleinen Teich mit japanisch inspiriertem Garten, Sumpfgarten und mittig liegenden Inselbeeten und schließlich neue Pflanzbeete nach Art eines Sichtungsgartens im alten Nutzgarten mit Obstwiese. Das Angebot wird kontinuierlich ergänzt, worunter der intime, private Charakter des Gartens leidet, dennoch sind Tricias und Peters Energie und Ehrgeiz zu bewundern. Versäumen Sie nicht, die Fotos in der Teehütte anzuschauen, denn dort wird klar was das Ehepaar geleistet hat.

Empfohlene Jahreszeit Mai bis September
Mindestzeit für einen Besuch 1 Stunde
Anfahrt *Öffentliche Verkehrsmittel:* Von Par Bahnhof etwa 1 Stunde zu Fuß
Pkw: Von A390 zwischen St Austell und Lostwithiel auf B3269 nach Fowey abbiegen, nach 200 m rechts abbiegen, beschildert, die Landstraße ist eng.
Öffnungszeiten Ende März – Mitte Oktober, Donnerstag – Montag (Dienstag und Mittwoch geschlossen) 10.00 – 18.00 Uhr
Eintrittspreise (2017) Erwachsene £4,50 inklusive Tee/Kaffee (Selbstbedienung), Kinder frei

WC *Selbstbedienung Tee/Kaffee und Kuchen;* P *2 Cottages für 2 und maximal 4 Personen;*

In der Nähe Fowey, Tregrehan (54)

52 The Lost Gardens of Heligan**

Heligan, Pentewan, St Austell, Cornwall PL26 6EN
Telefon +44 (0) 1726 845 100
www.heligan.com
info@heligan.com

Besitzer Heligan Gardens Ltd
Der Garten in Stichworten Historischer Obst- und Gemüsegarten, verschiedene Gewächshäuser, u.a. für Bananen und Ananas, italienischer Garten, Sammlergarten, seltene Gehölze, Rhododendren, Magnolien, Kamelien, Baumfarne, Waldgarten
Entstehungszeit 2. Hälfte des 18. Jahrhunderts bis 1914, restauriert ab 1992
Gestalter Familie Tremayne, Henry Hawkins (1766–1829), John Hearle (1829–1851) und John Tremayne (1851–1901), Heligan Gardens Ltd
Größe 32,3 ha
Denkmalgeschützt Grade II

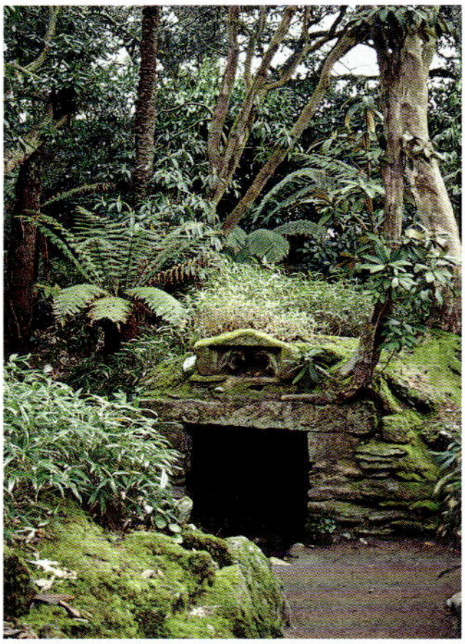

Heligan, einer der ältesten und großartigsten Gärten Cornwalls, war bis Anfang der neunziger Jahre des 20. Jahrhunderts vollkommen in Vergessenheit geraten. Bewuchs hatte ihn gänzlich verschluckt und die seitlichen Täler in einen Urwald verwandelt. Aber dank des Einsatzes von Tim Smit, einem niederländischen Musikproduzenten, John Nelson und einem Team von ehrenamtlichen Helfern nahm die Geschichte eine andere Richtung – der Garten wurde wieder zum Leben erweckt. Die Dokumentation dieser Erweckung im Fernsehen und in Büchern hatte eine enthusiastische Gruppe von »Stammgästen«. Die Gärten – Heligan besteht aus zwei Hauptteilen, in sich wiederum untergliedert – sind unübersichtlich; man kann sich leicht verlaufen und die Zeit vergessen. Schnell mal reinschauen hat keinen Sinn, dieser Garten verdient einen halben Tag. Mittelpunkt ist der obere, »nördliche« Garten, der Nutzgarten, der nach viktorianischen Vorlagen samt dem Ananas-Graben und dem Bananenhaus wiederaufgebaut wurde. Um den riesigen Gemüsegarten, oft versteckt in der typisch kornischen Vegetation von Rhododendren, Kamelien und Magnolien, liegen die romantisch angehauchten Gartenräume und Themenbereiche: der italienische Garten, der Sonnenuhrgarten, die Schlucht und vieles mehr.

Nach all diesen Höhepunkten, möchte man meinen, gäbe es nichts weiter zu sehen, aber der Dschungelgarten, früher japanischer Garten genannt, steht noch bevor. Er ist

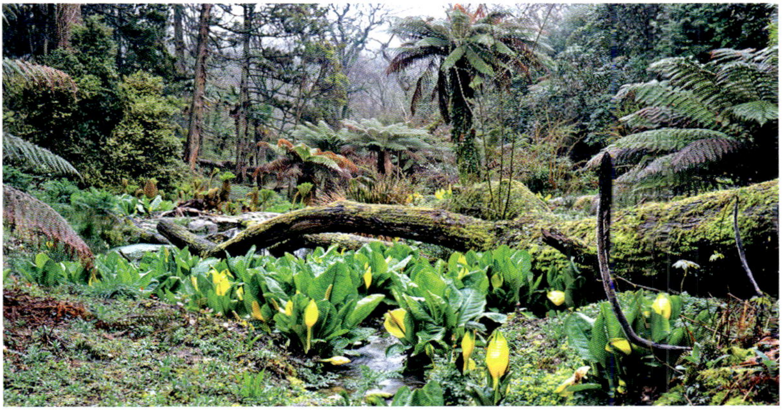

ein Bereich für sich, erst 1992 entdeckt und allmählich restauriert, in dem eine überraschende Vielzahl an exotischen, seltenen und zum Teil riesigen Gehölzen wächst, darunter der größte *Cedrela sinensis* Großbritanniens. Hier, im geschützten, eng abfallenden Tal, befinden sich die größte Sammlung von Baumfarnen in Großbritannien, beeindruckende Bambushaine und vier Teiche mit Begleitpflanzen. Aufgrund des inzwischen hohen Besucheraufkommens, der fast permanenten Feuchtigkeit und damit verbundenen Rutschgefahr führen, vor allem zum Schutz der Wurzeln, inzwischen Holzwege durch das Areal. Heligan ist zum Pilgerort für Gartenfans geworden; es zahlt sich aus, einen Besuch während der Ferienzeit und an Feiertagen zu vermeiden.

Empfohlene Jahreszeit Ganzjährig, am besten unter der Woche und am frühen Morgen
Mindestzeit für den Besuch 2 ½ Stunden, nehmen Sie am besten eine Erfrischung mit.
Anfahrt *Öffentliche Verkehrsmittel:* Bahn bis St Austell, Bus Nr. 526 St Austell–Gorran Haven über Megavissey und Heligan Gardens, www.westerngreyhound.com
Pkw: B 3273 von St Austell nach Mevagissey, hinter Pentewan rechts beschildert
Öffnungszeiten Ganzjährig, täglich, außer Heiligabend und 1. Weihnachtsfeiertag, Hauptsaison April– September 10.00–18.00 Uhr, letzter Einlass 16.30 Uhr; Nebensaison Oktober–März 10.00–17.00 Uhr, letzter Einlass 15.30 Uhr
Eintrittspreise (2017) Erwachsene £ 13,50, Kinder (5–16 Jahre) £ 11,50, Rentner £ 11,50

Dschungelgarten; P

In der Nähe Caerhays Castle Gardens** (37), Pine Lodge Gardens & Nursery* (46), Poppy Cottage Garden (48), The Eden Project* (50), The Hidden Valley Gardens* (51), Tregrehan (54)

53 Trebah Garden*

Mawnan Smith, Falmouth, Cornwall TR11 5JZ
Telefon +44 (0) 1326 252 200
www.trebah-garden.co.uk
mail@trebah-garden.co.uk

Besitzer The Trebah Garden Trust
Der Garten in Stichworten Pflanzenliebhabergarten, subtropischer Waldgarten, Sammlergarten, Bachlauf mit Sumpfgarten
Entstehungszeit seit Anfang des 19. Jahrhunderts
Gestalter Charles Fox, 1906 Charles Hawkins, seit 1981 Tony Hibbert
Größe 10 ha
Denkmalgeschützt Grade II

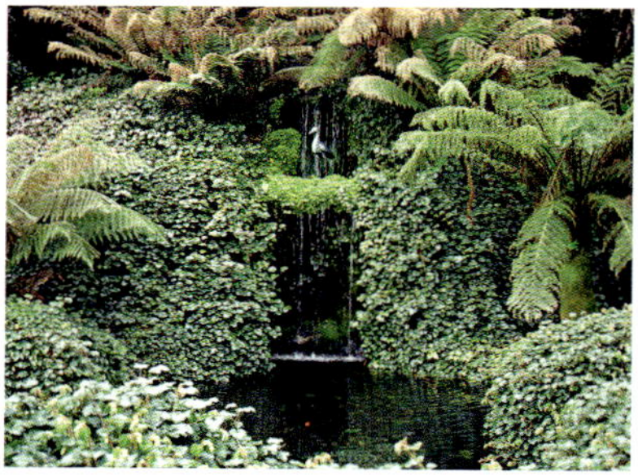

Als sich Major Tony Hibbert und seine Frau 1981 Trebah als Altersruhesitz kauften, ahnten sie nicht, was sich unter dem Dickicht von Vegetation verbarg. Mit Glendurgan als Nachbarn hätten sie jedoch ahnen können, dass sie mehr als ein Haus mit Garten und herrlicher Aussicht zum Helford erworben hatten. Was die Hibberts entdeckten und anschließend in mühevoller Arbeit freilegten, war ein Sammlergarten aus dem 19. Jahrhundert, angelegt von Charles Fox, dem Bruder des Gründers der Glendurgan-Gärten. Auf dem Grundstock der 170 Jahre alten historischen Gärten fingen die Hibberts an, die Pflanzung und Bereiche wie den in der Mitte fließenden, von Uferrandbepflanzung gesäumten Bach mit Tümpeln zu ergänzen. Eine enorme Aufgabe für Privatleute. Als der National Trust 1987 die Übernahme des Gartens ablehnte, da er ohne Mitgift überschrieben werden sollte, entschieden die Hibberts: der Garten muss sich selbst tragen. Heute findet der Besucher einen Erlebnisgarten, in dem immer etwas blüht, von Rhododendren bis Hortensien, mit verschlungenen Wegen, dichter Vegetation, einem Abenteuerspielplatz und eigenem Strand.

Empfohlene Jahreszeit Ganzjährig
Mindestzeit für den Besuch 1 Stunde
Anfahrt *Öffentliche Verkehrsmittel:* Von Falmouth Bus 500 Western Greyhound, www.westerngreyhound.com, hält am Garten, sagen Sie dem Busfahrer, Sie wollen auch hier abgeholt werden; Bus First 35 Falmouth–Helston; vergünstigter Eintritt bei Vorlage der Fahrkarte

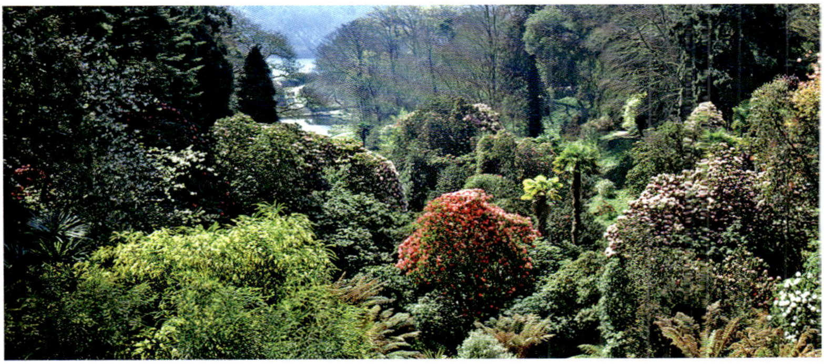

Pkw: Bei Falmouth A 394, von Truro kommend, 2. Kreisel Ausfahrt nach Mawnan Smith, beschildert nach Glendurgan, an den kleinen Stauseen vorbei durch Mawnan Smith, kurz hinter Ortsende nach Glendurgan Garden, auf linker Seite beschildert
Zu Fuß: Südwestküstenweg, hat jedoch keinen Garteneingang
Öffnungszeiten Ganzjährig, täglich 10.00–18.30 Uhr, letzter Einlass 16.00 Uhr
Eintrittspreise (2017) 1. März bis 31. Oktober Erwachsene £ 10, Kinder (5–15 Jahre) £ 4, Rentner/Studenten £ 9; 1. November bis 28. Februar Erwachsene £ 4,50, Kinder (5–15 Jahre) £ 1,50, Rentner/Studenten £ 4, RHS-Mitglieder frei vom 1. November bis 31. März, NT-Mitglieder zahlen den halben Preis von 1. November bis 28. Februar, siehe Webseite für genaue Angaben

In der Nähe Glendurgan Garden* (39, Nachbar), Godolphin (40), Penjerrick (45), St Michael's Mount (49), Trelissick Garden** (55)

Eiscreme Das West Country ist bekannt für seine Molkereiprodukte, insbesondere für Eiscreme. Roskillys Bio-Eis, angeboten in verschiedenen Geschmacksrichtungen, gehört zu den Spezialitäten der Region:
Roskillys Bauernhof und Eissalon auf der Halbinsel Lizard
Roskilly's Ltd
Tregellast Barton Farm, St Keverne, Helston, Cornwall TR12 6NX
Telefon 01326 280479
www.roskillys.co.uk

54 Tregrehan

Tregrehan, Par, Cornwall PL24 2SJ
Telefon+44 (0) 17 26 81 24 38
www.tregrehangarden.uk

Besitzer Tom Hudson
Der Garten in Stichworten Sammlergarten mit Rhododendren, Kamelien und seltenen Gehölzen von der nördlichen und südlichen Halbkugel
Entstehungszeit Ab 1840
Gestalter Edward Carlyon, George (Jovey) Carlyon, Rupert Carylon und Tom Hudson
Größe 8 ha

Tregrehan ist einer der ganz großartigen Gärten, von dem aber nur ganz selten die Rede ist. Für Liebhaber seltener Gehölze ist dieser Ort aber der spannendste Garten ganz Cornwalls. Rosen- und Blumengartenfans werden enttäuscht sein, aber man muss nur die Öffnungszeiten anschauen, um zu merken, dass es in diesem Garten um Blumen ganz anderer Art geht, nämlich die »Rosen des Waldes«, die Rhododendren, sowie um Kamelien und Magnolien.

Mit einem weitläufigen, im Landschaftsstil angelegten Park, durch den die Zufahrt in sanften Bögen hangaufwärts zum Herrenhaus führt, vermittelt die Anlage zunächst einen privaten und abgeschiedenen Eindruck. Nur ganz in der Ferne deuten einzelne Silhouetten schlanker Koniferen darauf hin, dass es auch hier noch etwas zu sehen gibt. Bevor man diesen Bereich jedoch erreicht, muss man zunächst erst eine Art Schleuse passieren, ein Labyrinth alter Wirtschaftsgebäude. Hier ist der Pflanzenverkauf untergebracht, der erste Hinweis darauf, dass es sich bei diesem Anwesen um etwas Besonderes handelt. Von hier aus gelangt der Besucher in den großen ummauerten Garten, dessen vier Quadrate nicht mit Gemüse bepflanzt, sondern mit englischem Rasen, unterbrochen durch einzelne Apfelbäume und herrliche japanische Ahorne um einen mittigen Brunnen, versehen sind. Baumgroßer Neuseeländer Flachs *(Phormium)* säumt den Weg und führt auf das 40 Meter lange Glashaus zu, das in den 1840er-Jahren von Edward Carlyon erbaut wurde.

Verlässt man den ummauerten Garten durch das seitliche Tor, betritt man eine Welt für sich, in der Gehölze völlig andere Dimensionen annehmen und man sich ständig fragt: »Was ist denn das?« Diese »Aladin-Höhle« für Botaniker wurde 1880 von Jovey Carlyon angelegt, der auf der Arbeit seines Vorfahren Edward aufbaute. Zum Tal hin abfallend, geschützt, frostfrei und auf wunderbaren tiefen, leicht sauren Böden gelegen, herrschen hier ideale Bedingungen für eine Fülle an Pflanzen von der nördlichen und der südlichen Halbkugel. Ein Eibenweg nach Plänen des Architekten William Nesfield ist das einzige formale Element und ein guter Orientierungspunkt in einem Garten voller mäandernder Wege. Als Jovey Carlyon sein Erbe antrat, brachte er zahlreiche Pflanzen aus Neuseeland mit, wo er bis dahin gelebt hatte. Hinzu kamen

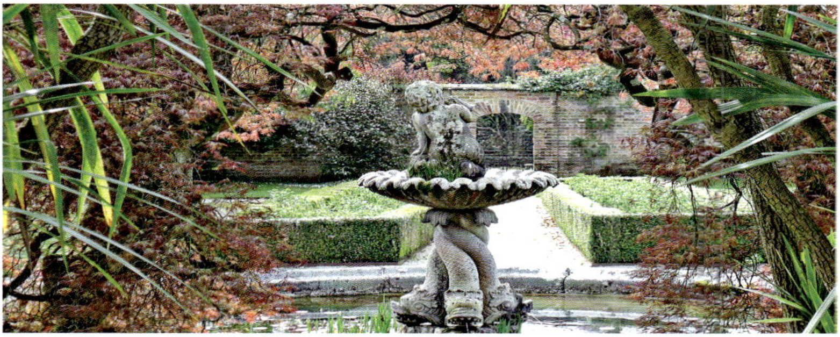

Pflanzen aus Saatgut, das er während zahlreicher Expeditionen in andere Regionen der Welt gesammelt hatte.

Einer seiner Nachfolger, Rupert Carlyon, führte ab 1935 bis zu seinem Tod während des Zweiten Weltkriegs neue Rhododendren-Züchtungen ein, und dessen Tochter Gillian widmete sich in den 1960er-Jahren der Kamelien-Züchtung.

Seit 1987 steht Tregrehan unter der Obhut von Tom Hudson, der ebenfalls in Neuseeland groß geworden ist. Er kümmert sich nicht nur um die Zukunft von Tregrehan, sondern auch um bedrohte Vegetationen in allen Zonen der Welt. Dank Jovey Carlyons gründlichen Aufzeichnungen verfügt man heute über wesentlich mehr Informationen über die sich in Tregrehan befindlichen Spezies als in anderen Gärten. So war es Tom Hudson beispielsweise möglich, Rhododendren wieder nach Vietnam zu exportieren, um ihren Bestand an ihren natürlichen Standorten wieder aufzustocken.

In Tregrehan hat man das Gefühl, alle Bäume der Welt vor sich zu sehen. Dieser Eindruck verstärkt sich in besonderer Weise in »Gondwanaland« am Ende des Gartens. Unter den Baumkronen von Buchen und Eichen gedeihen hier Baumfarne sowie andere Exoten wie *Schefflera macrophylla* und *Pterocarya*. Hierin liegt die Besonderheit dieses Gartens: das Gesamtbild passt, jede Pflanze ist auf die anderen abgestimmt.

Empfohlene Jahreszeit Zu den Hauptöffnungszeiten März bis Mai
Mindestzeit für den Besuch 1 Stunde
Anfahrt *Öffentliche Verkehrsmittel:* Bus von St Austell
Pkw: liegt an der A 390 vor St Austell
Öffnungszeiten Mitte März – 30. Mai, Mittwoch, Donnerstag, Freitag, Sonntag 10.30 – 17.00 Uhr; Juni – Ende August nur Mittwoch 13.00 – 16.30 Uhr
Eintrittspreise (2017) Erwachsene £ 7, Kinder unter 16 Jahren frei

WC *Café (Selbstbedienung);* *Pflanzenbörse;* *bedingt behindertengerecht;* P
5 Cottages; *festes Schuhwerk erforderlich;*

In der Nähe Pine Lodge Gardens and Nursery* (46), The Eden Project* (50), The Hidden Valley Gardens* (51)

Die Pflanzensammler und der Garten

Häufig fragt man sich, woher die exotischen Gehölze kamen. Hon. Henry Digby von Minterne Gardens erläutert, dass die Expeditionen der Pflanzensammler bis zum Beginn des 20. Jahrhunderts von den großen Familien wie den Digbys mitfinanziert wurden; je nach Höhe ihrer Einlage erhielten die Finanziers einen gewissen Anteil an Pflanzen und Saat. So bauten sie Sammlungen von Neuheiten und Raritäten, oft ohne Namen, auf. Diese Pflanzen sind teilweise in Listen und Aufzeichnungen festgehalten, aber heute zum großen Teil sehr schlecht zu identifizieren.

So wie in Minterne sind in Bicton Park Botanical Gardens, Caerhays Castle Gardens und Tresco Abbey Gardens, aber auch in allen anderen Gärten Cornwalls die Souvenirs der großen botanischen Sammler verborgen: Die Namen der großartigen Pflanzensammler wie E. H. Wilson, George Forrest, Joseph Rock, Frank Kingdon-Ward sind in den Bezeichnungen mehrerer gängiger Gartenpflanzen verewigt, etwa in *Rhododendron wardii, Abies veitchii, Magnolia wilsonii, Magnolia* x *veitchii.*

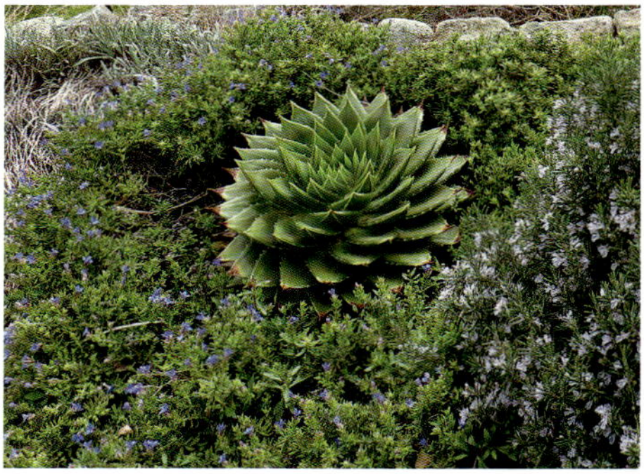

Aloe polyphylla

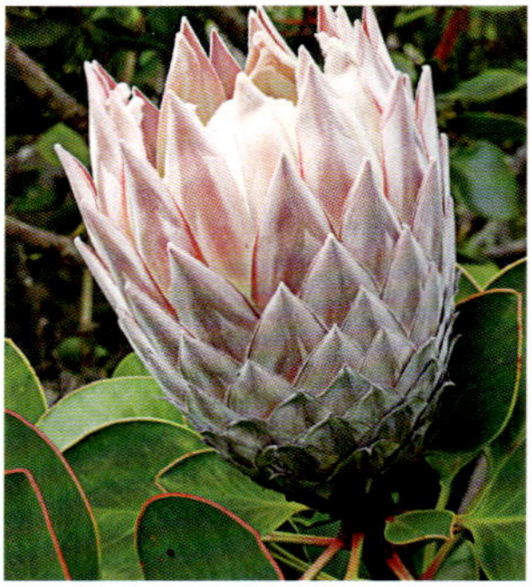

Protea cynaroides

Rhododendron falconeri

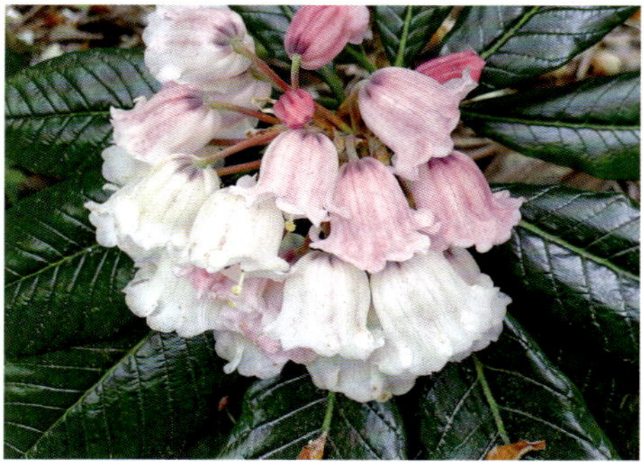

unbekannter Rhododendron

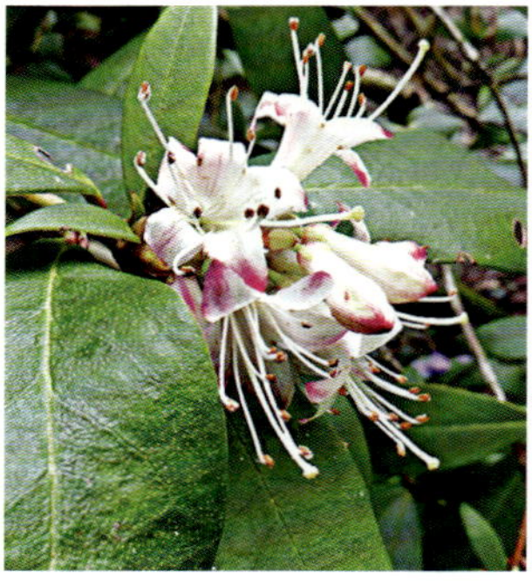

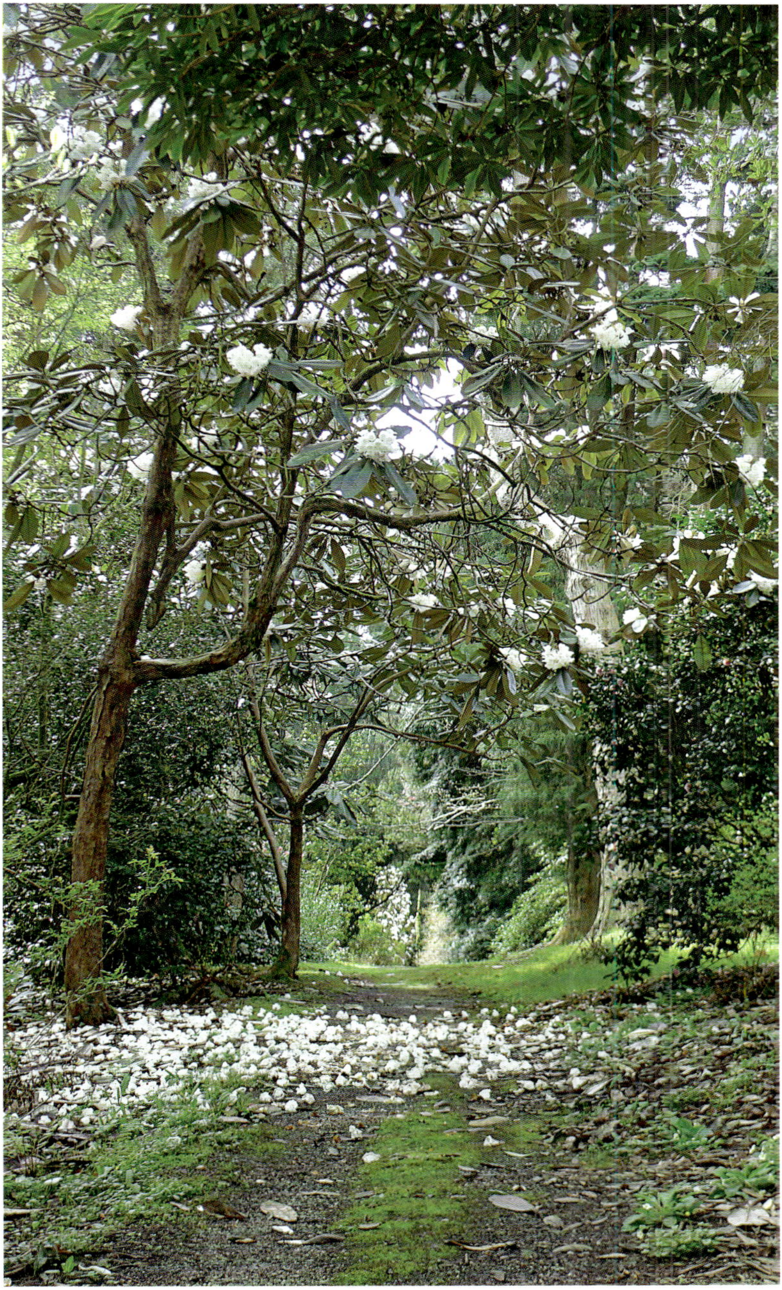

55 Trelissick Garden**

Feock, bei Truro, Cornwall TR3 6QL
Telefon +44 (0) 1872 862 090
www.nationaltrust.org.uk
trelissick@nationaltrust.org.uk

Besitzer National Trust, seit 1955
Der Garten in Stichworten Subtropischer Garten, Arboretum, Landschaftspark, Waldgarten mit Rhododendren, Kamelien, Schattenpartien, Sumpfgarten mit Baumfarnen, diverse Gartenhäuschen, Staudenrabatten, Kräutergarten, Farngarten, Frühjahrsblüher, Wanderwege in Park und Wald
Größe 8 ha Garten und 150 ha Park und Wald
Entstehungszeit und Gestalter Frühes 19. Jahrhundert, Struktur angelegt von Thomas Daniell, ab 1937 Ida und Ronald Copeland
Denkmalgeschützt Grade II

Ich muss gestehen, dass ich eine besondere Vorliebe für Trelissick habe. Als meine Töchter noch klein waren, haben wir mehrere Osterferien im Gärtnerhaus Ferris's Cottage von Trelissick verbracht. Der Garten war wie ein riesiger Spielplatz, mit vielen geheimen Ecken und Unterstellmöglichkeiten, und durch die fantastische Rhododendren- und Kamelienblüte auch an grauen Tagen bunt. Der Sumpfgarten mit den Baumfarnen *(Dicksonia antarctica)* gleicht einem subtropischen Paradies, und der Waldweg am Rand des Gartens den Fluss entlang lässt an Piratengeschichten denken. Hier lagen die großen Frachter, geschützt im tiefen Gewässer der Fal, manche seit Jahren verlassen und als rostige Relikte ihrem Schicksal überlassen.

Den Charme Trelissicks machen seine Vielseitigkeit und die Art und Weise aus, wie sich die drei unterschiedlichen Bereiche des Landschaftsparks, des Auenwalds entlang den Seitenarmen der Fal und des Gartens harmonisch zusammenfügen. Der Garten selbst zerfällt in zwei Teile, getrennt durch die enge Zufahrtsstraße zur King-Harry-Fähre. Der Hauptteil des Gartens, seitlich des Hauses gelegen, ist in das kleine Seitental am Oberlauf der Fal eingebettet; er wurde 1913 von Leonard Duneham Cunliffe, einem Mitglied des Aufsichtsrats der Bank of England, angelegt. Dessen leidenschaftliche Beschäftigung mit Pflanzen, vor allem Gehölzen, setzte seine Tochter Ida Copeland zwischen 1937 und 1955 fort. Sie legte auf der anderen Seite der kleinen Straße ein Arboretum an, das über eine rustikale Holzbrücke erreichbar ist. Obwohl die

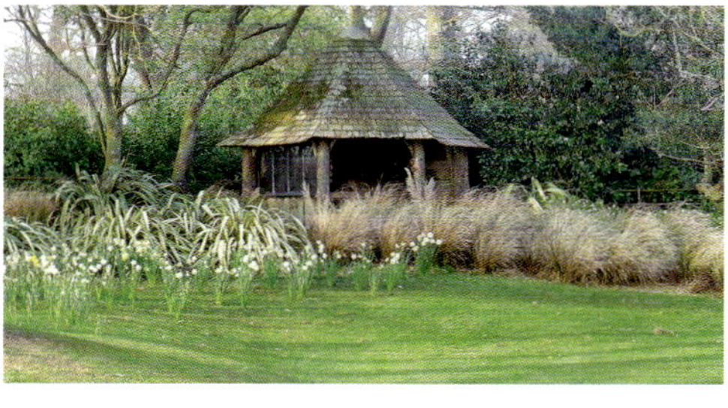

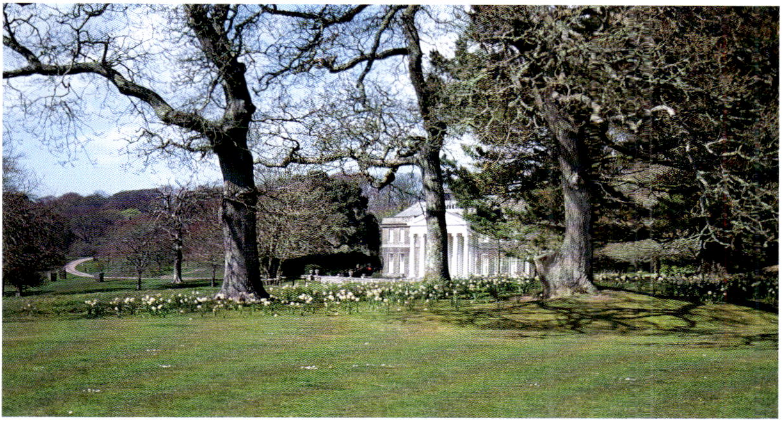

Ländereien bereits 1955 an den National Trust überschrieben wurden sind erst in den letzten zehn Jahren wesentliche Schritte zur Erhaltung und Weiterentwicklung des Gartens unternommen worden. Wie so viele Gärten in Cornwall ist auch Trelissick ein Waldgarten mit kostbaren Gehölzen und Raritäten sowie Hortensien, Rhododendren und Kamelien. Solche Pflanzungen mit entsprechenden Bodendeckern zu versehen ist schwierig, in Trelissick ist es gelungen.

Empfohlene Jahreszeit Frühling und Spätsommer bilden eindeutig den Höhepunkt, wegen Lage und Vielfalt ganzjährig
Mindestzeit für einen Besuch 2 Stunden; es wäre möglich, den ganzen Tag im Garten und angrenzenden Park und Wald zu verbringen.
Anfahrt *Öffentliche Verkehrsmittel:* Ab Truro Bus T16, hält direkt am Parkplatz; per Fähre ab Falmouth, www.kingfarry.com
Pkw: Östlich von Truro A 39 bis Playing Place, B 3289 gut beschildert oder von der Halbinsel Roseland mit King Harry Ferry
Öffnungszeiten 2. Januar–12. Februar täglich 11.00–16.00 Uhr, 13. Februar bis 31. Oktober täglich 10.30–17.30 Uhr, 1. November bis 23. Dezember täglich 11.00–16.00 Uhr, 27. bis 31. Dezember Montag bis Freitag 11.00–16.00 Uhr
Eintrittspreise (2017) Erwachsene £ 9,05, Kinder £ 4,45, NT-Mitglieder frei

Café/Restaurant: Cloisters sowie Eisstände im Sommer; *Kunsthandwerk Galerie: Cornwall Crafts;* *Rollstuhlverleih mit Voranmeldung* P £ 4 pro Pkw; *Ferienhäuser des National Trust: The Water Tower (2), Engine House (3), Old Lodge (3), New Lodge (3), Ferris's Cottage (4);*

In der Nähe Bosvigo* (36) und Halbinstel Roseland mit regelmäßiger Fähre King Harry Ferry; St Mawes, Lamorran House Gardens** (41), Poppy Cottage Garden (48)

56 Trengwainton Garden**

Madron, bei Penzance, Cornwall TR20 8RZ
Telefon +44 (0) 1736 363 148
www.nationaltrust.org.uk
trengwainton@nationaltrust.org.uk

Besitzer National Trust, seit 1961
Der Garten in Stichworten Subtropischer Garten, Waldgarten mit Rhododendren, Kamelien, Sumpfgarten, Nutzgarten, Gartenräume, Staudenbeete, Frühlingsblüher
Entstehungszeit 1820 Nutzgarten, restlicher Garten ab 1867
Gestalter Sir Rose Price, Familie Bolitho, u. a. Lt. Col. Edward Bolitho
Größe 10 ha
Denkmalgeschützt Grade II

Trengwainton ist eines der besten Beispiele dafür, wie ein verhältnismäßig schmales Grundstück optimal gestaltet werden kann. Seit 1867 im Besitz der Familie Bolitho, wurde die Anlage 1961 dem National Trust überschrieben, lag dann aber jahrelang im Dornröschenschlaf.

Aus dem Schatten der bekannten Gärten von Trebah, Glendurgan und Trelissick ist Trengwainton erst vor Kurzem wieder herausgetreten. Der Pflanzenfreund findet hier einen wunderschönen, am Bach gelegenen Sumpfgarten, eine Lichtung mit Baumfarnen, Rhododendren, Magnolien und ausgesuchte Staudenpartien mit Raritäten. Das Besondere der Anlage sind die Gartenräume, die an den Nutzgarten grenzen: einzelne hausgartengroße Parzellen mit beispielhafter Halbschattenbepflanzung. Der Nutzgarten selbst wurde renoviert, bepflanzt und gibt heute wertvolle Hinweise, wie diese Gärten einst bewirtschaftet wurden. So lässt die Schräglage der Beete ein Maximum an Sonnenstrahlen einfallen. Achten Sie hier auf die Informationstafeln.

Empfohlene Jahreszeit Frühling bis Spätsommer
Mindestzeit für einen Besuch 1 ½ Stunden. Der Garten ist etwas unübersichlich; orientieren Sie sich an den Plänen am Parkplatz und am Eingang. Die kleinen Themengärten liegen auf der rechten Seite hinter einem kleinen Gartentor gleich jenseits des Eingangs zum Garten. Der Nutzgarten ist von hier aus beschildert. Nach der Besichtigung des Nutzgartens gehen Sie durch den kleinen Garten zur Zufahrtsstraße und dann rechts die Asphaltstraße hinauf. Sie halten sich parallel zum Bachlauf (Betreten des Rasens ist erlaubt). Bevor die Straße abbiegt (privat), folgen Sie dem schmalen Weg nach links zum kleinen Teich und weiter über die Rasenfläche (Blick links auf das Haus) zur Terrasse und zu den Staudenrabatten. Von hier Blick auf St Michael's Mount. Der Weg zurück ist eindeutiger; er verläuft parallel zur Zufahrt zu den Baumfarnen auf der anderen Seite des Bachs.

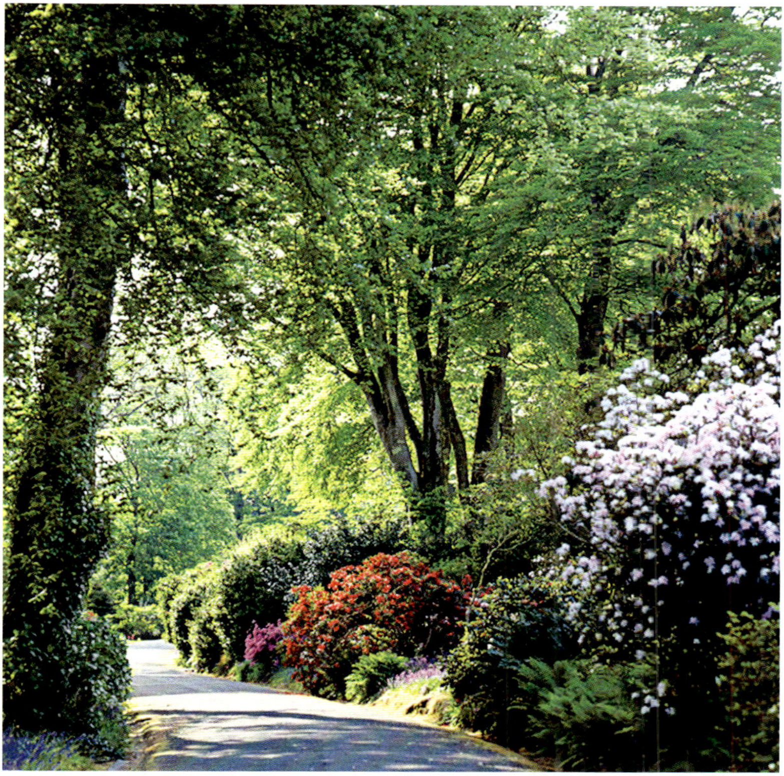

Anfahrt *Öffentliche Verkehrsmittel:* Zug bis Penzance, Bus First 17/A/B von St Ives nach St Just über Penzance-Bahnhof
Pkw: Umgehungsstraße A 30 von Land's End, Kreisel A 3071 nach St Just, scharf rechts Tremethick Cross beschildert nach Trengwainton Garden
Öffnungszeiten 14. Februar – 31. Oktober täglich, außer Freitag und Samstag, 10.30 – 17.00 Uhr
Eintrittspreise (2017) Erwachsene £ 8,10, Kinder £ 4,05, NT-Mitglieder frei

außerhalb des Gartens beim Parkplatz; P *Ferienhaus des NT »Nanceglos House« (9);*

In der Nähe Sennen Cove, Land's End, St Ives, Barbara Hepworth Museum and Sculpture Garden** (34), St Michael's Mount (49)

57 Tresco Abbey Gardens**

Isles of Scilly, Cornwall, TR24 0QQ
Telefon +44 (0) 1720 424 108
www.tresco.co.uk/enjoying/abbey-garden
contactus@tresco.co.uk

Besitzer Tresco Estate
Der Garten in Stichworten Exotischer Sammlergarten, nach Regionen geordnet, u. a. subtropische Pflanzensammlung, Kunst, »Valhalla«, Galionsfiguren-Museum
Entstehungszeit 1838
Gestalter Augustus Smith, Thomas Algernon Dorrien-Smith, Major Arthur Algernon Dorrien-Smith
Größe 6,9 ha
Denkmalgeschützt Grade I

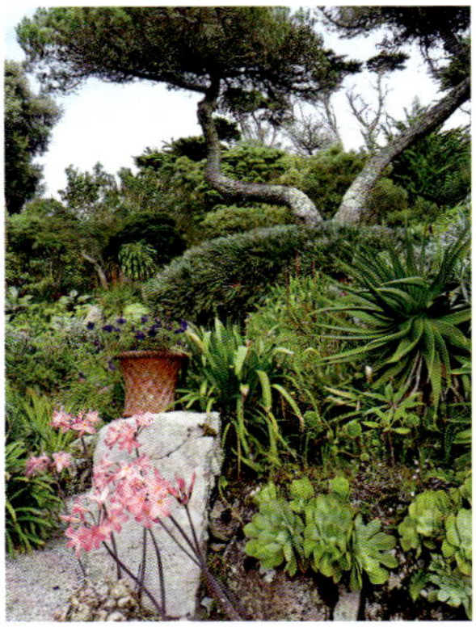

Bilder können der Pflanzenvielfalt und Stimmung der Tresco Abbey Gardens nicht gerecht werden. Erst wenn man den Garten besucht und den Kontrast zwischen der kargen, vom Wind niedergedrückten Vegetation der Insel und der üppigen Farbenpracht der subtropischen Vegetation und Wärme des Gartens erlebt hat, versteht man, weshalb die Tresco Abbey Gardens in der Gartenwelt so geschätzt werden. Sie bilden eine Anlage von Weltruf, die, auch wenn der Eintrittspreis hoch und die Anreise erschwert ist, zu den Gärten gehört, die man gesehen haben muss. Tresco, eine der Scilly-Inseln, ausgesprochen ohne »c« (silly), ist nur per Boot von der Hauptinsel St Marys oder per Hubschrauber zu erreichen.

Als Augustus Smith Anfang des 19. Jahrhunderts von Herfortshire hierher zog und das Anwesen 1834 pachtete, war die Insel baumlos. Ähnlich wie bei vergleichbaren Gärten, die aus dem Nichts entstanden sind, wie etwa Ilnacullin in Irland und Inverewe in Schottland, war eine große visionäre Kraft nötig, um in Tresco einen Garten anzulegen. Smith erkannte das Potential des Orts und begann, Windschutzgürtel aus Pinien *(Pinus radiata)* und Zypressen *(Cupressus macrocarpa)* zu pflanzen sowie Mauern um das Hanggrundstück zu errichten, um die mit Salz angereicherten Winde abzuhalten und ein Mikroklima für seine Pflanzen aus milderen Zonen wie Südafrika, Australien und Mexiko zu schaffen, die sonst in Großbritannien nicht gedeihen würden. Das Gelände wurde terrassiert und durch zwei Hauptachsen gegliedert: Die Top Terrace und der Long Walk verlaufen von einem Ende des Gartens zum anderen parallel zum Hang, kreuzen sich auf dreiviertel Länge des Lighthouse Walk und gehen dann in die Neptun-Stufen über. Egal in welche Richtung man schaut, der Blick wird von Pflanzen gerahmt, über deren Namen man nur rätseln kann; obwohl etliches beschildert ist, hilft letztendlich nur der Gartenführer mit Pflanzliste und Abbildungen. Die Leidenschaft für Pflanzen wurde von Generation zu Generation weitergetragen, und eine jede hat zur Entwicklung des Gartens beigetragen. Major Arthur Algernon Dorrien-Smith sammelte Pflanzen sogar auf Feldzügen in Südafrika und begleitete wissenschaftliche Expeditionen nach Neuseeland. Zu den neueren Ergänzungen gehört der von Carey Duncan-Haouach gestaltete Mittelmeergarten mit einem Muschelhaus, geschmückt von Lucy Dorrien-Smith. Was besticht, sind jedoch die Pflanzen, zu denen riesige Agaven, Haine von Baumfarnen, Palmen, *Protea* und viele andere mehr gehören.

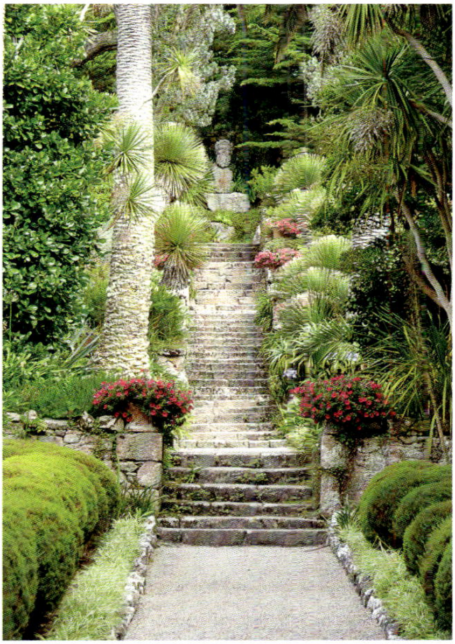

Empfohlene Jahreszeit Ganzjährig
Mindestzeit für einen Besuch 1 ½ Stunden im Garten, zuzüglich Hin- und Rückfahrt, Ganztagesausflug von Penzance
Anfahrt *Öffentliche Verkehrsmittel:* Kleinflugzeug von Land's End, Hubschrauber von Penzance nach St Marys; Fähre von Penzance nach St Marys, www.islesofscilly-travel.co.uk. Weiterfahrt von St Marys nach Tresco per Boot – Achtung: Wetterabhängig; es empfiehlt sich, an einem organisierten Ausflug teilzunehmen oder in St Marys oder Tresco zu übernachten.
Tipp: Nehmen Sie morgens das erste Boot nach Tresco, spätere Verbindungen lassen zu wenig Zeit für den Garten. Rechnen Sie mit jeweils 15 Minuten für den Hin- und Rückweg vom Steg zum Garten.
Pkw: Nicht möglich, die Insel liegt 46,5 km südwestlich von Land's End, Cornwall
Öffnungszeiten Ganzjährig, täglich 10.00–16.00 Uhr
Eintrittspreis (2017) Erwachsene £ 15, ermäßigt £ 13,50, Kinder unter 16 £ 5, Kinder unter 5 frei, Wochenkarte £ 25

bedingt, Stufen und Rampen, aber Zubringerdienst vom und zum Pier; Island Hotel, Flying Boat Club, zahlreiche Ferienhäuser;

58 Trewidden Garden

Buryas Bridge, Penzance TR20 8TT
Tel. +44 (0) 1736 363 021 oder 364 275
www.trewiddengarden.co.uk

Besitzer Familie Bolitho
Der Garten in Stichworten Kamelien- und Rhododendrongarten, Frühlingsgarten
Gestalter Verschiedene Mitglieder der Familie
Entstehungszeit Ab 1850
Größe 6 ha

Trewidden Garden besticht durch seine Ruhe und Gelassenheit. Baumfarne, Rhododendren und Kamelien wachsen hier so selbstverständlich, dass man leicht vergisst, dass man am südlichsten und windigsten Zipfel von England ist. Das Haus wurde 1830 als Prestige-Objekt vom wohlhabenden Geschäftsmann Edward Bolitho erbaut; die Gestaltung des Gartens erfolgte ab der zweiten Hälfte des 19. Jahrhunderts. Das Anwesen ist immer noch im Besitz der Familie. Sie und diverse langjährige Head Gardeners haben den Garten über die Jahrzehnte ergänzt und verfeinert.

Der Beitrag von Thomas Bedford Bolitho, Sohn des Gartengründers, waren in erster Linie die Baumfarne. Gepflanzt 1890 als 60 bis 90 Zentimeter hohe »Stümpfe«, haben sie sich zu einem regelrechten Wald entwickelt und füllen die Mulde, wo früher Zinn abgebaut wurde. Vertiefungen und leichte Erhöhungen ziehen sich durch den Garten, sodass man nicht erahnen kann, was hinter der nächsten Kurve liegt. So stößt man mehr oder weniger unvorbereitet auf die Nordallee, die von zahlreichen Kostbarkeiten gesäumt ist, wie etwa *Magnolia hypoleuca* syn. *obovata* und diversen Kamelienarten. Viele stammen aus den 1950er-Jahren, als Mary Williams von Caerhays Castle (37) nach dem Tod ihres Mannes an ihren Geburtsort zurückzog. Eine besondere Rolle haben in Trewidden die Head Gardeners gespielt, die wie George Maddern häufig über mehrere Jahrzehnte mehr getan haben als nur den Garten zu pflegen, sie haben auch die Pflanzsammlungen ausgebaut. Im Vergleich zu anderen Gärten der Region ist Trewidden eher bescheiden, aber dafür persönlicher, vor allem im Herzen der Anlage um den Teichgarten.

Empfohlene Jahreszeit Frühling
Mindestzeit für einen Besuch ¾ Stunde
Anfahrt *Öffentliche Verkehrsmittel:* Bus 509 von Penzance
Pkw: Liegt direkt an der A 30, südlich von Penzance (GPS: TR19 6AU).
Öffnungszeiten Täglich 10.30 – 17.30 Uhr, letzter Einlass 16.30 Uhr
Eintrittspreise (2017) Erwachsene £ 6,50, Kinder unter 16 Jahren frei

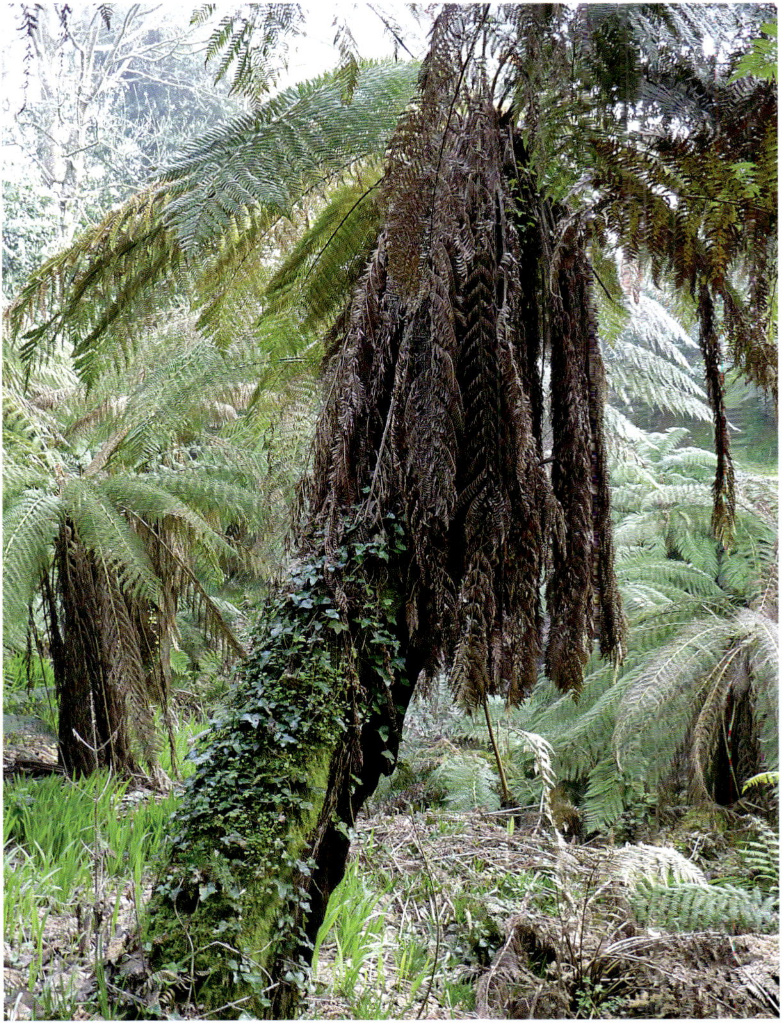

WC *bedingt behindertengerecht;* P *Trewidden House (15);*

In der Nähe Barbara Hepworth Museum & Sculpture Garden** (34), Trengwainton Garden** (56), Minack Theatre Garden (43), Land's End

59 Trewithen Gardens

Grampound Road, Truro, Cornwall TR2 4DD
Telefon +44 (0) 1726 883 647
www.trewithengardens.co.uk
info@trewithengardens.co.uk

Besitzer Mr und Mrs Michael Galsworthy
Der Garten in Stichworten Sammlergarten, Waldgarten, Camera obscura, Frühlingsblüher, Baumschule
Entstehungszeit Seit 1723, Beginn des 20. Jahrhunderts
Gestalter Rev. Dr. Hawkins, Thomas Hawkins, George Horace Johnstone
Größe 10 ha
Denkmalgeschützt Grade II*

Trewithen ist ein Garten für Liebhaber von Gehölzen, mit einer Sammlung an Magnolien, Rhododendren und Kamelien, die Kenner aus der ganzen Welt anlockt. Seine Anfänge liegen zu Beginn des 20. Jahrhunderts, als George Johnstone das Anwesen übernahm. Er rodete den Wald, schuf Lichtungen und legte eine 183 Meter lange Achse vom Wohnhaus bis tief in den Garten frei. Mit »Luft und Licht« als Vorgaben pflanzte er unter anderem mehr als hundert Züchtungen von *Rhododendron arboreum*, darunter einige eigene Züchtungen wie 'Alison Johnstone', benannt nach seiner Frau. Pflanzkenntnisse sind beim Besuch dieses Gartens von großem Vorteil, denn nur mit dem Wissen darum weiß der Besucher den differenzierten, gestaffelten Aufbau der Vegetation richtig zu würdigen. Der Hauptbereich des Waldgartens liegt auf einem Plateau, vor den Winden geschützt durch den mächtigen Baumbestand und die umliegende Baumschutzpflanzung. Johnstones Achse, eine schmale, lange Rasenfläche, flankiert von Rhododendren und Kamelien, gibt dem Garten Struktur; sie ist, nicht nur zum Höhepunkt der Blüte im Frühling, ein Grund, den Garten zu besuchen.

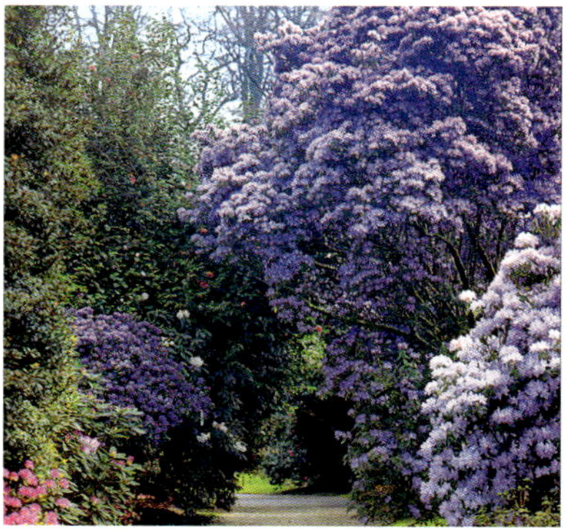

Empfohlene Jahreszeit Frühling
Mindestzeit für einen Besuch 45 Minuten
Anfahrt *Öffentliche Verkehrsmittel:* Bus First 27 ab Truro oder St Austell, www.firstgroup.com
Pkw: A 390 Richtung St Austell nach Probus, ca. 6,4 km von Truro
Öffnungszeiten 1. März – 30. September Montag bis einschließlich Samstag 10.00 – 16.30 Uhr, Sonntag nur von März bis Mai

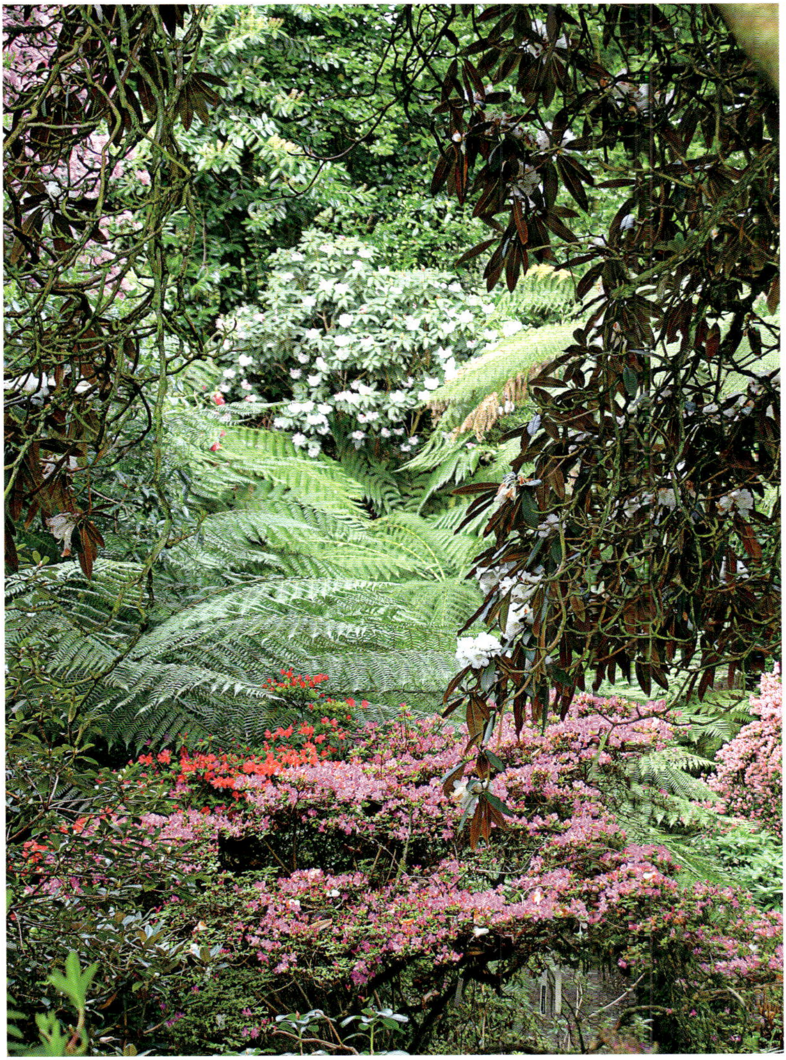

Eintrittspreise (2017) Erwachsene £ 8,50, Kinder unter 12 Jahren frei; im Juni freier Eintritt für RHS-Mitglieder

In der Nähe Bosvigo* (36), Caerhays Castle Gardens** (37), The Lost Gardens of Heligan** (52), Poppy Cottage Garden (48), Trelissick Garden** (55)

Die Südwestküste erleben

Der Südwestküstenweg zwischen Minehead in Somerset und South Haven Point in Poole Harbour, Dorset, gehört zu den faszinierendsten Fernwanderwegen Europas. Nicht allein die Zahlen sind beachtlich – 1013 Kilometer Länge und eine Höhendifferenz auf der Gesamtstrecke von 35 000 Metern –, sondern vor allem die Landschaft und ihre Wechselwirkung mit dem Meer. Steinformationen, die Kunstwerken gleichen, das Vogelgezwitscher und vielleicht, wenn man Glück hat, der Anblick von Robben gehören ebenso zum Erlebnis wie Matsch und Steigungen. Das Wetter ändert sich so schnell wie die Landschaft. Hier ist es von Vorteil, Regenausrüstung wie auch Sonnenhut und -creme dabeizuhaben. Eines allerdings ist sicher: Unterwegs findet der Wanderer immer wieder einen Tea Room oder ein Pub, einsam am Strand oder in einem der malerischen Dörfer und Kleinstädte entlang des Weges.

Die offizielle Webseite www.southwestcoastpath.com ist sehr informativ und bietet viele Anregungen und Beschreibungen der 53 Wanderabschnitte, die als Tageswanderungen vorgeschlagen werden. Bitte beachten Sie stets die Hinweise unterwegs. Ist ein Weg wegen Erdrutschgefahr gesperrt, wird eine Alternativroute angeboten. Kein Foto ist es wert, den Klippen zu nahe kommen.

Alle Gärten, die direkt am Küstenweg (Seite 174) liegen, lassen sich mit einer Wanderung vor oder nach dem Besuch kombinieren. Die gärtnerische Leistung tritt noch stärker in das Bewusstsein, wenn man die Natur erlebt hat.

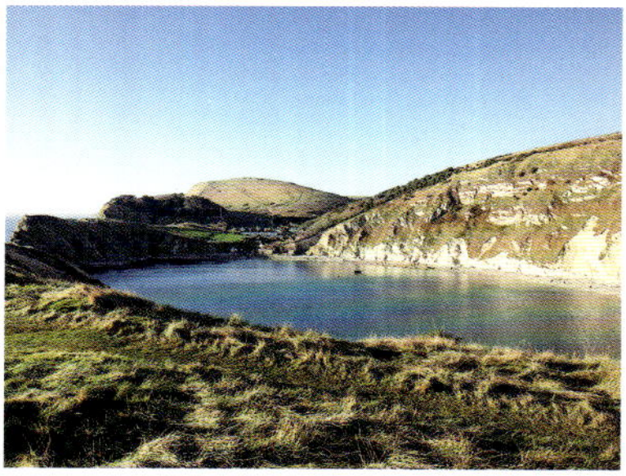

links: Lulworth Cove, Dorset
unten: Kunst am Weg. Blick auf St Ives durch Barbara Hepworths Epidaurous

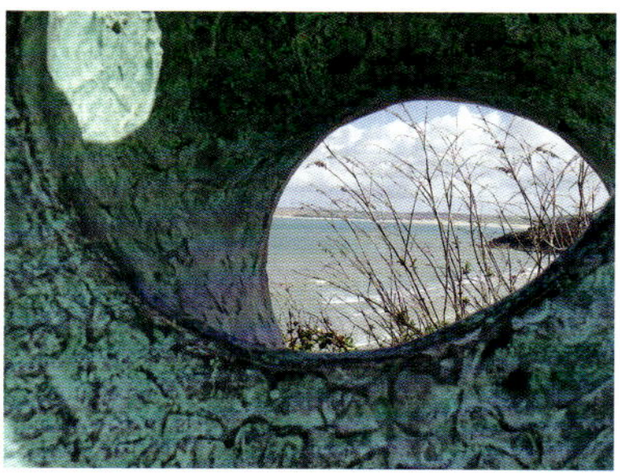

rechte Seite:
Burton Bradstock, Dorset (oben)
Die Jurassik-Küste nach Westen Richtung Lulworth Cove und Durdle Door (Mitte)
An der Spitze von England: der Küstenweg von Land's End Richtung Sennen Cove (unten)

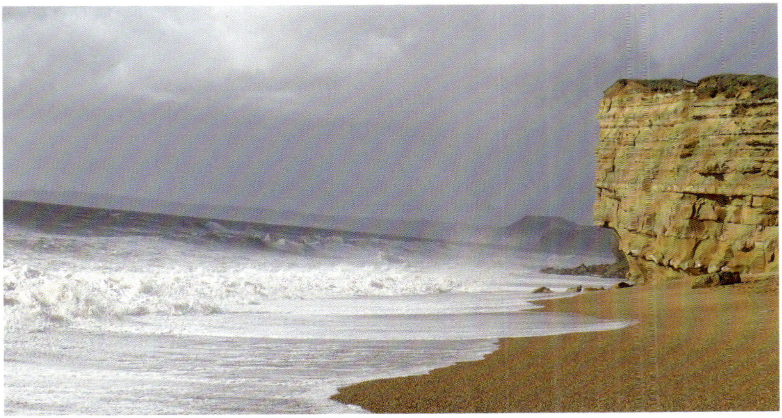

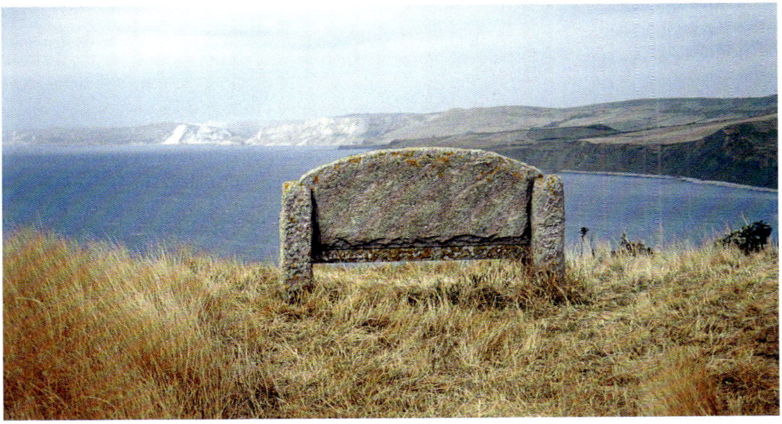

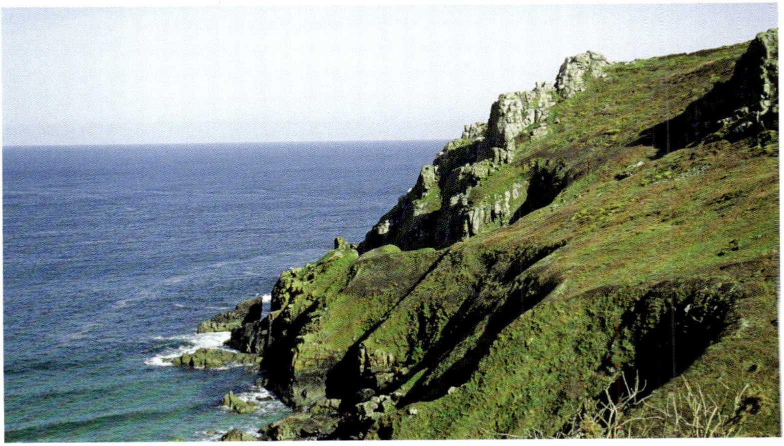

Thematische Übersicht der Gärten

Angegeben sind die Seitenzahlen.

Frühlingsgärten

English Country Gardens

Gärten mit Parkanlagen beziehungsweise Landschaftsgärten

Subtropische Gärten

Gärten mit Nutzgärten

Gärten mit Sumpfgärten und Bachbepflanzung

Gehölzsammlungen und -raritäten

Gärten mit Schneeglöckchen

National-Trust-Gärten

Die Gärten in alphabetischer Reihenfolge

Bildnachweis

Die Ziffern geben Seitenzahlen an.

Tricia Howard 168, 169
Gary Long, Trewithen Gardens 150, 151
April Moran 68
Sue Nathan 119
National Trust, Photo Library 19 NTPL/Derek Croucher, 35 NTPL/Mark Bolton, 47, 49 NTPL/David Noton, 67 NTPL/Neil Campbell- Scharp, 70/71 NTPL/Tony Howell, 81 NTPL/Andrew Butler, 99 NTPL/Brian und Nina Chapple, 103 NTPL/Andrew Butler, 129 NTPL/Aerial-Cam/Adam Star
The Garden Collection/Derek Harris 153, 155, 163

Alle übrigen Aufnahmen stammen von der Autorin.

Hinweis

Die Informationen und Ratschläge in diesem Buch wurden sorgfältig recherchiert und geprüft. Eine Garantie für die Richtigkeit der einzelnen Informationen können Autorin und Verlag dennoch nicht übernehmen. Haftung für Schäden, Verletzungen oder Unannehmlichkeiten, die sich aus den Informationen ergeben, kann nicht übernommen werden.

MIX
Papier aus verantwortungsvollen Quellen
FSC® C014889
FSC www.fsc.org

Impressum

Der Verlag weist ausdrücklich darauf hin, dass im Text enthaltene externe Links vom Verlag nur bis zum Zeitpunkt der Buchveröffentlichung eingesehen werden konnten. Auf spätere Veränderungen hat der Verlag keinerlei Einfluss. Eine Haftung des Verlags ist daher ausgeschlossen.

1. Auflage

Aktualisierte und erweiterte Ausgabe des gleichnamigen Buches © 2011

Lektorat: Andrea Bartelt-Gering
Satz und Layout: Monika Pitterle/DVA
Karten: Annelie Nau, München
Lithografie: Helio Repro, München
Druck und Bindung: Friedrich Pustet, Regensburg
Printed in Germany
ISBN 978-3-421-04073-2

www.dva.de